마흔,
나를 살리는 인문학 50

마흔, 나를 살리는 인문학 50

초판 1쇄 발행 2025년 11월 15일

지은이 민상기
펴낸이 민상기
편집장 이숙희
편집자 민경훈

펴낸곳 도서출판 드림북
인쇄소 예림인쇄 **제책** 예림바운딩
총판 하늘유통

· **등록번호** 제 65 호 **등록일자** 2002. 11. 25.
· 경기도 양주시 광적면 부흥로 847 경기벤처센터 220호
· Tel (031)829-7722, Fax(031)829-7723

· 잘못된 책은 교환해 드립니다.
· 이 출판물은 저작권법에 의해 보호를 받는 저작물이므로 무단 복제할 수 없습니다.
· 독자의 의견을 기다립니다.
· 드림북은 항상 하나님께 드리는 책, 꿈을 주는 책을 만들어 갑니다.

삶의 중심을 되찾는 50가지 책 이야기

마흔, 나를 살리는 인문학 50

민상기 지음

드림북

저자 서문

마흔은 한 번 더 자신을 점검하는 나이였습니다. 타인의 기대를 충족시키느라 바쁘던 20대와 30대를 지나오면, 삶은 속도보다 방향을 묻기 시작합니다. 하루치 체력이 눈에 보이게 한정되어 있고, 관계의 무게는 가벼워지지 않으며, 일의 책임은 날로 늘어납니다. 그때 필요한 것은 '더 세게 달리는 법'이 아니라 '나를 어떻게 살릴 것인가'에 대한 차분한 답입니다. 이 책은 40대에 가졌던 그 질문에서 시작됐습니다.

'나를 살린다'는 말은 자기애를 부추기거나 현실을 회피한다는 뜻이 아닙니다. 오히려 삶의 한가운데로 돌아가, 내면의 기준을 다시 세우고, 일과 관계와 몸과 마음의 질서를 회복한다는 뜻입니다. 저는 그 일을 돕는 가장 검증된 연장이 인문학이라고 믿습니다. 인문학은 우리를 당장의 효율에서 한 걸음 물러나게 하지만, 결국은 더 정확하게 일하고 더 단단하게 사랑하고 더 온전히 쉬게 합니다. 타협하지 않는 사유와 공감, 그리고 스스로를 돌아보는 성찰의 습관은 언제나 돌아갈 '안전한 안쪽'을 만들어 주기 때문입니다.

이 책은 마흔의 삶을 통과해 본 경험자로서, 또 현장에서 사람들과 배우고 나눈 필자로서 고른 50권의 길잡이입니다. 선별 기준은 단순했습니다. 첫째, '밀도'—몇 줄만으로도 독자의 생각을 붙잡아 두는 책. 둘째, '지속성'—유행을 타지 않고 다시 펼칠 때마다 새로 읽히는 책. 셋째, '현장성'—서가의 지식으로 끝나지 않고 오늘의 결정과 태도에 영향을 주는 책. 넷째, '균형'—철학과 문학, 역사와 사회과학, 심리와 과학, 동서고금을 교차 배치해 한쪽으로 기울지 않도록 했습니다. 마지막으로 '접근성'—바쁜 마흔도 충분히 읽고 자기 상황에 맞게 적용할 수 있는 책을 우선했습니다.

저는 '독서는 서열이 아니라 동행'이라고 믿습니다. 이 책의 50권은 '정답 목록'이 아닙니다. 어떤 독자에게는 가장 먼저 읽어야 할 책이, 다른 독자에게는 아직 아닐 수 있습니다. 생애의 계절, 직업의 현장, 관계의 과제가 다르기 때문입니다. 그러니 차례를 그대로 따르지 않아도 좋습니다. 지금의 나를 가장 강하게 부르는 책부터 시작하십시오. 그리고 이해되지 않는 문장은 '내가 부족해서'가 아니라 '아직 때가 아니어서'일 가능성을 기억해 주십시오. 책은 우리보다 오래 기다릴 줄 압니다.

이 책의 각 글은 요약이나 설명에서 멈추지 않고, '오늘의 장면'과 닿게 쓰려 했습니다. 우리는 대부분 '알지 못해서'가 아니라 '알지만 쓰지 못해서' 막힙니다. 그래서 저는 사유의 핵심을 짚고, 그 사유가 업무의 결성, 관계의 대도, 몸과 마음의 습관에 어떤 변화를 낼 수 있는지 꾸준히 연결하려 했습니다. 이때 중요한 원칙은 단호한 단순함입니다. 삶을 바꾸는 것은 거창한 슬로건이 아니라, 반복 가능한 작은 실천들입니다. '하루 한 문장 필사', '하루 한 사람에게 다정한 메시지 보내기', '하루 한 번 멈추어 호흡하기' 같은 구체가 쌓일 때, 인문학은 비로소 생활이 됩니다. 한가지 양해를 구하는 것은 인용한 구절들은 책에 있는 그대로가 아니라 좀 축약을 했습니다. 긴 문장으로 옮기는 것보다는 핵심을 정리해서 올리는 것이 좋을 듯 해서입니다.

 마흔을 지나며 배운 또 하나의 사실은 '속도가 느려져도 깊이는 깊어질 수 있다'는 것입니다. 빠르게 이해한 개념보다 천천히 체득한 태도가 오래 갑니다. 이 책의 문장들이 독자 여러분의 속도에 맞추어, 때로는 등대처럼 멀리서 방향만 비추고, 때로는 손전등처럼 발밑의 길을 밝혀주기를 바랍니다.
 이 책이 나오기까지 수많은 숨은 손길들이 있었습니다. 한 꼭지씩 받아서 읽어주신 많은 지인들, 표지로 수고를 해 준 딸 다슬이, 제목을 정하고 부제목을 정하며 이야기를 해 준 아내(이숙희)와 아들(경훈)에게도 감사함을 전합니다. 아울러 낭독과 토론으로 책을 생활 속에 붙들어 준 인문학반 친구들에게 빚을 졌습니다. 수업시간에 처음으로 인문학이라는 과목을 접하게 해주시고, 총무를 맡기시며 개인적으로 많은 전화와 독려를 해 주셨던, 故고시영 목사님께 감사를 드립니다. 또한, 서투른 발표문 작품을 항상 위로와 격려로 함께 해 주셨던 故고무송 목사님께도 감사함을 표하고 싶습니다. 그리고 무엇보다, 바쁜 하루를 견디며 '그래도 책으로 나를 살려 보겠다'고 마음먹은 독자 여러분께 먼저 감사의 인사를 드립니다. 이 책은 결국 여러분의 결심 위에서만 제 역할을 할 수 있습니다.

   마지막으로 약속드립니다. 이 책은 당신의 고단함을 대신 들어주지 못합니다. 다만 고단함 속에서도 '자신을 잃지 않는 법'을 함께 연습하겠습니다. 책은 우리를 더 똑똑하게 만들기 전에 더 '정직하게' 만듭니다. 정직함은 언제나 회복의 시작이었습니다. 그러니 오늘, 당신의 하루에서 단 열 줄이라도 책과 함께 머무르십시오. 그 열 줄이 내일의 결정과 관계와 휴식을 바꿀지 모릅니다. 그렇게 마흔의 시간은 소진이 아니라 성장으로, 견딤이 아니라 성숙으로 옮겨갈 수 있습니다.

   이 책이 당신 안에 이미 있는 힘을 깨우는 작은 불씨가 되기를, 책에서 얻은 사유가 당신의 언어가 되고, 결국 당신의 삶이 되기를 소망합니다. 그 길에 제가 먼저 걸으며, 함께 걷겠습니다.

2025년 가을
저자

목 차

15 저자서문

1부 마흔, 다시 삶의 감각을 깨우는 연습

15 정여울 『감수성 수업』
22 무라카미 하루키 『이렇게 작지만 확실한 행복』
29 나태주 『꽃을 보듯 너를 본다』
37 마이클 샌델 『공정하다는 착각』
45 M. 스캇 펙 『아직도 가야 할 길』
52 김영하 『여행의 이유』
59 피에르 쌍소 『느리게 산다는 것』
66 알랭 드 보통 『불안』

2부 ― 흔들리는 감정의 물결 속에서 삶의 길을 찾다

73 쌩떽쥐베리 『어린 왕자』
80 존 브래드쇼 『상처받은 내면아이 치유』
88 파커 J. 파머 『비통한 자들을 위한 정치학』
97 윤홍균 『자존감 수업』
105 브라이언 헤어, 버네사 우즈 『다정한 것이 살아남는다』

113 아르투어 쇼펜하우어 『쇼펜하우어의 행복론과 인생론』
120 어거스틴 『참회록』
127 미셸 푸코 『감시와 처벌』
134 룰루 밀러 『물고기는 존재하지 않는다』
141 한성희 『딸에게 보내는 심리학 편지』

3부 — 나와 타인을 깊이 이해하는 심리학적 통찰

151 마르쿠스 아우렐리우스 『명상록』
158 몽테뉴 『몽테뉴 수상록』
165 제러미 리프킨 『공감의 시대』
172 수전 케인 『콰이어트』
179 알랭 드 보통 『왜 나는 너를 사랑하는가』
187 존 스튜어트 밀 『자유론』
194 김수현 『나는 나로 살기로 했다』

4부 — 고전 속에서 길어 올리는 인간의 본질

203 제인 오스틴 『오만과 편견』
210 빅토르 위고 『레 미제라블』
217 찰스 디킨스 『데이비드 코퍼필드』
225 귀스타브 플로베르 『마담 보바리』
233 메리 셸리 『프랑켄슈타인』
240 표도르 도스토예프스키 『카라마조프가의 형제들』
248 막심 고리키 『어머니』
255 요한 볼프강 폰 괴테 『젊은 베르테르의 슬픔』
262 레프 톨스토이 『이반 일리치의 죽음』
270 오 헨리 『마지막 잎새』

5부 — 역사의 교훈과 신앙적 성찰을 되새기다

- 279 윌 듀런트 『위대한 사상들』
- 286 장 칼뱅 『기독교 강요』
- 293 재레드 다이아몬드 『총, 균, 쇠』
- 300 블레즈 파스칼 『팡세』
- 307 카렌 암스트롱 『신의 역사』
- 315 아우구스티누스 『고백록』

6부 — 절망의 시대를 견디게 하는 이야기들

- 325 너새니얼 호손 『주홍글씨』
- 332 레프 톨스토이 『인생이란 무엇인가』
- 339 스티븐 레비츠키, 대니얼 지블랫 『어떻게 극단적 소수가 다수를 지배하는가』
- 346 최인훈 『광장』
- 353 조정래 『태백산맥』
- 360 알베르 카뮈 『이방인』
- 368 잭 케루악 『길 위에서』
- 375 포리스트 카터 『내 영혼이 따뜻했던 날』
- 382 아고타 크리스토프 『존재의 세 가지 거짓말』

마흔
다시 삶의 감각을 깨우는 연습

1부

정여울

감수성 수업

감각이 사라진 시대에 감수성을 되찾는다는 것

키워드: 감수성, 자기회복, 타인 이해, 일상 인식, 내면 확장

   삶이란 감각의 연속이다. 눈으로 보고, 귀로 듣고, 손으로 만지며 우리는 세상을 느낀다. 그러나 감각은 시간이 지날수록 퇴화한다. 어릴 적에는 낙엽이 흘러내리는 소리마저 신기했지만, 지금 우리는 그것을 알아차리지 못한 채 살아간다. 정여울의 『감수성 수업』은 바로 이 '잊힌 감각'을 다시 깨우는 작업이다. 감수성은 단지 예민함이 아니라 삶을 더 깊이 느끼고 이해하려는 태도다. 이 책은 그런 감수성을 다시 회복하고자 하는 이들을 위한 철학적이고도 섬세한 초대장이다.

   감수성은 삶의 재구성을 가능하게 한다. 정여울은 감수성은 '상처받기 쉬운 용기'라고 말하는 듯 하다. 감수성은 고통에 무너지지 않고 그것을 느낄 수 있는 용기를 말한다. 그것은 곧 타인에게 다가가

는 다리이고, 세상과 소통하는 문이다. "진짜 감수성은 세상의 고통을 피하지 않고 직면하는 데서 시작된다. 상처받을 수밖에 없는 존재임을 받아들일 때, 우리는 비로소 타인의 고통에도 깊이 공감할 수 있다"는 느낌을 받게 만든다. 저자의 말은 우리 모두가 상처받는 존재임을, 그리고 그 상처조차 우리의 일부로 받아들일 수 있어야 한다는 것을 일깨운다.

 삶은 수많은 층위로 이루어진 감정의 지층이며, 그 층을 하나하나 꺼내어 들여다보는 일이 곧 감수성의 작용이다. 이 책에서 제안하는 감수성은 단순히 예술을 사랑하거나 감정에 민감한 태도를 의미하지 않는다. 그것은 삶을 정지된 것으로 보지 않고 끊임없이 다시 바라보는 시선이다. 매일 반복되는 하루 속에서도 우리는 매번 새로운 표정을 마주할 수 있다. 아침 햇살의 결이 달라졌음을 알아채는 것, 책장을 넘기는 손끝의 감촉이 미세하게 다름을 인식하는 것. 그것이 바로 감수성이다.

숨겨진 감각을 복원하다

 정여울의 글은 독자로 하여금 그동안 무심히 지나쳐온 감각을 다시 불러일으킨다. 우리는 어쩌면 너무 많은 정보와 속도 속에서 감각을 '꺼두고' 살아온 것은 아닐까. 스마트폰을 내려놓고, 사람의 눈을 다시 들여다보며, 말보다 눈빛을 먼저 읽는 감각은 이제 회복되어야 할 인간의 본능이다. 감수성이란, 세상에 무너진 감각의 잔해 위에 다시 인간다운 시선을 쌓아올리는 일이다. 책은 이런 회복을 위해 '느리게 보는 법'을 강조한다. 천천히 걷기, 조용히 앉기, 아무 일도 하지 않는 시간 속에 머물기. 이 모두는 현대인의 삶에서 사라져버린 감수성을 다시 되찾기 위한 훈련이다. 감수성은 본질적으로 정적인 것이 아니다. 오히려 그것은 삶의 흐름을 따라가되, 더 깊게 잠수할 수 있는 능력이다.

정여울의 글을 읽노라면 감수성을 '연결'의 감각이라 표현을 한다. 자신과 타인을, 나와 세계를 잇는 그 감수성은 단절된 시대에 더욱 절실하다. 이제 우리는 서로를 다시 느끼기 위해, 서로의 삶을 조금 더 깊이 이해하기 위해 감수성이라는 오래된 촉수를 다시 꺼내야 한다.

감수성은 삶을 윤기 있게 만든다

삶의 무늬는 감수성을 통해 윤기를 되찾는다. 『감수성 수업』은 단지 감정을 회복하는 일이 아닌, 삶의 질감을 풍부하게 만드는 실천이다. 감수성은 우리가 익숙한 것에 낯설게 다가갈 수 있는 용기이며, 반복되는 일상 속에서 새로움을 포착하는 시선이다. 정여울은 "감수성은 말하자면, 눈에 보이지 않는 사소한 것들 속에서 진심을 발견하는 능력입니다."라고 말한다. 이 문장은 독자에게 삶을 다시 꿰뚫어 볼 수 있는 새로운 렌즈를 제공한다.

정여울의 글이 특별한 것은 그녀의 감수성이 타인에게 열려 있다는 점이다. 자신만을 위한 감성, 폐쇄된 감각이 아닌, 함께 느끼고 공명하는 감수성. 그 속에서 우리는 고독을 나누고, 기쁨을 확장하며,

서로의 아픔에 귀 기울일 수 있다. 이 책은 감수성이야말로 인간을 인간답게 만드는 결정적 능력임을 끝없이 반복하며, 우리가 그것을 잊고 산 시간을 아프게 돌아보게 만든다.

    진정한 감수성은 단순한 감정이 아니라 인식이다. 세계를 읽는 방식이자 타인을 받아들이는 태도이며, 자기 자신을 이해하는 깊이이기도 하다. 정여울은 감수성을 통해 우리 안에 남은 따뜻한 잔여물을 찾아낸다. 이 책을 다 읽고 나면, 우리는 더는 이전처럼 아무렇게나 지나치지 못하게 된다. 바람이 부는 방향, 들려오는 말의 온도, 스치는 눈빛 하나에도 반응하게 된다. 감수성은 세상의 틈을 알아차리는 법이며, 삶의 온도를 조금 더 느낄 줄 아는 능력이다.

    감수성은 단지 섬세한 감정을 갖는 것이 아니라, 세계와의 관계를 다시 복원하는 과정이다. 정여울은 이 책을 통해 삶의 피상성에서 벗어나, 우리가 잊고 있던 내면의 진실을 마주하게 만든다. 이 감수성은 예술적 감흥이나 일시적인 감동으로 끝나지 않는다. 오히려 일상의 무의미해 보이는 순간들을 되살리고, 거기서 살아 있는 감각을 다시 발견하려는 노력이다. 정여울은 "무뎌졌다고 느끼는 그 순간이야말로, 다시 예민해질 씨앗을 뿌리는 시작이 아닐까요."라고 독자들에게 이야기를 하는 듯 하다.

    감수성은 타인의 고통을 무력하게 응시하는 것이 아니라, 그 고통을 함께 체험할 수 있는 용기에서 출발한다. 그것은 연민을 넘어선 공감이며, 감정의 유사성이 아니라 정서의 진동으로부터 시작된다.

우리는 같은 장면을 보아도 서로 다르게 느낀다. 그 '다름'을 인정하고 받아들이는 일, 그것이 감수성의 성숙한 작동이다. 책에서 제시하는 여러 이야기와 문장은 독자로 하여금 자신의 내면을 다시 귀기울이게 만든다. 그것은 삶을 더 잘 느끼기 위한 연습이며, 자신이 누구였는지를 다시 기억해내는 일이다.

감수성은 기억을 불러온다

정여울은 종종 오래된 추억, 잊혀진 기억들을 되살려 독자의 감정을 건드린다. 오래된 편지, 낡은 책갈피, 사라진 거리의 풍경 속에서 우리는 자신을 다시 만난다. 감수성은 시간을 되돌리는 능력이자, 과거의 감정과 다시 연결되는 통로이기도 하다. 그것은 단지 '그리움'에 머무르지 않는다. 오히려 그 감정은 현재를 더 뚜렷이 살아내게 만든다. 과거의 감정은 '지나간 것'이 아니라, 현재를 조명하는 거울이 된다. 우리는 그것을 통해 지금 이 순간을 더 명료하게 인식하게 된다.

기억은 감정을 환기시키고, 감정은 존재를 명확히 만든다. 그래서 감수성이 풍부한 사람일수록 자신의 기억에 정직하다. 그들은 잊지 않으려 노력한다. 고통스러웠던 순간도, 부끄러웠던 감정도, 행복했던 미세한 떨림도, 그것들을 함께 껴안는다. 이 책은 그러한 정직한 감정들을 외면하지 않고, 오히려 삶의 가장 중심에 놓이게 한다. 그 결과 우리는 내면에서 작은 소용돌이가 일어나는 것을 경험하고, 다시금 자기 자신에게 다정한 존재가 되어간다.

감수성은 단단한 약함이다

정여울은 감수성을 약함으로 보지 않는다. 오히려 감수성은 단단한 약함이라고 말한다. 이 말은 모순처럼 들리지만, 실제로는 감정의 세계에서 가장 강한 힘을 설명하는 표현이다. 감수성은 쉽게 무너지지 않는다. 그것은 상처 입기를 감수하면서도 무너지지 않고, 다시 살아내는 회복의 힘이다. 감수성은 그래서 강한 사람의 영역이다. 외부 자극에 휘둘리지 않으면서도, 그것을 섬세히 감지하는 능력은 단단한 내면에서 비롯된다. 그녀의 책을 읽다보면 이러한 감정의 감수성이 살아난다.

오늘날 우리는 둔감함을 무기처럼 휘두르는 세상에 살고 있다. 더 이상 느끼지 않기 위해 바쁘게 움직이고, 상처받지 않기 위해 침묵한다. 하지만 그런 회피 속에서 인간다움은 사라진다. 감수성은 그 인간다움을 되살리는 능력이다. 인간은 본래 감각적인 존재이고, 감정의 파동을 통해 타인과 연결되는 존재다. 이 책은 바로 그런 존재론적 사실을 되짚으며, 감수성의 회복이 단순한 감정의 문제를 넘어선 깊은 존재의 문제임을 말한다.

우리가 이 책을 통해 배우게 되는 것은 감정의 언어다. 마음이 움직이는 순간을 포착하고, 그 움직임을 말로 번역하는 법을 익히게 된다. 이 훈련을 통해 우리는 더 나은 대화를 하게 되고, 더 깊이 사랑하게 되며, 더 명확히 자신을 이해하게 된다. 감수성은 삶을 더 정확하게 읽는 능력이고, 존재를 더 풍요롭게 만드는 언어다.

정여울은 이 책을 통해 감수성의 지도를 펼쳐 보이며, 우리가 어떻게 그 지도를 따라 길을 잃지 않고 살아갈 수 있는지를 보여준다. 이 지도는 누구에게나 다른 모양을 하고 있지만, 그 지도에서 발견되는 공통의 좌표는 '느끼는 존재로서의 나'이다. 감수성은 자기 발견의 첫걸음이며, 세상에 존재하고 있다는 감각을 회복하는 확실한 길이다.

저자 소개 _____

정여울은 한국의 대표적인 문학평론가이자 에세이스트로, 감정과 존재의 세계를 섬세하게 탐색하는 글쓰기를 이어오고 있다. 저서로는 『오직 나를 위한 미술관』 『문학이 필요한 시간』 『가장 좋은 것을 너에게 줄게』 『내성적인 여행자』 『나를 돌보지 않는 나에게』 『그때 알았더라면 좋았을 것들』 『빈센트 나의 빈센트』 『마흔에 관하여』 『늘 괜찮다 말하는 당신에게』 등이 있다.

무라카미 하루키

이렇게 작지만 확실한 행복

소소한 것들이 빛는 인생의 풍경

키워드: 일상, 감각, 자아, 단순함, 행복

    햇살 좋은 오후의 커피 한 잔, 누군가의 따뜻한 인사, 길가에 핀 들꽃 하나. 이 모든 것은 대단한 일이 아니다. 그러나 우리의 하루는 바로 이런 사소한 것들에 의해 지탱되고 있다. 무라카미 하루키의 작품 『이렇게 작지만 확실한 행복』은 그 평범함의 진가를 일깨워주는 문학적 명상이다. 이 책은 복잡한 철학을 내세우지 않는다. 오히려 우리가 당연히 지나쳐왔던 작고 조용한 감정의 조각들을 섬세하게 포착해, 삶이란 결국 그런 것들이 모여 이루어진다는 자명한 진리를 건넨다.

평범함이라는 선물

    이 책은 '행복'이란 큰 목표가 아니라, 매일 맞 닿는 작은 기쁨—따뜻한 순간, 그리고 자신만의 일상 속 루틴에서 비롯된다고 말한다. 글마다 담겨 있는 이야기는 그 자체로 아주 사소하지만, 하나하나가 인생에 대한 섬세한 조명이다. 이를 통해 작가는 거창한 의미 없이도, 진심 어린 감각만으로도 충분히 인생은 반짝일 수 있음을 보여준다. "따뜻한 삶, 작은 기쁨, 그리고 나만의 루틴." 작고 확실한 행복, 즉 사소하지만 분명한 일상의 감각. 그것이 저자가 이 책 전반에 걸쳐 다루고자 한 주제다. 글마다 담겨 있는 이야기는 그 자체로 아주 사소하지만, 하나하나가 인생에 대한 섬세한 조명이다. 이를 통해 작가는 거창한 의미 없이도 진심이 담긴 감각만으로도 충분히 인생은 반짝일 수 있음을 말한다.

지금 현대인들은 속도에 중독된 존재들이다. 빠르게 읽고, 빠르게 판단하고, 빠르게 지나친다. 그런 시대 속에서 하루키는 우리에게 잠깐 멈춰 서라고 조용히 말한다. 그의 문장은 크고 묵직한 질문보다는 작고 맑은 울림을 전한다. 냉장고 속 차가운 맥주처럼, 느긋하게 듣는 재즈 한 곡처럼, 작가의 글도 그렇게 독자에게 다가온다. 하루키의 문체는 간결하지만 단순하지 않고, 일상적이지만 진부하지 않다. 그것은 일상의 균열 속으로 파고드는 예민한 감성의 산물이며, 인간 내면의 고요한 떨림을 포착한 기록이다.

삶은 무수한 결정과 선택, 그리고 그 가운데 흐르는 시간으로 이루어진다. 우리는 그 가운데 종종 길을 잃고, 의미를 놓치고, 때로는 존재 자체를 의심하게 된다. 그럴 때 하루키의 산문은 커다란 해답보다는 조용한 위안을 준다. 마치 이렇게 속삭이는 듯 하다. "이럴 때일수록 중요한 건 고급 커피보다 미지근한 물 한잔의 힘일지도 몰라요."
작가의 언어는 이처럼 조심스럽고, 유연하며, 그러나 속 깊은 위안을
안긴다. 일상에 찌든 감정을 어루만지는 문장이기에 더욱 강력하다.

감정을 돌보는 법

하루키의 글을 따라가다 보면, 결국 그가 말하고자 하는 건 '감정의 정직함'이다. 그는 기쁨이나 슬픔을 과장하지 않고, 있는 그대로 받아들인다. "슬플 땐 슬퍼하고, 기쁠 땐 웃는다." 이 느낌을 주는 것 같다. 이 간단한 태도 속에는 놀라운 치유의 힘이 있다. 감정은 억누르거나 회피할 대상이 아니라, 함께 살아가야 할 동반자라는 메시지를 그는 조용히 전한다.

특히 하루키는 반복되는 일상의 소중함을 강조한다. 늘 다니는 조깅 코스, 즐겨 듣는 음악, 좋아하는 커피잔. 이 일상의 반복이 때론 삶의 버팀목이 된다는 사실은 그만의 경험에서 우러난 통찰이다. 그는 마라톤을 하면서도, 글을 쓰면서도 감정을 억지로 다루지 않는다. 슬픔이 오면 그대로 안고 달리고, 피곤하면 글을 쉬고 음악을 듣는다. 이런 태도는 삶을 마주하는 방식에 변화를 준다. 억지로 극복하는 것이 아니라, 자연스럽게 흐르게 두는 것. 바로 그것이 '작지만 확실한 행복'의 요체다.

이 책은 단지 작가 개인의 일기를 엮은 산문집이 아니다. 오히려 그것은 감정을 이해하고, 일상을 사랑하며, 자신을 지키는 법을 전하는

인문학적 교본이다. 그의 이야기 속에는 '이야기하려는 의도'보다 '듣고자 하는 여백'이 많다. 그래서 독자는 작가의 이야기를 읽으면서, 동시에 자신의 감정을 들여다보게 된다. 이 책은 그렇게 우리 자신을 돌아보게 만드는 힘이 있다.

그의 글은 마치 재즈의 즉흥연주처럼 자유롭지만 질서가 있다. 격식을 차리지 않으면서도 예의 바르고, 감정을 토로하면서도 과하지 않다. 그것은 바로 작가가 스스로의 감정을 사랑하고, 그것을 조심스럽게 다루기 때문이다. 그는 이 책에서 일상의 순간순간을 이야기하지만, 그 안에 감정과 존재의 깊이를 숨겨 놓는다.

작은 것들이 주는 회복력

하루키의 글을 읽다 보면, 인생을 지탱하는 것은 언제나 거창한 성공이 아니라 작고 소소한 행복이라는 것을 깨닫게 된다. 커다란 서사보다 더 강하게 마음을 끄는 것은, 매일 반복되는 일상의 온기와 익숙한 감각들이다. 아침에 눈을 뜨고 커튼을 젖히는 동작, 길을 걷다 우연히 마주치는 햇살의 조각, 익숙한 음악을 다시 들으며 떠올리는 오래된 감정들. 이 모든 것이 우리를 매일의 삶으로 다시 이끈다.

『이렇게 작지만 확실한 행복』은 그러한 회복력의 원천이 어디에 있는지를 보여준다. 그것은 결코 멀리 있는 이상적인 가치가 아니다. 오히려 곁에 있고, 이미 우리가 매일 지나치고 있는 것들이다. 하루키는 어떤 위대한 결론을 제시하지 않는다. 대신 그는 일상을 섬세하게 바라보고, 사소한 것들을 품는 자세를 이야기한다. 그는 인생의 중심에 놓인 화려한 장면보다는 그 주변부에 흩어진 부스러기 같은 순간들에 주목한다. 그리고 그 순간들이 얼마나 단단한 위안이 될 수 있는지를 경험적으로 보여준다.

이 회복의 감각은 하루키 특유의 문체와도 관련이 깊다. 그의 글은 부드럽고, 리듬감 있으며, 어떤 때는 음악처럼 흘러간다. 그렇기에 독자는 글을 읽는 순간, 단지 정보를 얻는 것이 아니라 감정이 정돈되고 마음이 평온해지는 느낌을 받는다. 이는 치유라는 말보다 더 직접적이고도 일상적인 회복의 방식이다. 일상을 다시 살아가게 만드는 힘, 그것이 이 책의 진짜 미덕이다.

우리는 끊임없이 새로운 것을 찾고, 더 큰 것을 추구한다. 그러나 하루키는 그 방향을 뒤집는다. 더 작고, 더 단순하며, 더 확실한 것을 보라고 말한다. 그에게 있어 진정한 안정은 변하지 않는 루틴 속에 있고, 그 루틴은 사소한 기쁨에서 비롯된다. 좋아하는 구두를 신고 산책하는 일, 단골 카페에 가서 책을 읽는 일, 아무런 목적 없이 바다를 바라보는 일. 이 모든 것이 바로 '삶을 잘 산다'는 증거다. 그는 이런 사소한 반복이야말로 진짜 삶의 증명이라고 말한다.

존재의 근육을 키우는 일

행복은 감정이기도 하지만, 동시에 태도이기도 하다. 하루키의 글은 조용하지만 깊은 물음을 던진다. 우리는 매일을 어떤 자세로 맞이하고 있는가. 이 질문은 단순히 명상적이거나 감상적인 것이 아니다. 그것은 삶을 어떤 리듬으로 살아갈 것인지, 자신만의 속도와 질서를 어떻게 지켜낼 것인지에 관한 근본적인 태도를 되묻는 것이다.

그의 문장 속에서는 경쟁보다는 흐름, 성취보다는 평온, 무리한 확장보다는 자기 내면을 지키는 자세가 더 중요하게 다뤄진다. 인생을 거창하게 설명하려는 대신, 하루하루의 리듬 속에서 자신을 잃지 않으려는 꾸준함이 그가 말하고자 하는 삶의 무게를 드러낸다. 글을 쓰는 루틴, 달리는 습관, 재즈를 듣는 취향처럼 일상의 사소한 반복은 그에게 단지 작가로서의 취향이 아니라 인간으로서의 중심을 잡아주는 내면의 질서이다.

그는 감정을 억누르기보다는 그것과 함께 살아가는 법을 알고, 욕망을 과시하기보다는 길들이는 방식을 탐색한다. 그의 삶의 태도는 언제나 조용하지만 단단하고, 격렬하지 않지만 분명하다. 그런 자세야말로 그가 말하는 '작고 확실한 행복'의 바탕이 된다.

이 책은 하루키가 개인적인 경험과 사유를 통해 보여주는 인생의 축소판이다. 그는 삶을 하나의 서사로 보지 않는다. 오히려 그것은 버텨내는 일상의 예술이며, 쌓여가는 기억의 무늬다. 인생은 무엇을 성취할 것인가의 문제가 아니라, 어떤 감정과 태도를 품고 살아갈 것인가의 문제에 가깝다. 그래서 이 책은 단순한 산문집이라기보다는 하나의 조용한 인생론으로 읽힌다. 행복은 멀리 있는 것이 아니라, 이미 우리가 살아가는 방식 안에 작게 숨겨져 있다는 사실을 그저 다정한 목소리로 일깨워줄 뿐이다.

『이렇게 작지만 확실한 행복』은 독자에게 완벽한 삶을 제시하지 않는다. 오히려 결핍과 모순, 불안과 반복이 있는 그대로 삶의 일부임을 받아들이도록 도와준다. 그것이 이 책이 주는 가장 큰 위안이다. 그는 우리에게 "조금은 모자란 상태로도 괜찮다"고 말한다. 이 말은 자주 반복되던 자기계발의 언어들과는 다르다. 그것은 이상적인 인간형이 되라는 것이 아니라, 지금의 나를 있는 그대로 살아보라는 격려다.

결국, 작고 확실한 행복이란 우리의 존재를 단단하게 만들어주는 생활의 감각이다. 그것은 거창한 의미가 아니라, 매일 반복되는 일상에서의 연습을 통해 얻어진다. 그래서 이 책은 누군가에게는 치유이고, 누군가에게는 성찰이며, 또 누군가에게는 자기 삶에 대한 재확인이다. 우리는 그 속에서 '살아도 되는 이유'를 하나씩 발견하게 된다. 하루키는 결국 이 책을 통해 말하고 싶었던 것 같다. "살아가는 데 거창한 이유는 필요 없어요. 좋아하는 음악과 차가운 맥주 한 병이면 충분하지 않을까요?"

저자 소개 _____

이 책의 저자 무라카미 하루키는 일본의 대표적 현대 작가이자 세계 문학계에서 독보적인 위치를 차지하는 인물이다. 장편소설뿐 아니라 산문, 에세이, 번역에 이르기까지 폭넓은 글쓰기를 통해 인간 존재의 내면과 감정의 풍경을 섬세하게 탐색해왔다. 이 책은 그의 산문 중에서도 가장 일상적이고 소소한 문장으로 이뤄져 있지만, 오히려 그래서 더 오래 독자의 마음에 머무는 작품이다.

나태주

꽃을 보듯 너를 본다

너를 향한 시선의 깊이

키워드: 일상, 시선, 사랑, 감성, 존재

    우리는 자주, 사람을 본다. 그러나 '꽃을 보듯' 사람을 보는 일은 드물다. 나태주의 시는 바로 그 시선에 대해 말하고 있다. 흔히 "사랑한다는 것은 그를 있는 그대로 바라보는 것"이라고 말하지만, 그 말은 추상적이거나 관념적일 때가 많다. 반면 나태주의 시는 이 단순한 문장을 구체화한다. "너를 보았다. 꽃을 보듯이 보았다." 그에게 있어 사랑이란, 거창한 감정의 발화가 아니라 조용한 시선의 머묾이다. 그리고 이 조용한 머묾 속에 사랑의 진실이 있다.

    이 시는 사랑의 정의를 바꾸어 놓는다. 많은 시가 '그리움'이나 '이루어지지 못한 감정'을 중심으로 펼쳐지는 반면, 이 시는 바라보는 일 그 자체를 사랑의 본질로 제시한다. 이것은 '소유'가 아닌 '존중'이며, '욕망'이 아닌 '감상'이다. 존재의 의미를 묻는 일이 아니라, 그 존재가 거기에 있다는 사실만으로 감동을 받는 태도이다. "보았다는 사실만으로도 충만함을 느끼는 사랑." 그것이 이 시가 가르쳐주는 사랑의 형태이다.

이러한 시선은 결국 일상의 감각으로 이어진다. 나태주는 늘 삶의 가장 낮은 곳, 눈높이 아래 있는 존재들을 통해 시를 쓴다. 그래서 그의 시를 읽다 보면, 마치 내 일상 속에서 놓친 무언가가 다시 눈앞에 다가오는 것 같다. 버스 정류장에 서 있는 노인의 주름진 손, 벤치에서 조용히 잠든 고양이, 퇴근길 창밖으로 스치는 붉은 노을. 이러한 장면들이 하나의 시로 탄생하고, 우리는 그 속에서 삶의 무게를 내려놓을 수 있다.

"꽃을 보듯"이라는 구절은 단순한 비유를 넘어 존재에 대한 새로운 태도를 제안한다. 꽃을 볼 때 우리는 그것을 재단하거나 판단하지 않는다. 그저 바라보고, 그 아름다움을 받아들인다. 그렇다면 사람을 볼 때도 마찬가지여야 하지 않을까. 이 시는 그런 질문을 던진다. 그리고 그것이 우리가 살아가는 방식을 바꿀 수 있다고 조용히 속삭인다.

가장 섬세한 감정은 침묵 속에서 시작된다

사랑을 말하는 방법은 많다. 그러나 그중 가장 섬세하고도 조용한 방식은 '말하지 않는 사랑'이다. 나태주의 시는 바로 그 침묵의 결을 따라간다. 그는 시 속에서 목소리를 높이지 않는다. 오히려 거의 속삭이듯, 아니, 때로는 그냥 바라만 본다. 이 침묵이야말로 그의 시를 가장 고요하면서도 강하게 만든다. 감정을 언어로 쏟아내기보다는, 그 감정이 자라날 수 있는 틈을 만들어주는 것이다.

  그 틈은 비어 있으면서도 충만하다. 독자는 그 틈 사이로 자신의 감정을 채워넣는다. 그래서 나태주의 시를 읽는 일은, 어떤 해석을 따라가는 일이 아니라 자신만의 기억을 다시 떠올리는 일이 된다. 그의 시는 우리 각자의 기억과 감정을 조용히 꺼내어 건네는 손짓과도 같다. 그것은 과거의 슬픔일 수도 있고, 오래전 가슴속에 묻은 기쁨일 수도 있다. 중요한 것은, 그 시가 우리 안에서 무언가를 '다시 살게 만든다'는 점이다.

  이러한 힘은 시인의 삶의 태도에서 비롯된다. 나태주는 교사로서 수십 년을 아이들과 보냈고, 시를 쓰는 동안에도 자신이 배운 진실을 절대 소란스럽게 말하지 않았다. 그는 조용히 말하는 법을 알고, 그 조용한 언어가 오히려 더 멀리 퍼져나간다는 사실을 안다. 그래서 그의 시는 속삭이지만, 그 속삭임은 큰 울림을 남긴다. 우리는 그 울림 속에서 나직이 중얼거릴 수 있게 된다. "그래, 나도 누군가를 그렇게 바라본 적 있었지."

  사람의 감정은 파도처럼 요동치기도 하지만, 바람처럼 가볍고 미묘하기도 하다. 나태주는 그 바람을 시로 붙들어 둔다. 그래서 그의 시는 읽는 것보다 '느끼는' 것이 더 중요하다. 시인은 우리에게 '감정의 문'을 열어주는 열쇠를 건넨다. 그것은 아주 작고 단순한 문장이지만, 그 문장을 읽는 순간 마음속 오래된 문이 저절로 열린다.

이 시를 읽고 나면, 문득 이런 생각이 든다. '나는 지금 누군가를 꽃처럼 보고 있는가? 아니면 어떤 조건과 기준으로 그 사람을 재고 있는가?' 그 질문은 불편하지만 꼭 필요한 질문이다. 우리는 사랑을 말하면서도 너무 쉽게 평가하고, 비교하며, 지배하려 든다. 나태주의 시는 그 반대의 길을 보여준다. 바라보고, 받아들이고, 감사하는 길. 그것이야말로 인간 관계에서 우리가 가장 먼저 회복해야 할 감정의 태도 아닐까.

바라봄의 예술, 살아있는 공감

꽃을 보듯 누군가를 바라본다는 것은, 그 사람의 존재를 있는 그대로 받아들이는 태도에서 출발한다. 나태주의 시는 이런 시선을 삶의 감각으로 확장한다. 그는 "내가 너를 꽃으로 볼때 너는 나에게 꽃이 되고."라고 말한다. 이 말은 단지 시적인 표현이 아니다. 그것은 우리가 어떻게 서로를 대하고, 어떻게 이 세상을 살아가야 할지를 묻는 윤리적 질문이다. 우리가 다른 이를 한 송이 꽃처럼 바라본다면, 우리는 분노 대신 이해를, 냉소 대신 다정함을, 경쟁 대신 연대를 선택할 수 있게 된다.

시인은 이러한 감각을 외면하지 않는다. 그는 삶의 주변부, 사회적 중심에서 비켜난 자리에서 피어나는 감정들을 붙들어 시로 옮긴다. 도시의 화려함이나 거대한 이야기보다, 그는 버려진 들꽃, 한 마리 새, 길가의 아이 같은 존재들에 주목한다. 그리고 그 안에서 살아 있는 인간의 마음을 발견한다. 그의 시에 등장하는 사람들은 위대한 영웅이 아니라, 언제나 나와 같은 평범한 존재들이다. 그렇기 때문에 그의 시는 더욱 마음 깊숙이 와 닿는다. 우리는 그 시에서 누군가가 아닌, 바로 '나 자신'을 만나게 된다.

그의 시는 또한 공감의 연습장이다. '너를 보았다, 꽃을 보듯이'라는 말에는 감정의 가장 맑은 층위가 담겨 있다. 그 속에는 동정도, 판단도 없다. 오직 있는 그대로 받아들이는 마음만이 있다. 우리가 이처럼 서로를 바라보는 데 익숙해진다면, 삶은 보다 단순하고 따뜻한 방식으로 변할 수 있다. 나태주의 시는 그 가능성을 미리 살아보는 경험이다. 시인은 강요하지 않지만, 그의 말은 조용히 독자의 마음을 열어젖힌다. 시는 그렇게 자신도 모르게 삶의 태도를 바꾸게 만든다.

그는 가르치지 않고 보여주며, 외치지 않고 들리게 한다. '말하지 않는 시'는 결국 가장 깊은 목소리를 가진다. 나태주의 시는 바로 그러한 침묵 속의 웅변이다. 그리고 그 말 없는 언어야말로 진짜 감정의 목소리다. 그 침묵을 통해 우리는 비로소 타인의 존재에 귀를 기울일 수 있다. 그것이 이 시가 독자에게 주는 가장 위대한 선물이다.

말이 아닌 눈으로 전해지는 감정

나태주의 시 세계는 말보다 눈으로 이야기하는 세계다. 그는 시를 통해 말의 의미를 비워내고, 그 빈자리에 감정의 떨림을 채운다. 그것은 곧 말 이전의 감각, 말 이후의 정서로 이어진다. 그가 시를 쓸 때 중요하게 여기는 것은 단어의 무게보다 마음의 진실이다. 그래서 그의 시는 짧지만 결코 가볍지 않다. 오히려 더 깊은 울림을 지닌다. 그는 군더더기를 걷어낸 언어로 마음의 본질을 드러낸다.

이런 태도는 우리가 일상에서 잃어버린 것들을 되돌아보게 한다. 우리는 말을 많이 하면서도 정작 서로의 마음을 잘 알지 못한다. 상대의 말을 끊고, 나의 감정을 먼저 이야기하느라 바쁜 세상 속에서, 나태주의 시는 되묻는다. "당신은 지금 그 사람의 눈빛을 읽고 있나요?" 이 물음은 시를 넘어, 인간 존재의 방식에 대한 반성과 성찰로 이어진다. 우리는 얼마나 자주, 사랑하는 사람의 침묵 속에 담긴 말을 듣고 있는가.

그의 시는 우리의 이런 무감각한 일상에 부드럽지만 강하게 균열을 낸다. 그는 일상의 작은 틈을 파고들어 거기서 시를 길어 올린다. 아침 창밖의 비, 골목을 걷는 고양이, 돌아오지 않는 사람의 뒷모습 같은 것들 속에서 그는 감정의 흔적을 발견한다. 그리고 그 흔적을 독자에게 건넨다. 그 과정은 조용하지만 결코 미미하지 않다. 오히려 그 고요함 속에서 우리의 마음은 진짜로 '움직이게' 된다.

그는 삶을 거창하게 노래하지 않는다. 대신, 그 삶을 '느끼는 방식'을 이야기한다. 결국 삶은 느끼는 대로 존재하는 법이다. 우리가 세상을 어떻게 감각하느냐에 따라 세상의 색깔은 달라진다. 나태주는 독자에게 색깔을 강요하지 않는다. 그는 자신의 시를 통해 한 가지 방식만을 제안할 뿐이다. 그것은 '조용히, 그러나 깊게 바라보는 일'이다. 우리가 그렇게 바라보게 될 때, 세상은 다시 아름다워진다.

이러한 그의 시 세계는 어쩌면 하나의 철학이다. 그것은 미학적 취향이 아니라 존재론적 태도다. 인간을 존재로서 존중하는 방식, 말이 아닌 눈빛으로 감정을 전하는 방식, 소유가 아닌 공감으로 관계를 맺는 방식이다. 나태주의 시는 이 모든 태도를 '꽃을 보듯'이라는 말 한 줄에 담아낸다. 그래서 그의 시는 오래도록 읽히고, 많은 이들의 마음속에서 천천히 살아남는다.

그의 시에는 어떤 강요도 없다. 독자에게 깨달음을 요구하지도 않고, 감동을 강제하지도 않는다. 대신 시인은 스스로 먼저 느끼고, 조심스럽게 건네는 쪽을 택한다. 그 느리지만 진실한 전달 방식은 독자의 마음 안에서 스스로 의미를 움트게 만든다. 그래서 그의 시는 가르치지 않고도 전하고, 설득하지 않아도 공감하게 된다. 시인은 말보다 먼저 침묵을 이해하고, 그 침묵을 기꺼이 받아들이는 사람이다.

나태주의 시는 삶의 본질적인 질문 앞에서 멈춰 선다. '어떻게 살아야 하는가'가 아니라, '어떻게 바라볼 것인가'를 묻는다. 그는 존재에 대한 찬미를 소란스럽게 하지 않는다. 대신 아주 작고 낮은 목소리로, 우리에게 삶의 잔잔한 기적들을 일깨운다. 꽃이 피는 순간의 고요함, 아이가 웃는 얼굴, 노인이 창밖을 응시하는 눈빛 속에 깃든 감정을 그는 놓치지 않는다. 그것을 붙잡아 시로 옮기는 그의 시선은 그래서 시인이기 이전에 '사람'으로서의 깊이를 먼저 보여준다.

마지막으로, 나태주는 시인이기 전에 교사였으며, 교사이기 전에 감정의 감각을 지닌 인간이었다. 그의 시가 가진 따뜻함과 섬세함은 그런 인간적 배경에서 비롯된다. 그는 언제나 사람을 가르치기보다 바라보는 법을 택했다. 그것이 시를 쓰는 그의 자세이기도 하다. 우리는 그의 시를 통해 누군가를 바라보는 법, 사랑하는 법, 기억하는 법을 다시 배운다. 그것이야말로 이 시가 우리에게 남긴 가장 아름다운 유산이 아닐까.

저자 소개 _____
나태주는 충남 서천에서 태어나 교사로 평생을 살아왔으며, 서울신문 신춘문예에 시가 당선되며 등단하였다. 그의 시는 특별한 수사를 피하고, 일상의 감정을 섬세하고 따뜻한 언어로 빚어내며 독자의 마음을 어루만진다. '풀꽃' 연작으로 널리 알려진 그는, 지금까지도 단 한 편의 시로 누군가의 하루를 위로할 수 있기를 꿈꾸는 시인으로 살아가고 있다. 그의 시 세계는 단순한 감상의 경계를 넘어, 한국 현대시 속에서 '다정함의 미학'을 실현한 독보적인 문학적 성취로 평가받는다

마이클 샌델

공정하다는 착각

권력의 탈을 쓴 정의

키워드: 공정함, 능력주의, 도덕적 판단, 민주주의, 공동선

우리는 흔히 '공정'이라는 단어에 깊은 신뢰를 둔다. 시험에서 좋은 점수를 받으면 당연한 보상을 받아야 하고, 실력을 갖춘 사람이 높은 자리에 오르는 것은 정의롭다고 믿는다. 그러나 마이클 샌델은 그러한 믿음이야말로 오늘날 우리 사회가 빠진 근본적인 착각이라고 말한다. 그는 능력주의가 공정함을 위장하고 있으며, 오히려 사람들 사이의 깊은 분열과 자존감의 붕괴를 초래하고 있다고 분석한다. 이 책은 공정이라는 개념이 어떻게 기득권을 강화하는 방식으로 사용되었는지를 예리하게 드러낸다.

현대 민주주의는 자유롭고 평등한 사회를 지향한다고 말한다. 하지만 실제 현실은 정반대다. 경제적 격차는 심화되고, 정치 권력은 점점 더 소수에게 집중된다. 이런 상황에서 사람들은 경쟁을 통해서만 삶을 바꿀 수 있다고 믿게 된다. 학교, 회사, 사회 모든 곳에서 성

과와 실적이 중요시되고, 그 결과는 그 사람의 '가치'로 간주된다. 그런데 과연 이런 경쟁이 진정으로 공정한가? 샌델은 묻는다. 모든 이가 같은 출발선에 설 수 있는가? 아니, 그런 출발선 자체가 실재하는가?

결과 중심의 사회에서 사람들은 성공이 곧 자격이라고 생각한다. 성공하지 못한 사람은 노력을 덜 했거나 능력이 부족하다고 여긴다. 이렇게 구성된 사회는 패자들에게 냉담하고, 실패를 개인의 책임으로만 돌린다. 이런 사회는 더 이상 공동체가 아니라, 각자도생의 전쟁터에 가깝다. 샌델은 이 책을 통해 그 메커니즘을 하나하나 해체하며, 우리가 공정하다고 믿어온 정의 개념이 얼마나 특정한 계층에 유리하게 설계되어 있는지를 보여준다.

권력은 단지 경제적 영역에만 존재하지 않는다. 도덕적 평가와 상징적 지위도 하나의 권력이 된다. 샌델이 말하는 요점은 현대 사회가 '승리자에게 모든 것을 부여하고, 패자에게는 굴욕만을 남기는' 구조로 바뀌었다고 말하는 것이 아닌가 생각된다. 그리고 그러한 구조의 정당화 도구로 쓰이는 것이 바로 '공정성'이다. 능력에 따른 분배, 경쟁을 통한 선발이란 이름으로, 사람들은 서로를 판단하고 위계를 나누며, 자신의 우월함을 도덕적 정당성으로 포장한다. 그것이 바로 공정이라는 이름의 착각이다.

공정함은 정의가 아니다

샌델은 하버드대학교에서 수많은 학생들과 토론하며 정의와 공정함의 차이를 끊임없이 고찰해왔다. 우리의 직관이 공정하다고 여기는 것들이, 실제로는 정의에 닿지 않을 수 있다. 샌델은 이 점을 예리하게 지적한다. 표면의 공정함에 속지 말고, 정의를 위한 더 깊은 논의가 필요하다고 그는 말한다. 예컨대 동일한 시험을 치렀다고 해서 그 기회가 진정으로 평등했는지는 별개의 문제다. 어떤 이는 안정된 가정, 우수한 교육, 풍부한 문화 자본을 가진 반면, 어떤 이는 불안정한 환경에서 출발한다. 이렇게 보면 동일한 기회란 허구에 가깝다. 그러나 사회는 그것을 사실처럼 받아들인다. 이 허구가야말로 공정이라는 신화를 가능케 한다.

문제는 이 신화가 승자와 패자 모두를 병들게 만든다는 데 있다. 승자는 자신의 성공이 전적으로 자신의 덕이라고 믿고, 패자는 실패의 책임을 전적으로 자신에게 돌린다. 결과는 분노와 수치심, 고립감이다. 샌델은 공정이라는 이름 아래 벌어지는 이러한 심리적 폭력을 낱낱이 드러낸다. 그는 우리가 다시 '공동선'의 개념으로 돌아가야 한다고 주장한다. 개인의 성취가 아니라, 공동체 전체의 선이 무엇인지 고민해야 한다는 것이다. 이것이 진정한 의미의 정의이며, 사회가 가야 할 방향이다.

샌델의 논지는 단순히 추상적 이론에 머물지 않는다. 그는 실제 사례들을 통해 독자가 자신의 일상과 연결되도록 한다. 예를 들어 미국의 대학 입시 제도를 분석하며, 이 제도가 어떻게 엘리트 가문에 유리하게 작동하는지를 보여준다. 성적과 점수의 평등한 척도가 실은 부유한 이들에게만 유리하다는 점, 그 제도 자체가 이미 정의롭지 않다는 점을 통찰력 있게 보여준다. 이는 한국 사회에도 그대로 적용할 수 있다. 수능, 스펙, 면접, 인턴십은 겉으로는 평등하지만, 실제로는 거대한 불평등 구조 위에 서 있다.

새로운 정의를 향한 질문

이 책에서 가장 강렬한 메시지는, 우리가 정의를 다시 정의해야 한다는 데 있다. 정의는 더 이상 추상적인 철학의 주제가 아니라, 매일 우리가 내리는 선택과 판단의 문제다. "우리는 왜 자격을 기준으로 분배해야만 하는가?" "누가 그 자격을 결정하는가?" "사회적 보상은 개인의 능력보다 공동체의 필요에 따라 이뤄져야 하지 않는가?" 이러한 질문들은 독자에게 스스로의 도덕적 틀을 다시 살펴보게 만든다.

샌델의 글은 단호하지만, 설득력 있다. 그는 독자에게 죄책감을 주지 않는다. 오히려 연대와 이해, 그리고 겸손을 통해 공동선을 찾아가자는 손을 내민다. 이 책은 철학책이 아니다. 우리가 살아가는 방식, 타인을 바라보는 눈, 스스로를 평가하는 기준에 대해 묻는 존재론적 질문이다. 그리고 그 물음은 지금 우리가 가장 절실히 필요로 하는 물음이기도 하다. 공정함은 우리를 자유롭게 하지 않는다. 오직 정의만이, 그것도 모두를 위한 정의만이 우리를 자유롭게 한다.

마이클 샌델은 정의를 단순히 법과 제도의 문제가 아니라 인간 존재의 도덕적 기초로 보았다. 그는 평생을 정의론에 천착해온 철학자로, 『정의란 무엇인가』를 통해 전 세계 수많은 사람들에게 깊은 울림을 주었다. 이 책 『공정하다는 착각』은 그 철학의 연장이자 현실에 대한 응답이다. 지금 이 시대가 직면한 '정의의 위기'에 대한 깊은 사유가 담긴 책이며, 우리 모두에게 성찰의 거울이 되어준다.

성공의 도덕주의가 만들어낸 허상

우리는 성공한 사람을 도덕적으로 우월한 존재로 본다. 그가 부유하다면, 그만큼 노력을 많이 했을 것이고, 그가 존경받는다면 분명히 탁월한 능력을 갖췄다고 여긴다. 그러나 이러한 믿음은 사회적 구조를 무시한 채, 개인에게 모든 책임과 공로를 떠넘긴다. 마이클 샌델은 이러한 사고방식을 능력주의(meritocracy)의 독단이라고 비판한다. 능력주의는 겉으로는 공정하고 정의로운 분배 원리처럼 보이지만, 사실은 실패한 사람들에게 깊은 수치심을 부과하는 이념이다.

샌델은 현대 사회가 능력주의를 절대적인 윤리로 받아들인 나머지, 인간의 존엄성마저 조건부로 다루고 있다고 본다. 예컨대 일자리를 잃거나 시험에 실패한 사람은 마치 사회적으로 쓸모없는 존재처럼 여겨진다. 반면에 성공한 사람은 자부심을 넘어서, 타인에 대한 도덕적 판단까지 하게 된다. 이 같은 태도는 민주주의가 전제하는 시민 간의 평등을 무너뜨리고, 사회를 심리적 계급으로 갈라놓는다. 인간은 결과로만 평가받는 존재가 아니며, 그 삶의 맥락을 함께 바라보는 시각이 필요하다.

능력주의가 위협하는 것은 단지 사회적 평등이 아니다. 그것은 '운'과 '공동체'의 의미를 지우고, 모든 것을 개인화한다. 샌델은 우리가 가진 많은 것이 순전히 우리의 노력 덕분이라고 믿는 사회 분위기를 비판한다. 실제로는 출생의 배경, 자라온 환경, 선천적인 건강 상태, 그리고 주변 사람들의 도움이 결정적인 영향을 끼쳤지만, 능력주의는 이러한 요소들을 무시한 채 오직 개인의 공로만을 강조한다. 이러한 태도는 감사와 겸손을 잃게 만들고, 공동체에 대한 책임감을 약화시킨다. 결국, 능력주의는 공동선을 해체하고, 타인에 대한 공감을 상실한 사회를 만들어낸다.

보이지 않는 손보다 보이는 연대

샌델은 시장이 정의를 대체한 현실을 강하게 비판한다. 그는 "시장 논리는 효율적일 수는 있으나, 결코 정의롭지 않다"고 또 다른 책 『기울어진 평등』에서 이야기를 했다. 시장의 효율성은 공동체의 윤리와 상충할 수 있으며, 때로는 인간의 존엄을 침해한다. 교육, 의료, 안전과 같은 분야에서조차 돈이 기준이 되고, 개인의 능력이 아닌 자본이 결정권을 쥐는 사회는 정의로운 사회일 수 없다. 시장의 보이지 않는 손이 아니라, 시민의 보이는 손이 사회 정의를 구현해야 한다는 것이 샌델의 주장이자 믿음이다.

샌델은 공동선을 위한 정치철학을 제안한다. 그는 단지 평등한 기회를 부여하는 것이 아니라, 사람들 간의 실질적인 상호 존중과 배려, 그리고 사회적 의무를 되새기는 공동체주의의 회복을 역설한다. 이것은 단지 복지정책을 의미하는 것이 아니다. 샌델이 말하는 공동체는 시민 개개인이 공적 논의에 참여하고, 타인의 삶에 대해 공감하는 문화와 태도를 말한다. 정의란 법전 속에 있는 것이 아니라, 우리가 서로를 어떻게 대하느냐 속에 있다는 것이다.

능력주의의 신화를 걷어내면, 우리는 새로운 형태의 연대를 상상할 수 있다. 사람은 누구나 삶의 어떤 지점에서 약해지고, 실수하고, 실패한다. 그런 순간에 우리를 붙잡아주는 것은 경쟁이 아니라 연민이며, 성취가 아니라 신뢰다. 샌델은 인간의 존엄을 회복하는 길이 '겸손'에 있다고 말한다. 성공을 운의 결과로 볼 줄 아는 겸손, 타인의 실패를 단죄하지 않는 겸손, 그리고 자신이 누린 것들을 나누고자 하는 겸손. 이 겸손이야말로 정의의 씨앗이자 민주주의의 뿌리다.

공정의 신화를 넘어서

샌델은 독자들에게 불편한 진실을 마주하도록 요청한다. '공정함'은 종종 기득권의 자리를 정당화하는 수단이었다. 제도는 공정한 듯 포장되지만, 그 결과는 불공정하고 배제적이다. 이러한 상황을 변화시키기 위해 필요한 것은 분노만이 아니다. 진짜 변화는 우리가 공정이라는 개념을 넘어서, 정의와 공동선을 중심에 두는 윤리로 나아갈 때 가능하다. 이 윤리는 복잡하고 때로는 불편하다. 하지만 그것이야말로 사회를 더 평등하고 인간적으로 만드는 길이다.

『공정하다는 착각』은 단지 철학적 선언이 아니라, 지금 우리의 선택과 정책, 교육과 정치, 기업과 공동체가 나아가야 할 방향을 지시하는 나침반이다. 이 책을 읽는 독자는 단지 '생각'에 그치지 않고, 자기 삶의 방식을 되묻게 된다. "나는 지금 타인을 어떻게 평가하고 있는가?" "나는 어떤 기준으로 사람을 존중하는가?" 샌델은 우리로 하여금 그 질문 앞에 정직해지도록 이끈다. 그 정직함이 변화의 시작이다. 그리고 바로 그 지점에서 공정의 신화는 깨지고, 진짜 정의가 자라난다.

저자 소개

마이클 샌델은 하버드대학 정치철학 교수로서, 정의론에 대한 오랜 강의와 저술을 통해 세계적으로 깊은 영향을 끼쳐왔다. 『공정하다는 착각』은 그의 대표작 『정의란 무엇인가』 이후, 능력주의 시대에 대한 날카로운 비판을 담은 역작으로, 인간의 존엄성과 공동체적 연대의 가치를 다시 묻는 시대적 사유를 보여준다. 그는 철학을 일상의 언어로 풀어내며, 독자로 하여금 더 나은 사회를 향한 윤리적 질문을 품게 한다.

M. 스캇 펙

아직도 가야할 길

고통을 직면하는 용기 사랑은 훈련된 책임감

키워드: 성장, 고통, 자기통제, 사랑, 책임

  삶은 결코 평탄하지 않다. 그것은 우리가 직면해야 할 첫 번째 진실이며, M. 스캇 펙은 이 불편한 진실 앞에서 회피하지 않는 태도야말로 진정한 인간 성숙의 시작이라고 말한다. 그는 "삶은 어렵다"는 선언으로 책의 서두를 연다. 이는 단순한 불평이 아니라, 성장을 위한 도전의 선포이다. 우리가 고통을 피해 달아나려는 본능을 넘어설 때 비로소 진짜 '가는 길'이 시작된다는 것이다.

  그는 고통을 회피하지 않고 정면으로 마주하는 것을 인격 성숙의 출발점으로 보았다. 심리학적 훈련의 핵심은 감정 회피가 아니라 감정 수용이다. 이때 '지연된 만족'의 원칙은 핵심 개념이 된다. 즉각적인 위안을 위해 장기적인 성장을 희생하는 태도는 미성숙의 전형이다. 반면, 고통을 감내하면서 더 큰 의미를 추구하는 사람은 자기 삶의 주도권을 잡기 시작한다. 이처럼 스캇 펙은 우리가 일상에서 경험하는 좌절, 불편, 기다림, 실패를 피하려 하지 말고, 이들을 훈련의 장으로 삼을 것을 권유한다.

우리가 피하고 싶어 하는 불편함을 똑바로 바라볼 수 있다면, 이미 절반은 이긴 셈이다. 그는 이러한 심리적 인내를 '규율'이라고 불렀다. 규율이란 억압이 아니라 내면의 자유를 확장하는 도구이며, 진정한 자기 훈련이다. 규율은 인간을 기계처럼 만들지 않는다. 오히려 충동과 감정을 절제하고 삶을 구조화함으로써 더 깊은 자유로 나아가게 한다. 그래서 그는 규율이 있는 사람만이 진정한 자율을 누릴 수 있다고 보았다.

이러한 통찰은 고통을 삶의 부정적인 요소가 아니라, 성장의 자산으로 인식하게 만든다. 스캇 펙은 고통을 회피 대상으로만 보지 않는다. 오히려 고통을 제대로 마주할 때, 비로소 우리는 진정한 성장을 경험할 수 있다고 말한다. 삶의 문제를 숨기거나 우회하는 대신, 그 고통 속으로 들어가 그것을 온전히 받아들이는 사람은 그 순간을 넘어설 수 있는 용기를 얻게 된다. 고통은 더 큰 고통을 불러오는 함정이기보다는, 스스로를 뛰어넘게 하는 숨은 동반자다.

이 지점에서 '지연된 만족' 외에도 중요한 심리적 기술이 등장한다. 바로 '자기 책임의 수용'이다. 그는 자기 인생의 주인이 되지 못하고 남 탓, 운명 탓을 하는 사람은 절대 성숙할 수 없다고 이야기한다. 우리 인생의 실패와 갈등, 좌절의 상당 부분은 우리의 선택과 행동에서 비롯된 것이다. 따라서 그 책임을 외면하지 않고 받아들일 수 있을 때, 인간은 한 단계 높은 인격으로 성장하게 된다.

무엇보다 그의 언어에는 비난이 없다. 오히려 모든 사람에게 변화의 가능성을 믿는 따뜻한 시선이 담겨 있다. 이 책이 단순한 자기계발서가 아닌 이유는, 그가 인간을 설득하려 하지 않고 이해하려 하기 때문이다. 그는 환자들의 사례를 통해 한 개인이 얼마나 복잡하고도 깊이 있는 존재인지를 보여준다. 그러면서도 그는 단호하다. 성숙은 선물이 아니라 선택이며, 그 선택의 첫걸음은 자기 인생을 책임지는 데서 시작된다는 것이다.

그가 제시하는 또 다른 원리는 '진실의 중요성'이다. 진실을 직면하지 못하고 회피하거나 왜곡하는 사람은 끝내 자신을 잃게 된다. 펙은 정직을 단순한 도덕적 규범으로 보지 않았다. 그것은 자기 자신과 맺는 가장 근본적인 성실함의 표현이며, 내면의 질서를 바로 세우는 기초이기도 하다. 우리는 자기 자신에게 거짓말하기 시작하는 순간부터 삶의 방향을 잃기 시작한다. 펙은 삶의 회복은 타인과의 신뢰 이전에, 자기 자신과의 정직함에서 비롯된다고 본다. 진실을 똑바로 바라보려는 태도, 그 꾸준한 자세만이 마음의 혼란을 가라앉히고 자기 자신과 다시 연결되게 만든다.

사랑은 결코 감정의 문제가 아니다. 그는 사랑을 '의지적 행위'로 정의한다. 사랑이란 상대를 위해 '자기 자신을 확장시키는' 행위이며, 단순한 애착이나 끌림과는 전혀 다르다. 그는 사랑이란 "타인의 영적 성장을 위해 자신을 헌신하는 훈련"이라 말한다. 따라서 사랑은 욕망이나 감정의 산물이 아니라, 자기 절제와 타인에 대한 헌신이 요구되는 철저한 '연습'이다. 그는 이것이야말로 우리가 아직도 가야 할 진짜 길임을 강조한다.

이처럼 이 책은 단순히 심리학적인 조언서가 아니다. 그것은 실존적인 문답이며, 우리가 매일 지나치는 감정과 생각, 회피와 두려움을 다시 바라보게 만드는 거울이다. 인간은 끊임없이 변화하며, 변화는 고통을 동반한다. 하지만 고통을 견디는 법을 배우는 이들은 변화의 깊은 기쁨도 함께 누릴 수 있다. M. 스캇 펙은 우리에게 외친다. "아직도 가야 할 길이 있다." 이 길은 외롭고 힘들며, 때로는 되돌아가고 싶게 만들 것이다. 하지만 그 길 위에서 우리는 진정한 자기 자신을 만나게 될 것이다.

고통은 삶의 교사 신앙과 치유의 길

고통은 우리 삶을 통과해 지나가는 돌풍이 아니다. 그것은 존재의 골격을 다듬는 정밀한 조각칼이다. M. 스캇 펙은 고통의 구조를 분석하면서, 인간이 진정으로 변화하는 순간은 언제나 편안함이 아닌 불편함, 안락함이 아닌 불확실성 속에서 시작된다고 말한다. 고통은 단순히 견디는 것이 아니라, 그것을 해석하고 통과함으로써 우리는 성숙해진다. 그는 고통을 '신성한 스승'이라 표현하기까지 한다. 이 말은 낭만적 수사가 아니다. 실제로 고통을 회피한 자들은 언제나 자기 연민에 갇히고, 고통을 초대해 마주한 자들은 인격의 경지를 달리한다.

  삶의 많은 문제들은 고통을 부정하고 피하려는 순간 더 복잡해진다. 아이러니하게도 문제를 직면하고 받아들이면, 그 문제는 더 이상 우리를 압도하지 못한다. 그는 자기 내면의 상처를 정직하게 바라볼 때, 우리는 다른 이의 상처도 비로소 공감할 수 있다고 말한다. 우리가 타인과 진실한 관계를 맺지 못하는 이유는, 대부분 자기 자신과의 관계가 왜곡되어 있기 때문이다. 타인의 아픔에 닿기 위해서는 먼저 자신의 고통을 인정하고 껴안아야 한다.

  스스캇 펙은 심리치료라는 개념을 넘어선, 보다 근원적인 치유의 본질에 주목했다. 그는 치료를 기술이나 기법의 문제가 아니라, 사람과 사람 사이의 관계에서 비롯되는 변화의 과정으로 이해했다. 상담자는 특정한 역할을 수행하는 도구가 아니라, 진정한 인간으로 존재해야 하며, 그 존재감 속에서 사랑이 흘러야 한다고 보았다

  그는 치료적 만남에서 사랑의 결여는 곧 회복의 부재로 이어진다고 말한다. 이 메시지는 단지 상담자에게만 해당되지 않는다. 삶의 모든 관계, 상처의 모든 현장에서 진정한 변화는 결국 사랑을 바탕으로 이루어진다. 우리가 누군가를 진심으로 받아들일 때, 그 사람은 자신의 고통 속에서도 회복의 실마리를 발견할 수 있다. 그 사랑이야말로 가장 깊은 수준의 치료이며, 우리가 인간으로 서로를 지탱하는 방식이다.

  이 지점에서 그는 신앙과 치유의 연결을 조심스럽게 꺼내 놓는다. 그는 과학자로서 종교를 맹목적으로 받아들이지 않지만, 동시에 인

간 내면의 깊은 변화에는 '영성의 차원'이 반드시 개입된다고 말한다. 그는 신앙을 맹신이 아니라, 인간 존재의 초월적 차원을 인정하는 용기로 보았다. 인간은 육체와 감정만으로 구성되지 않는다. 우리 안에는 설명할 수 없는 깊은 무언가가 있고, 그 '깊이'를 수용할 때 진정한 회복이 시작된다. 그에게 신앙은 도피처가 아니라, 자기 존재를 있는 그대로 받아들이는 고요한 확신이었다.

이러한 그의 사유는 고통과 신앙, 사랑과 책임, 진실과 성장이라는 다소 이질적으로 보이는 개념들을 하나의 중심선 위에 세운다. 그는 인간이 가진 파편들을 꿰어 하나의 선으로 잇는 실타래처럼 이 책을 전개해 나간다. 그의 언어에는 철저히 검증된 과학의 논리와, 따뜻한 신앙인의 시선이 공존한다. 그는 이 둘이 충돌하지 않는다고 말한다. 오히려 진정한 과학은 인간을 이해하고자 하며, 진정한 신앙은 인간을 용서하고자 한다.

스캇 펙의 메시지는 단순하다. 아직도 가야 할 길은 멀지만, 그 길 위에서 우리는 혼자가 아니다. 우리는 서로의 길을 비추는 작은 등불이 될 수 있으며, 스스로도 빛을 향해 걷는 존재다. 그는 우리가 인간이라는 이유만으로 이 길을 함께 걷는 존재이며, 각자의 고통이 결코 낭비되지 않는다고 믿었다. 그리고 이 믿음은 고통을 견디는 자들에게 강한 위로가 된다.

그는 자기 고백으로 이 책을 마무리한다. 그 역시 길 위에 있으며, 완성된 사람으로서가 아니라 걸어가는 사람으로서 글을 쓴다. 이러한 정직함이야말로, 이 책이 수십 년 동안 전 세계 독자들에게 사랑받아온 이유다. 그는 완벽한 길을 가르치지 않는다. 다만, 누구나 걸을 수 있는 길을 가리킨다. 그 길은 단단하고 때로는 외로우며, 한편으로는 찬란하다.

저자 소개 ───────────────────────────
M. 스캇 펙은 정신과 의사이자 작가로, 『아직도 가야할 길』을 통해 수백만 독자들의 내면을 치유한 인물이다. 그는 평생 인간 내면의 상처와 싸우며, 성숙이란 삶을 있는 그대로 받아들이고 그 안에서 자신을 성장시키는 여정임을 일깨워주었다. 이 책은 단순한 심리학 서적을 넘어, 인간 존재의 길을 보여주는 인문학적 기록이자 실존적 안내서이다.

김영하
여행의 이유
익숙함을 떠나 낯섦 속으로

키워드: 자유, 경계, 기억, 정체성, 내면

우리는 왜 여행을 떠나는가. 누구나 한 번쯤은 스스로에게 묻는다. 일상은 반복되고 공간은 익숙하다. 지루함은 삶의 내면을 무디게 하고, 때로는 자기 자신이 누구인지조차 흐릿해진다. "여행은 삶을 밀어내는 힘이다." 이 짧은 문장 속에는 우리가 그토록 떠나고 싶어하는 본질이 숨어 있다. 여행은 장소의 이동이 아니라, 삶의 방향을 바꾸려는 존재의 충동이다.

자기 안의 낯섦을 발견하기 위해 우리는 익숙함으로부터 도망친다. 거실의 소파, 늘 먹던 반찬, 매일 보는 사람들로 이루어진 안정된 세계는 마음을 편안하게 하지만, 동시에 우리를 한 사람의 인간이 아니라 시스템 속의 부품으로 만든다. 김영하는 낯선 도시에서 아무도 자신을 모르는 자유로움을 노래한다. 누군가의 딸도 아니고, 아내와 남편도 아니며, 직원도 아닌 온전히 자기 자신으로 존재할 수 있는 가능성. 그것이 여행의 진짜 이유다.

우리는 여행지에서 누구의 시선도 의식하지 않고 걷는다. 편의점에 들어가 음료를 사고, 낯선 언어 속에서 길을 잃고, 지도 위의 작은 골목으로 들어간다. 그러다 문득, '나'라는 존재가 어디서부터 어디까지였는지 되묻게 된다. 김영하가 말하듯, 여행이 우리에게 주는 것은 풍경이 아니라 '자기 자신'이다. 익숙한 일상 속에서 잃어버렸던 고유한 감각이, 그 먼 도시의 이질성 속에서 되살아난다.

잃어버린 감각을 되찾다

문명의 편리함은 인간에게서 고통을 덜어주는 동시에 감각을 둔화시킨다. 자동화된 삶, 매뉴얼로 작동하는 사회 속에서 우리는 거의 생각하지 않는다. 지하철을 타고, 회사로 향하고, 점심을 먹고, 퇴근 후 스마트폰을 붙잡는다. 손끝의 클릭 하나로 배달이 오고, 앱으로 예약된 일상이 반복된다. 그러나 그 안에서 '살아 있다'는 실감은 희미하다. 김영하는 여행이 우리 삶 속에서 점점 흐려지는 감각을 다시 일깨워준다고 말한다. 낯선 도시의 공기, 익숙하지 않은 언어, 조심스레 입 밖으로 나오는 발음 하나하나 — 이 모든 것은 우리가 그동안 잊고 지낸 '살아 있음의 느낌'을 회복하게 한다. 여행은 단지 풍경을 바꾸는 것이 아니라, 우리의 내면 깊숙한 감각을 다시 소환하는 회복의 과정이다.

누군가에게는 여행이 도피처럼 보일 수 있다. 그러나 김영하의 시선은 그것을 정면으로 부정한다. 도피라는 말에는 책임 회피와 현실 외면의 뉘앙스가 있지만, 그는 여행이야말로 삶에 대한 진지한 성찰의 형태라고 말한다. 낯선 공간에서 우리는 지금의 자신을 견딜 수밖에 없다. 익숙한 말버릇도, 습관적인 표정도 통하지 않는 곳에서 우리는 오로지 '지금 여기 있는 나'로 살아가야 한다. 그러므로 여행은 도피가 아니라 직면이며, 외면이 아니라 응시다.

누구나 여행지에서 사진을 찍는다. 유명한 건축물 앞에서, 아름다운 자연을 배경으로. 하지만 진정한 여행자는 풍경을 수집하지 않고 시간을 통과한다. 그의 말 속에는 여행을 기억의 축적이 아니라 감각의 확장으로 이해하는 관점이 있다. 우리는 다녀온 도시의 이름을 기억하지 못해도, 그때의 바람, 골목의 냄새, 누군가의 눈빛은 생생하게 떠오른다. 여행이 우리에게 남기는 것은 결국 시간과 감각이다.

타자의 시선으로 나를 보다

여행은 타인을 마주하는 시간이다. 그들이 쓰는 언어, 걷는 방식, 음식을 먹는 태도까지. 김영하는 이질적인 타자들과의 접촉에서 새로운 윤리가 발생한다고 본다. 그것은 관용이 아니라 경청의 태도다. 여행자는 말하지 않고 듣는다. 주장하지 않고 지켜본다. 판단하지 않고 바라본다. 이 모든 태도는 타자에 대한 존중이자, 동시에 자기 자신에 대한 겸손이기도 하다. 그렇게 여행자는 타인의 문화 속에서 자신의 문화도 상대화한다.

여행을 통해 확장된 자아가 일상으로 돌아와 그 확장을 지속할 수 있을 때, 비로소 여행의 진정한 의미가 실현된다. 단지 몇 장의 사진이나, 쇼핑 가방을 들고 돌아오는 것이 아니라, 전보다 더 깊고 넓어진 시선을 갖고 일상으로 복귀하는 것. 그것이 여행이 남기는 흔적이다. 그래서 그는 여행이 끝나는 순간, 진짜 여행이 시작된다고 말한다.

우리는 떠나면서 비로소 자신이 어디에 속해 있었는지를 이해하게 된다. 김영하는 여행자의 시선으로 일상을 다시 바라보는 것의 중요성을 강조한다. 낯선 것을 본 눈으로 익숙한 것을 다시 보면, 모든 것이 조금씩 다르게 보인다. 그 다름은 불편함이 아니라 생명이다. 감각의 각성이며, 존재의 증거다.

김영하에게 여행은 사치가 아니다. 생존을 위한 최소한의 호흡이다. 숨이 막히는 일상에서 벗어나 잠시 다른 공기를 마시고, 또다시 걸을 수 있는 힘을 얻는 것. 그러므로 그의 글은 모든 여행자를 위로하고 격려한다. 당신이 지금 떠나고 싶다면, 그것은 회피가 아니라 생존 본능이다.

익숙함을 뒤흔드는 한 걸음

삶은 본래 낯섦을 품고 있다. 다만 우리는 그것을 애서 익숙함으로 덧칠하며 살아갈 뿐이다. 우리가 삶을 견딜 수 있는 것은 그것이 완벽히 예측 가능하기 때문이 아니라, 여전히 뜻밖의 방향으로 우리를 흔들어 놓기 때문이다. 여행이란 그 낯섦을 자발적으로 받아들이는 행위다. 예상과 다른 풍경, 언어의 불완전성, 문화의 단절. 이러한 모든 불일치는 우리로 하여금 본능적으로 질문하게 만든다. 나는 누구이며, 어디에 서 있는가.

그는 여행이야말로 가장 순도 높은 '현재형의 삶'이라고 이야기한다. 과거나 미래에 매달릴 틈이 없는 곳, 오직 지금 이 순간에만 존재할 수밖에 없는 세계. 그곳에서는 감정도, 사고도, 몸의 감각마저도 이전과는 다르게 작동한다. 그는 이 책에서 그러한 순간의 촘촘한 결을 정제된 문장으로 그려낸다. 이를테면 베를린에서 길을 잃었을 때, 그는 당황함보다 살아 있다는 실감을 더 깊게 느꼈다고 고백한다. 길을 잃는다는 것은 누군가에겐 불안이지만, 누군가에겐 자기 자신에게로 이르는 유일한 길이 되기도 한다.

여행은 의도하지 않은 선택의 연속이다. 어디로 걸을 것인가, 무슨 언어로 말할 것인가, 어떤 표정으로 타인을 바라볼 것인가. 이 모든 선택이 예측되지 않을 때, 우리는 본능적으로 살아간다. 그리고 바로 그 지점에서, 우리 내면의 가장 진실한 얼굴이 드러난다. 일상 속에서는 잘 보이지 않던 자신의 감정들—두려움, 분노, 연민, 기쁨—이 낯선 공간 속에서 응축되어 떠오른다. 그것이야말로 김영하가 말하는 여행의 거울이다. 여행이란 내면을 비추는 가장 선명한 장치다.

돌아오지 않기 위해 떠나는 마음

사람들은 흔히 여행은 일시적인 탈출이라고 말한다. 그러나 김영하의 여행은 돌아오기 위한 준비가 아니다. 그에게 있어 여행은 '일상을 바꾸기 위한 근본적인 결심'이다. 물리적 장소를 바꾸는 것이 아니라, 삶을 바라보는 눈을 바꾸는 것이다. "진정한 여행은 돌아와서도 그 낯섦을 지키는 것이다." 이 말은 결코 시적인 수사가 아니다. 그는 실제로 많은 여행 이후, 글쓰기의 결을 바꾸었고, 삶의 구조를 재정립했다. 여행은 그에게 방향을 바꾸는 나침반이 아니라, 나침반 그 자체를 새로 만드는 일이었다.

우리는 낯선 곳에서 자신을 만난다. 타인의 언어 속에서 말의 의미를 고민하고, 문명의 이음새가 다른 구조 속에서 불편을 감내하며, 낯선 음식과 공기 속에서 내 몸이 어떻게 반응하는지를 체감한다. 그렇게 타자의 세계는 내 안의 무수한 가능성을 불러일으킨다. 김영하의 여행이란 '세계 속의 나'를 자각하는 시간이며, '나의 세계'를 상대화하는 유일한 기회라는 말인듯 하다.

그렇기에 그는 여행의 끝에서 말한다. "나는 달라져야 한다." 그것은 여행지가 감탄할 만한 곳이어서가 아니다. 그곳에서 감각한 불편함, 이해되지 않는 삶의 방식, 아무도 자신을 알아보지 못하는 자유로움—이 모든 것이 그로 하여금 자기를 해체하고 재구성하게 만든다. 여행은 단지 풍경이 아니라, 자신을 바꾸는 의지의 다른 이름이다.

우리는 여행의 끝에서 언제나 자기 자신에게 질문을 던진다. "나는 지금 어디쯤 와 있는가?" 이 질문은 공간의 위치가 아니라, 존재의 위치를 묻는 물음이다. 삶의 주인으로서가 아니라 목격자로, 감독이 아니라 배우로, 때로는 침묵하는 관객으로 자신을 위치시키는 일. 여행이야말로 그러한 '존재의 이동'을 실천하게 한다.

김영하는 단지 여행의 즐거움을 이야기하지 않는다. 그는 '이유'에 대해 묻는다. 삶에 이유가 필요하듯, 여행에도 이유가 필요하다. 그리고 그 이유는 단 하나, 우리가 자기 자신을 사랑하는 법을 잊지 않기 위해서다. 자기 자신에게 멀어지는 일상 속에서, 가장 멀리 떠나는 길이야말로, 가장 가까운 나를 회복하는 여정이 된다. 그는 이 책에서 문장이 흐르듯 조용히 속삭인다. "그러니 떠나라. 그 길 끝에서 당신은 당신 자신과 다시 만날 것이다."

제자 소개
김영하는 소설가이자 에세이스트이며, 여러 매체에서 삶과 예술, 여행과 인간의 내면을 주제로 꾸준히 글을 써왔다. 그의 문장은 간결하면서도 깊고, 삶의 진실을 섬세하게 파고든다. 『여행의 이유』는 단지 떠남을 옹호하는 책이 아니라, 인간 존재의 의미를 되묻는 인문학적 성찰의 기록이다.

피에르 쌍소

느리게 산다는 것
속도의 시대에 맞서는 한 문장

키워드: 시간, 일상, 성찰, 감각, 유예

시간이란 무엇인가. 시계는 끊임없이 돌아가고, 우리는 그 흐름을 쫓아 산다. 그러나 그 시계가 가리키는 것이 정말 우리의 삶일까. "시간은 존재하지 않는다. 존재하는 것은 오직 우리의 감각 속에서 살아가는 시간뿐이다." 이는 '느리게 산다는 것의 의미'를 한 문장으로 압축하는 출발점이 아닐까 한다.

우리는 시계를 보며, 또는 휴대폰 속의 시간을 쳐다보며 하루를 시작한다. 기상 시간, 출근 시간, 식사 시간, 회의 시간, 마감 시간, 그리고 취침 시간. 이 모든 것이 분 단위, 초 단위로 쪼개져 있다. 아이들은 유치원부터 정해진 시간표에 익숙해지고, 성인이 되면 그 리듬을 아무런 의심 없이 내면화한 채 살아간다. 우리는 시간이 흘러가는 것을 자연스러운 이치로 여기지만, 실상 우리가 사는 시간은 '사회가 정해준 시간'이지, '내가 살아내는 시간'은 아니다. 시계가 가리키는 숫자가 삶의 중심이 될수록, 우리는 우리가 언제 어떻게 살아 있는지를 스스로 인지할 기회를 잃는다. 마치 시간을 따라 살아가느라 정작 삶이라는 실체는 놓쳐버리는 역설이다.

그런 의미에서 현대인이 느끼는 삶의 공허함은 시간의 흐름 때문이 아니라, 시간에 끌려다니는 데서 비롯된다. 시계는 멈추지 않지만, 우리의 감정은 종종 멈춰 선다. 머리는 움직이고 손은 일하지만, 가슴은 공중에 떠 있다. '살고 있다'는 실감 없이, 해야 할 일들을 기계처럼 해치우며 보내는 하루하루. 우리는 과연 누구의 시간 속에서 살고 있는 것일까. 사회가 요구하는 시간에 전적으로 몸을 맡기면, 결국 나라는 존재의 고유한 리듬은 사라진다. 우리가 시간을 측정한다고 생각하지만, 실제로는 시간이 우리를 지배하고 있다.

느리게 산다는 것, 존재 방식의 전환

'느리게 산다'는 말은 때로 유유자적하고 여유로운 삶의 표어처럼 들린다. 그러나 이 말에는 더 깊은 의미가 있다. 단순히 동작을 늦춘다는 뜻이 아니라, 삶의 구조 자체를 바꾸는 행위다. 속도가 기준이 된 세상에서 느림을 선택하는 것은 사회적 흐름과 다른 길을 가겠다는 결단이며, 한 존재의 존엄을 지키겠다는 의지다. 그것은 나의 시간을 되찾기 위한 첫걸음이다.

느림은 우선 관찰을 회복하게 한다. 우리는 빠른 삶 속에서 너무 많은 것을 스쳐 지나간다. 익숙한 것들을 당연하게 여기고, 눈앞의 사람조차 제대로 바라보지 못한 채 하루를 끝낸다. 반면, 느린 삶은 다시 '보는 법'을 가르쳐준다. 찻잔 위로 피어오르는 김의 움직임, 오후 햇살이 커튼 너머로 드리우는 결, 기차 창밖의 들판이 고요히 흘러가는 장면. 이런 것들이 눈에 들어오기 시작할 때, 우리는 비로소 삶의 안쪽으로 들어서는 것이다. 느림은 이렇게 세계와의 접촉면을 되살린다.

걷는다는 행위는 느림의 철학이 일상에서 구현되는 가장 단순하고도 근본적인 방식이다. 목적지만을 향해 달리는 이들은 주변을 놓친다. 하지만 걷는 이는 풍경과 나무, 거리의 소리, 바람의 결을 함께 거닌다. 걷기란 물리적인 이동인 동시에, 감각과 의식의 이동이다. 한 발 한 발 내디딜 때마다 우리는 현실을 감지하고, 내면의 소리를 듣는다. 걷는 시간은 생각이 정돈되는 시간이며, 조용한 충만감이 스며드는 시간이다. 빠르게 달릴 때는 오직 종착지가 중요하지만, 걷는 이에게는 과정이 삶 그 자체가 된다.

또한 걷기는 혼자 있는 법을 배우는 시간이기도 하다. 타인과의 대화가 아닌 자신과의 대화에 집중하게 되고, 속도에서 벗어난 시간 속에서 오랜 침묵이 가능해진다. 사람들은 혼자 걷는 것을 외롭다고 생각하지만, 사실 그 시간은 자기 자신을 마주하는 귀중한 기회이다. 스마트폰을 내려놓고, 이어폰을 빼고, 오직 자신의 발소리와 숨소리에 집중해보는 것. 그 고요함 속에서 삶은 예상보다 풍성하게 말을 걸어온다. 빠름은 타인의 기대를 채우는 방향으로 작동하지만, 느림은 나의 리듬에 귀 기울이는 시간이 된다.

기다림, 사라진 감정의 미덕

지금 우리는 기다리는 법을 잃었다. 정보도, 음식도, 인간관계도 모든 것이 즉시성의 논리에 맞춰진다. 누군가의 답장이 몇 분 늦어지면 불안하고, 택배가 하루만 지연되어도 분노가 솟는다. 그러나 삶의 중요한 것들은 언제나 기다려야만 한다. 한 계절이 무르익기까지는 시간이 필요하고, 진짜 사랑은 느리게 다가와야 오래 남는다. 관계도 마찬가지다. 급히 맺은 인연은 그만큼 쉽게 끊긴다. 깊은 신뢰는 오랜 시간의 대화, 침묵, 기다림을 통해서만 자란다.

기다림은 단지 수동적인 태도가 아니다. 그것은 오히려 능동적인 감정의 미덕이다. 기다린다는 것은 그 대상이 가치 있다는 믿음을 품는 일이자, 그 사이의 공백을 자신을 정돈하며 채우는 시간이다. 누군가를 위해 문을 열어두고, 누군가의 말이 끝나기를 기다리고, 누군가의 슬픔이 가라앉기를 기다리는 것. 이런 기다림이 가능한 사회가 곧 감정이 살아 있는 사회다. 기다림은 배려의 시간이며, 감정이 진짜로 움직이는 시간이다.

삶은 결코 계획대로 흘러가지 않는다. 생각보다 오래 머무는 아침의 무기력, 예기치 않은 전화 한 통, 예정되지 않았던 비, 혹은 갑작스런 침묵, 우리는 이 모든 것들을 불안하게 여긴다. 그러나 때때로 불확실성은 삶의 진짜 층위를 열어주는 열쇠다. 일정한 패턴 속에서는 보지 못했던 감정, 생각, 가능성이 예기치 않은 순간에 문을 두드린다. 그것이 삶의 아름다움이자 고통이기도 하다.

느림은 이 불확실성을 견디는 힘을 길러준다. 급히 판단하지 않고, 결론을 유보하며, 열려 있는 감각으로 사태를 바라볼 수 있는 여유. 느리게 산다는 것은 감정의 속도를 조절하는 것이고, 상황의 흐름을 무리 없이 수용하는 태도를 갖는 것이다. 불확실한 삶 앞에서 허둥대지 않고, 조용히 기다릴 수 있는 사람. 그 사람은 삶을 통제하려 들기보다 삶과 함께 흐르는 법을 배운 이다. 그것이 느림이 주는 진정한 지혜다.

감각을 다시 깨운다는 것

정보의 홍수 속에 사는 우리는 점점 감각이 닫힌 존재가 되어간다. 하루에도 수백 개의 알림, 뉴스, 메신저, 영상이 머릿속을 통과한다. 그 속에서 우리는 작은 소리, 미묘한 냄새, 연약한 떨림을 놓친다. 삶의 결이 사라지고, 감각은 무디어진다. 인간이 기계와 다른 점은 감각으로 세계를 받아들이는 능력에 있다. 그러나 이 감각이 마비되면, 존재 자체가 흐려진다.

느림은 감각을 되살리는 방식이다. 커피 잔에 남은 온기, 나뭇잎이 바람에 흔들리는 소리, 유리창에 비친 빛의 결, 누군가의 얼굴에 맺힌 미세한 표정. 이러한 것들을 의식하고 느끼기 위해서는 반드시 잠시나마라도 '멈춤'이 필요하다. 빠름은 감각을 생략하게 만들지만, 느림은 감각을 확장한다. 그리고 그 확장 속에서 우리는 존재의 무게를 실감하게 된다. 삶은 거대한 사건이 아니라, 아주 작고 미세한 감각들의 조합으로 이루어진다. 그 감각들을 지켜내는 것이 바로 인간다움을 지키는 일이다.

느림의 윤리와 고유한 삶의 회복

우리는 종종 묻는다. "진짜 나의 삶을 살고 있는가?" 그 질문은 빠른 시간 속에서는 들리지 않는다. 누군가의 기준을 따라 달리고, 사회의 시간표에 맞춰 맞추며, 나도 모르게 살아낸 나날들. 느리게 사는 사람만이 그 질문을 진지하게 마주할 수 있다. 그리고 그 질문은 곧 삶을 고유하게 살아가기 위한 시작점이 된다. 느림은 자기 삶의 리듬을 찾는 일이자, 타인의 리듬을 존중하는 일이기도 하다. 그것은 단지 한 개인의 선택이 아니라, 함께 살아가는 세상을 위한 윤리적 태도다.

삶의 깊이는 느림에서 비롯된다. 의미는 언제나 천천히 다가오며, 느림은 그 의미를 발견할 수 있는 유일한 속도다. 우리는 더 많은 것을 추구하며 살아가지만, 결국 기억에 남는 순간은 속도를 늦췄던 그때다. 가을 햇살 아래 오래도록 앉아 있었던 오후, 아무 말 없이 함께 걷던 골목, 음악이 끝난 뒤의 긴 여운. 그때 우리는 확실히 살아 있었고, 그 순간이 지금도 마음속에 남아 있다. 느림은 결국, 삶을 붙잡는 기술이다.

삶의 궁극은 외부로 나아가는 것이 아니라, 다시 나 자신에게 돌아오는 것이다. 느림은 그 귀환의 길을 안내한다. 더 많이 성취하고, 더 빠르게 도달하려 했던 욕망을 잠시 내려놓고, 지금 이 자리에 충실히 머무는 일. 그것은 타인을 따르지 않고, 내면의 시간을 살아가는 법을 배우는 일이다. 빠르게 흘러가는 세계에서 천천히 걷겠다는 용기, 그 용기가 있을 때 우리는 비로소 자신을 되찾는다. 그리고 그 삶은, 조용하지만 분명한 울림으로 이어진다.

저자 소개 _____

피에르 쌍소는 철학자이자 사회학자로서, 프랑스의 여러 대학에서 철학과 사회이론을 강의하며 '일상의 철학'을 꾸준히 주장해왔다. 그는 익숙한 삶의 풍경을 철학적으로 조명하고, 사소한 일상 속에서 진리를 발견해내는 섬세한 시선을 지닌 사상가다. 『느리게 산다는 것의 의미』는 그가 20여 년에 걸쳐 발전시켜온 사유의 결정판으로, 속도에 중독된 현대인의 삶에 강력한 성찰을 던진다. 그의 철학은 느림의 미학을 넘어, 존재의 존엄과 인간의 깊이에 대한 깊은 사유를 우리에게 요청한다.

알랭 드 보통

불안

우리가 안고 사는 불안의 얼굴

키워드: 자아의 허약함, 사회적 비교, 성공 신화, 철학적 위안, 현대성의 긴장

오늘날 우리 삶의 가장 고통스러운 정조(情調) 중 하나는 불안이다. 불안은 단지 감정의 문제가 아니다. 그것은 우리 삶의 구조, 사회의 기대, 자아의 방향성까지 관통하는 깊고 복합적인 정서다. 알랭 드 보통은 본서 『불안』을 통해 우리가 느끼는 이 불안의 실체를 탐구한다. 그는 불안이 단순히 병리적인 현상이 아니라, 우리가 사는 시대의 거울이자 자아의 내면이 투사된 결과임을 역설한다. 이 책은 단순한 자기계발서도 아니고, 임상적인 진단서도 아니다. 철학자이자 에세이스트로서 드 보통은 불안을 철학과 예술, 문명사적 맥락 속에 위치시키며, 우리가 그것과 어떻게 마주해야 하는지를 차분하게 제시한다.

불안의 출발점은 비교다. 우리는 끊임없이 타인과 우리 자신을 비교하며 살아간다. 이는 현대 사회가 개인에게 과도한 책임을 전가하고, 성공을 개인의 능력과 가치로 환원시키는 구조 안에서 더욱 심

화된다. 중세에는 인간이 실패하면 "하나님의 뜻"이라 믿었지만, 현대인은 "내 탓"이라고 여긴다. 세속화는 인간을 신의 섭리에서 해방시킨 대신, 무한한 자기책임과 성과 압박 속에 던져 놓았다. 이 지점에서 불안은 우리 존재의 핵심에 도달한다. 그것은 단순히 일이 잘되지 않아서가 아니라, 존재 자체가 무가치하다고 느끼게 만드는 감정이다.

비교의 굴레에 갇힌 자아

이러한 불안은 전적으로 현대적인 것이다. 근대 이후의 계몽과 산업화, 자본주의와 민주주의는 인간의 자율성과 능력을 찬양했다. 하지만 그 이면에는 성공하지 못한 자에 대한 은근한 비난과 소외가 자리하고 있다. 드 보통은 이러한 불안이 '가치 있는 삶을 살아야 한다'는 강박에서 비롯된다고 진단한다. 우리는 끊임없이 남의 시선을 의식하고, SNS나 미디어를 통해 확인되는 타인의 삶을 바라보며 자기 자신을 의심한다. 자기 자신이 되는 것이 어려운 시대, 불안은 존재의 기본 상태가 되어버렸다.

알랭 드 보통은 불안을 없애야 할 감정이 아니라, 이해하고 응시해야 할 감정으로 바라본다. 그는 철학자 몽테뉴나 쇼펜하우어, 예술가와 작가들의 생애를 통해 우리가 살아가는 방식에 새로운 시선을 제안한다. 이들의 삶은 불안을 제거하려 애쓰기보다, 그것을 인간적인 조건으로 받아들이고 그 안에서 자신만의 감각을 일구어낸 흔적들이다. 드 보통은 현대인이 느끼는 불안을 회피하거나 억압하지 말고,

있는 그대로 인식하고 끌어안는 태도가 필요하다고 말한다. 우리가 느끼는 감정은 그 자체로 유효하며, 옳고 그름으로 평가할 대상이 아니라 삶의 신호로 이해되어야 한다. 불안이 우리를 무기력하게 만들고 자존감을 갉아먹을 수는 있지만, 그 내면에는 삶의 진실한 욕구와 우리가 놓치고 있는 감각들이 숨어 있다. 불안은 종종 우리가 중심에서 벗어나 있음을 알려주는 내면의 경고이며, 삶의 균형을 다시 맞추라는 몸과 마음의 요청일지도 모른다. 드 보통은 우리 스스로에게 묻는다. 지금 정말로 중요한 것은 무엇인가. 그 질문은 불안을 피해갈 때가 아니라, 불안을 똑바로 통과할 때 비로소 들려오는 물음이다.

불안을 넘어선 시선의 전환

우리 시대의 가장 강력한 신화는 '성공'이다. 성공은 더 이상 외적인 부나 명예만을 의미하지 않는다. 그것은 자아실현, 개성, 탁월함, 의미 있는 삶 등으로 형상화된다. 그러나 이 모든 것들은 결국 외부 세계의 기준과 맞닿아 있으며, 우리가 얼마나 그것에 부응하는지를 끊임없이 확인받아야 하는 구조 안에 있다. 알랭 드 보통은 이처럼 부드럽지만 폭력적인 성공의 신화를 해체하면서, 우리가 살아야 할 이유가 꼭 위대할 필요는 없다고 말한다. 작은 일, 평범한 삶, 불안한 감정 속에도 의미는 숨어 있으며, 그것을 발견하는 일이야말로 진짜 삶의 시작이다.

불안을 다루는 데 있어 철학은 의외로 실용적이다. 알랭 드 보통은 소크라테스에서 시작하여 세네카, 루소, 키르케고르까지 다양한 사유의 자취를 따라간다. 이 철학자들은 삶을 질문하는 사람들이다. 이들은 불안을 부정하지 않고, 오히려 그 감정을 통해 삶의 방향을 정립한다. 철학은 삶의 문제를 해결하는 것이 아니라, 더 나은 문제를 발견하게 해준다. 불안은 그 문제를 찾게 하는 감정이다. 다시 말해, 우리가 진심으로 살아가고 있다는 증거다.

삶은 명료하지 않다. 늘 선택해야 하고, 그 선택은 언제나 부족하고, 누군가는 더 나은 선택을 하는 것처럼 보인다. 이런 삶을 살아가는 우리에게 불안은 자연스럽다. 알랭 드 보통은 그 불안이 삶을 살아낸다는 한 방식임을, 그것이 우리 인간됨의 중표임을 정제된 문장과 깊은 통찰로 알려준다. 이 책은 불안을 없애주는 책이 아니다. 그러나 그것과 함께 사는 법, 그것을 바라보는 눈을 달리함으로써 삶을 더 깊고 부드럽게 만드는 길을 제안한다.

철학, 불안의 친구가 되다

불안은 사라지지 않는다. 그것은 삶이 지속되는 한 함께 존재한다. 중요한 것은 그것을 없애려는 헛된 시도보다, 그것과 더불어 살아가는 지혜다. 불안의 철학적 근거와 사회적 맥락을 살펴보았다면, 이제는 우리가 실제로 어떤 태도로 불안을 감당할 수 있을지, 그 구체적인 방법과 사유의 길을 따라가 보자. 드 보통은 불안을 없애려 하지 말고, 불안의 언어를 배우라고 단호하게 말한다. 그것은 우리 자신과 대화하는 방식의 변화이기도 하다.

그는 이 변화의 시작으로 '관점'을 바꾸는 훈련을 제안한다. 불안은 우리가 가진 특정한 세계관의 산물이다. 예를 들어, 우리가 '성공한 삶'에 대해 가지는 정의가 불안의 크기를 결정짓는다. 우리가 성공을 남과의 비교, 사회적 인정을 기준으로 이해한다면 불안은 점점 커질 수밖에 없다. 하지만 그것이 내적 충만, 관계의 진실함, 하루를 살아내는 정직함으로 이해될 때, 불안은 자기 자리를 잃는다. 우리는 삶에 대한 정의를 새로 할 수 있고, 거기서 불안은 점차 그 위세를 잃는다.

이와 관련하여 알랭 드 보통은 철학을 단순한 관념이 아니라 삶의 기술로 소개한다. 그는 세네카의 금언, 몽테뉴의 관용, 쇼펜하우어의 냉소, 키르케고르의 불안에 대한 형이상학적 이해 등을 끌어와, 불안을 견디는 데 철학적 사유가 얼마나 실질적인 힘을 발휘할 수 있는지를 설득력 있게 제시한다. 그는 이 철학자들을 삶의 친구로 삼을 것을 권한다. 그들의 글은 불안이라는 감정을 무화시키지는 못하지만, 그것에 휩쓸리지 않도록 우리의 중심을 세워 준다.

작은 삶, 깊은 감각의 회복

무엇보다 알랭 드 보통은 삶의 '작은 단위들'에 집중한다. 우리는 너무 자주 미래를 염려하느라 현재를 놓친다. 불안은 아직 오지 않은 가능성에 너무 많은 현실을 내어주는 감정이다. 우리는 하루의 루틴, 식사의 즐거움, 타인과의 조용한 교감, 나 자신에 대한 작은 인식의 전환을 통해 불안을 가라앉힐 수 있다. 이는 명상이나 자조적 해결책의 수준을 넘어, 존재에 대한 철학적 성찰을 일상 속에 끌어들이는 시도다. 삶은 원대한 프로젝트가 아니라, 감각과 관계의 총합이라는 것이다.

이러한 삶의 인식은 불안에 대한 수동적 태도를 벗어나, 능동적인 관찰자로 자신을 세우는 계기가 된다. 알랭 드 보통은 우리에게 묻는다. "당신은 지금 무엇을 보고 있으며, 왜 그것이 불안한가?" 이 질문은 단순하지만 치명적이다. 그것은 감정에 떠밀리던 나를 멈추게 하고, 그 감정을 말로 명명하게 하며, 그것을 하나의 사유 대상으로 전환시키기 때문이다. 이 질문을 반복하다 보면, 불안은 감정을 뛰어넘어 인생을 통찰하는 창이 된다.

우리는 타인의 시선으로부터 자유로워져야한다. 타인의 기준은 언제나 불안을 낳는다. 알랭 드 보통은 니체의 '영원회귀' 사상을 통해, 우리가 삶의 무게를 덜어내는 대신 더 깊이 지는 방식으로 불안을 이겨낼 수 있다고 했다. 똑같은 삶이 무한히 반복된다 해도 지금의 선택을 반복할 수 있는가? 이 물음은 삶을 전면적으로 다시 성찰하게 하며, 불안의 중심에서 내가 무엇을 진정 원하고 있는지를 묻게 한다.

그렇기에 알랭 드 보통의 책은 불안을 없애주는 약이 아니다. 그는 불안을 존재의 필수 구성 요소로 본다. 우리가 감정을 억압하거나 피할 것이 아니라, 그것을 통해 스스로를 더 잘 알 수 있는 계기로 삼아야 한다. 불안은 우리를 흔들지만, 동시에 우리가 가장 깊이 살아 있다는 증거다. 그 감정은 우리로 하여금 멈추게 하고, 돌이켜보게 하고, 질문하게 한다. 그런 의미에서 불안은 불편한 은총이며, 거절할 수 없는 내면의 스승이다.

  불안과 함께 살아가는 법은 결국, 그 감정 속에서도 삶을 이어갈 수 있는 힘을 기르는 일이다. 그것은 순간을 사는 힘이고, 자기 자신을 인정하는 용기이며, 타인의 시선으로부터의 해방이고, 실패와 부족함을 수용하는 자비다. 우리가 불안할 수밖에 없는 존재라는 것을 이해할 때, 우리는 비로소 타인에게도, 자기 자신에게도 너그러워질 수 있다.

  이 책은 단지 읽는 것으로 그치지 않는다. 그것은 사유를 유도하고, 감정을 건드리고, 존재의 방식에 변화를 제안한다. 독자는 알랭 드 보통의 언어를 따라가며, 자기 안의 불안을 새로운 눈으로 바라보게 된다. 그때 불안은 더 이상 부끄러운 감정이 아니다. 그것은 나를 만든 시간이고, 나를 지켜낸 태도이며, 나를 살아있게 한 증거다. 이 책이 전하고자 하는 것은 불안을 이겨내는 기술이 아니라, 불안과 함께 살아내는 철학이다. 그것은 궁극적으로 '내가 누구인가'를 묻는 모든 사람에게 필요한 언어이며, 끝내 우리 모두가 도달해야 할 내면의 정직함이다.

저자 소개

알랭 드 보통은 1969년 스위스에서 태어나 영국에서 활동하고 있는 철학자이자 작가이다. 케임브리지 대학교에서 철학을 전공했으며, 현대인의 삶을 철학적으로 해석하는 에세이 형식의 글로 전 세계 독자들의 사랑을 받고 있다. 『우리는 사랑일까』, 『공항에서 일주일을』, 『여행의 기술』, 『왜 나는 너를 사랑하는가』 등 다양한 저서를 통해 철학을 일상으로 끌어와 우리 삶에 새로운 시선을 제시해왔다. 그가 이끄는 '삶의 학교' 프로젝트는 실용적 철학 교육의 새로운 방향을 제시하고 있다.

흔들리는 감정의 물결 속에서 삶의 길을 찾다

2부

쌩떽쥐베리

어린 왕자

길들여진다는 것의 의미

키워드: 순수성, 상상력, 사랑, 타자 이해, 인간 본질

나는 여섯 살 때, 밀림을 다룬 책에서 보아뱀이 코끼리를 삼키는 그림을 보고 충격을 받았다. 어른들에게 그 그림을 보여주며 무섭냐고 묻자, 그들은 "모자가 뭐가 무섭니?"라며 웃었다. 나는 그것이 모자가 아닌 보아뱀이라는 걸 설명했지만, 그들은 이해하지 못했다.

이 첫 장면은 어린 시절의 상상력과 어른들의 무감각한 시선을 대비시키며 이야기의 핵심 주제를 암시한다. 상상력과 순수함은 나이가 들어도 지켜야 할 가장 인간적인 본질임을 말이다.

"어린 왕자"는 한 아이가 B-612 소행성에서 지구로 내려와 다양한 사람과 생명체를 만나는 여정을 그린 우화 형식의 이야기다. 이야기는 파일럿인 '나'와 어린 왕자의 만남을 중심으로 진행되며, 각 장면마다 존재의 의미와 진정한 관계에 대한 메시지를 던진다. 특히 어른

들이 추구하는 물질적 가치, 권력, 명예, 시간, 수치와 같은 관념들을 해체하면서도, 그것을 비난하거나 조롱하지 않는다. 단지 질문을 던질 뿐이다. "그건 왜 중요한가요?"

어린 왕자가 떠나온 자신의 별에는 화산, 잡초, 그리고 장미 한 송이가 있다. 그는 이 장미를 유일한 존재처럼 여기고, 그것을 위해 바오밥 나무를 뽑으며 책임을 다한다. 그러나 그 사랑이 얼마나 귀중한지 깨닫는 데는 긴 여정이 필요했다. 여러 행성의 군주, 허영심 많은 사람, 술주정뱅이, 사업가, 점등인, 지리학자 등은 모두 어른의 세계를 상징하며, 그 만남들은 모두 어른들이 잊어버린 것을 어린 왕자가 하나씩 되짚어주는 계기가 된다. 즉, 삶의 본질은 숫자나 권위가 아닌 관계 속에서, 마음을 다해 들여다보는 것에서 생겨난다는 교훈이다.

길들여진다는 것은 서로가 서로에게 특별한 존재가 된다는 뜻이다. 여우는 어린 왕자에게 "길들여져야 진짜로 이해할 수 있다"고 말하며, 눈에 보이지 않는 것들의 가치를 가르쳐 준다. 사랑은 단지 느끼는 감정이 아니라, 반복되는 관심과 시간을 통해 서로를 알아가고 연결되는 과정이라는 점을 이 장면은 가르쳐 준다. 그래서 어린 왕자는 장미가 세상에 수천 송이 있어도 자기 장미만이 특별하다고 말한다. 왜냐하면 "그 장미를 위해 물을 주고, 유리 덮개를 씌워주고, 벌레를 잡아주고, 함께한 시간이 있었기" 때문이다.

길들여진다는 것은 상처를 감수하는 일이다. 어린 왕자는 여우와 헤어지면서 눈물을 흘린다. "그럼에도 불구하고 왜 길들였냐"고 묻자 여우는 대답한다. "너와의 시간은 내게 햇살이 되었어." 관계는 언젠가 끝이 있을 수도 있지만, 그 시간이 전혀 의미 없지 않다는 것을 이야기한다. 인간은 사랑을 두려워하지만, 사랑 없이는 살 수 없다. 그 두려움과 소중함 사이에서 선택해야 하는 것이 바로 인간의 숙명이다.

보이지 않는 것이 진짜 중요한 것

세상은 점점 더 보이는 것에만 가치를 둔다. 수입, 직업, 외모, 성과 등은 눈에 보이는 지표이지만, 관계, 믿음, 사랑, 충성심, 정직함 같은 가치들은 쉽게 잊힌다. 쌩떽쥐베리는 "가장 중요한 것은 눈에 보이지 않는다"고 말한다. 이 말은 단순한 감상적 문장이 아니라, 현대 사회가 망각한 진리의 압축이다. 우리는 너무 많은 설명을 듣고 있지만, 정작 마음을 나누고 길들이는 데에는 서툴다. 사랑을 정량화할 수 없기에 그것을 믿지 않는 시대에 우리는 살고 있는 것이다.

어린 왕자는 지구에서 장미 정원을 본다. 수천 송이의 장미가 있지만, 그 어떤 것도 그의 장미처럼 특별하지 않다. 왜냐하면 관계란 단지 외적 유사성으로 결정되지 않기 때문이다. 이 지점에서 우리는 관계의 본질이 물리적 조건에 있지 않음을 깨닫는다. 내가 사랑하는 이가 내게 특별한 이유는, 그 존재가 나를 바꾸었기 때문이다. 사랑은 주관적이며, 바로 그 주관성 속에 존재의 참된 감동이 있다.

철도원이 말하듯 사람들은 늘 "어디론가 바쁘게 가지만, 목적지를 알지 못한다." 이 말은 현대인의 삶을 풍자한다. 우리의 바쁨은 무엇을 위한 것인가? 그 속에 타인을 바라보는 시선이 사라지고, 나조차도 나를 바라보는 눈을 잃어간다. 어린 왕자는 자신을 돌아보고, 자신이 사랑했던 존재에게 돌아가기로 한다. 그것이 어른들이 잃어버린 '용기'다. 삶에서 가장 중요한 것은 '마음으로 보는 것'임을 알게 되었기 때문이다.

보아뱀의 그림으로 시작했던 이야기는, 다시 그 그림으로 끝이 난다. 어린 왕자는 다시 별로 돌아가고, 파일럿은 사막 한가운데서 홀로 남는다. 그러나 그는 더 이상 외롭지 않다. "밤하늘의 별들 중 하나에서 누군가 웃고 있다"는 사실이, 그에게는 새로운 의미의 별이 되었기 때문이다. 어른들이 숫자로만 셈하는 삶 속에서, 단 하나의 미소가 온 우주를 가득 채울 수 있다는 가능성을, 어린 왕자는 우리에게 남긴다.

어린 시절의 상실을 다시 찾아가는 여정

세상의 가장 깊은 슬픔은 순수를 잃어버린 데서 비롯된다. 어린 왕자의 여행은 단지 소행성에서 지구로의 이주가 아니라, 사랑했던 것들과의 거리에서 시작된 마음의 이탈이었다. 우리는 삶에서 자주 떠난다. 장소를 바꾸고, 관계를 끊고, 새로운 이유를 만들며 낡은 감정을 지우려 한다. 하지만 결국 돌아가는 건, 사라졌다고 믿었던 그 첫 번째 감정의 자리다. 어린 왕자는 자기 별에 있는 장미에게 돌아가고자 결심한다. 그것은 후회가 아니라 사랑에 대한 책임이었고, 또 자신이 누구였는지를 잊지 않기 위한 용기였다.

세상은 우리에게 끝없이 변하라고 요구하지만, 진짜 중요한 것들은 변화 대신 귀환을 요구한다. 처음의 자리, 가장 진실했던 관계, 진심으로 아파했던 순간들로 되돌아가는 길은 때로 지루하고 때로 고통스럽다. 그러나 그 길 끝에서 우리는 우리 자신을 만나게 된다. 쌩떽쥐베리는 어린 왕자를 통해, 떠나는 자만이 아니라 돌아오는 자의 얼굴을 그리고 싶었던 것이다. 진짜 성장은 성숙한 이탈이 아니라 정직한 귀환에서 이루어진다는 사실을 우리에게 말해준다.

관계는 시간이라는 언어로 말한다

여우는 말했다. "네가 나를 길들인다면 우리는 서로에게 특별해질 거야." 이 짧은 문장은 사랑의 본질을 꿰뚫는다. 사랑은 감정이 아니라 시간이다. 우리는 누군가와 함께한 시간으로 기억을 쌓고, 그 기억으로 마음의 위치를 정한다. 그래서 같은 장미여도 어린 왕자의 장미만이 특별한 것이다. 그는 그 장미에게 물을 주었고, 병충해를 막았고, 유리 덮개를 씌워주었다. 그 시간들이 그 장미를 '하나뿐인 것'으로 만들었다.

우리는 종종 사랑을 말하면서도 시간을 나누지 않는다. 바쁜 일상 속에서 소홀히 흘려보낸 시간은 어느새 마음의 틈이 되어, 서로를 낯설게 만든다. 아이들이 사라지는 것도, 부부가 어긋나는 것도, 친구가 멀어지는 것도 모두 시간의 결핍에서 시작된다. 쌩떽쥐베리는 사랑이란 함께한 시간을 기억하는 것이며, 그 기억이 존재를 의미 있게 만든다고 말한다. 그것은 연약한 존재들이 서로를 지탱하는 유일한 방식이다.

파일럿은 어린 왕자를 떠나보낸 뒤에도, 밤하늘을 올려다보며 그를 떠올린다. 별 하나에서 웃고 있을 그 아이를 기억하는 것. 그것은 상상이나 위로가 아니라, 함께했던 시간을 마음으로 품는 방식이다. 우리는 누군가와 보낸 시간이 빛처럼 잔존해 있다는 사실을 잊지 말아야 한다. 그것이 지나간 존재들을 우리 삶 속에 살아 있게 하는 길이며, 동시에 지금의 삶을 견디게 하는 비밀이다.

어른들이 숫자로만 세는 세계에서, 어린 왕자는 시간을 사랑하는 법을 알고 있었다. "여우와 보낸 시간 때문에 여우는 특별해졌어." 이 문장은 우리에게 묻는다. 당신이 사랑한다고 말하는 존재에게, 얼마나 시간을 주었는가? 그것이 곧 사랑의 진실이며, 모든 관계의 시작이자 끝이다.

쌩떽쥐베리는 이 책을 단지 아이들을 위한 동화로 쓰지 않았다. 오히려 아이를 잃어버린 어른들을 위한 우화로 썼다. 그는 '잊지 않기 위해' 글을 썼다. 비행기 사고로 인한 절체절명의 위기 속에서도, 그는 끝까지 마음속의 별 하나를 놓지 않았다. 『어린 왕자』는 잃어버린 순수함에 대한 회복의 여정이며, 사라졌다고 믿었던 감정과 존재에 대한 애도이자 찬사다. 우리는 이 책을 읽으며, 과거의 나를 만난다. 상처 입은 채 웃고 있던, 사랑했지만 어쩔 수 없이 떠나야 했던, 그러나 결국 돌아가야 하는 누군가로서의 나 자신을.

그렇기에 『어린 왕자』는 결코 단순한 이야기로 남지 않는다. 그것은 기억이다. 누군가의 손을 잡고 별을 바라보던 밤, 말없이 건넨 작은 미소, 오래전에 떠나보낸 존재에게 쓰지 못한 편지 한 장. 우리는 모두 어린 왕자였다. 잠시 지구에 머물다, 언젠가 자신만의 별로 돌아가야 하는 존재. 그러므로 이 책을 읽는다는 것은 단지 독서가 아니다. 그것은 스스로의 별을 기억하는 일이며, 마음속 여우를 다시 떠올리는 일이며, 말없이 길들여진 관계를 되새기는 일이다.

저자 소개 _____

앙투안 드 쌩떽쥐베리는 프랑스의 작가이자 비행사이다. 그는 하늘을 나는 삶 속에서 존재의 본질을 사유했고, 인간과 사랑, 죽음과 고독에 대해 우아한 문체로 노래했다. 그의 대표작인 『야간 비행』과 『어린 왕자』는 모두 비행과 인간성의 교차점에서 태어났으며, 현실의 모순을 넘어서려는 시도였다. 그는 1944년 정찰 비행 중 실종되었으며, 그의 죽음은 삶과 문학이 하나가 된 비극적 결말이자, 작품이 현실보다 오래 살아남는 작가의 운명을 상징한다.

존 브래드쇼

상처받은 내면아이 치유
마음속 어린 존재를 마주하는 용기

키워드: 내면아이, 상처 회복, 감정 인식, 자존감, 치유 여정

　어릴 적 우리는 많은 것을 기억하지 못한다고들 하지만, 우리의 몸과 감정은 모든 것을 기억하고 있다. 존 브래드쇼는 내면아이(inner child)를 단순한 이론이 아닌, 실제적인 치유의 대상이자 상처 입은 자아의 핵심으로 파악한다. 우리가 현재 느끼는 불안과 두려움, 자존감의 결핍은 단순한 성격의 문제가 아니라 유년기 깊은 곳에 저장된 정서적 기억의 결과물이다. 이 책은 그런 억눌린 기억을 정면으로 마주하고 회복으로 나아가는 여정을 안내한다.

　브래드쇼는 '부모를 탓하라'는 메시지를 전하지 않는다. 오히려 그는 우리가 받은 상처가 반복된 가정 내의 역기능에서 기인했음을 설명하며, 그 과정 속에서 어떻게 감정을 억누르고 부정하며 살아왔는지를 조명한다. 그에 따르면 상처받은 내면아이는 유머 감각이나 창

의력, 사랑을 주고받는 능력까지도 가로막으며 우리의 삶을 제약한다. 그 아이는 외면당한 채 마음속 구석에 숨어 있고, 우리는 그것을 들여다보지 않으려 애쓰며 살아간다. 하지만 진정한 회복은 그 내면아이를 다시 만나고, 그를 품는 데서 시작된다.

내면과 재회하는 첫 걸음

어릴 적 상처를 직접 회상하는 일은 쉬운 일이 아니다. 많은 이들이 그 시절을 희미하게만 기억하거나, 아예 기억하지 못하는 것처럼 느끼기 때문이다. 그러나 감정의 기억은 말없이 남아 우리를 조종한다. 예를 들어, 이유 없는 분노나 불안, 반복되는 관계의 패턴은 의식의 차원에서는 설명되지 않지만, 무의식 속 내면아이의 목소리로 해석될 수 있다. 브래드쇼는 이를 "감정적 기억은 몸속 깊은 곳에 저장되어 있다"고 표현하며, 단순히 과거를 기억하는 것이 아니라 몸과 마음이 기억하는 상처를 인식해야 한다고 말한다.

이러한 인식은 자칫 비난이나 자기연민으로 흐르기 쉬운 여정을 스스로 직면하게 만든다. 그는 부모를 용서하라고 말하지 않는다. 오히려 진실을 있는 그대로 마주보는 것이야말로 첫 번째 치유의 단계라 강조한다. 감정적으로 미성숙한 부모 밑에서 자라난 아이는 자신도 모르게 감정을 억누르거나 조숙한 역할을 수행하며 살아남았다. 그 과정은 아이를 보호했지만, 동시에 아이답게 살 기회를 박탈당하게 했다. 이로 인해 많은 성인이 자기 표현을 두려워하고, 친밀한 관계를 맺는 데 어려움을 느끼게 된다.

 내면아이와 마주한다는 것은 잊고 지내던 자아의 한 부분과 재회하는 것이다. 브래드쇼는 상처받은 내면아이를 만나는 방법으로 글쓰기, 그림 그리기, 역할극 등을 권한다. 이는 단순한 예술활동이 아니라 감정의 통로를 여는 상징적 행위다. 억눌린 감정을 겉으로 표현하는 훈련을 통해, 감정은 안전하게 흘러나올 수 있다. 이러한 경험은 현재의 자아에게 놀라운 자유를 제공한다. 더 이상 '좋은 사람'이 되어야 할 강박에서 벗어나, 솔직하고 진실한 감정을 표현할 수 있는 힘이 생긴다.

 브래드쇼는 진정한 회복이 가능하려면 무엇보다도 안전하다고 느낄 수 있는 인간관계가 필요하다고 본다. 그는 상처 입은 내면의 자신을 다시 돌보는 과정에서, 우리에게 새로운 의미의 보호자가 필요하다고 강조한다. 그것은 전문 상담자일 수도 있고, 깊은 신뢰로 연결된 친구나 따뜻한 공동체일 수도 있다. 중요한 것은 그 관계 안에서 자기 감정을 솔직하게 표현할 수 있어야 한다는 점이다. 누군가가 조용히 건네는 한마디—"그렇게 느끼는 건 너무 자연스러운 일이야"—는 어린 시절의 상처를 안고 살아온 우리에게는 깊은 위로로 다가온다. 회복은 자신을 탓하는 태도를 내려놓고, 오히려 그 아팠던 감정을 인정하고 품어주는 데서 시작된다. 내면의 상처 입은 아이를 이해하고, 그 고통을 정당한 것으로 받아들일 수 있을 때, 우리는 비로소 자신에게 따뜻한 보호자가 될 수 있다.

자기 안의 어린 존재를 사랑하는 법

자기 수용과 치유는 하나의 긴 여정이다. 내면아이는 빠른 속도로 회복되지 않는다. 때로는 퇴행하고, 과거로 돌아가듯 격렬한 감정에 휩싸이기도 한다. 하지만 브래드쇼는 "그 아이와 함께 있어주는 것만으로도 변화는 시작된다."고 말한다. 가장 중요한 것은 그 아이에게 일관된 애정을 보내는 일이다. 이는 매일 아침 거울을 보며 "나는 소중하다"고 말하는 것처럼 작고 사소한 실천에서 출발할 수 있다. 우리가 어릴 적에 들었어야 했지만 듣지 못한 말들을, 이제는 어른이 된 자신이 대신 전해줄 차례다.

존 브래드쇼의 글은 단지 심리학적 이론의 나열이 아니다. 그의 문장은 한 사람의 생애와 그 안의 복잡한 감정의 결을 따라가며, 독자의 가슴 깊숙한 곳을 두드린다. 상처받은 내면아이라는 말은 이제 우리 모두에게 더 이상 낯선 개념이 아니다. 우리는 그 아이를 품어야만 온전한 삶을 살아갈 수 있다. 삶은 돌봄에서 시작되고, 자기 돌봄은 내면아이와의 진실한 만남에서 다시 시작된다.

내면을 돌보는 실천들

내면아이의 존재를 인식하는 것만으로는 충분하지 않다. 진정한 회복은 일상 속에서 그 아이를 돌보는 실천을 통해 이루어진다. 존 브래드쇼는 상처 입은 아이를 어루만지는 일은 마치 갓난아기를 보살피듯 섬세하고 꾸준해야 한다고 말한다. 매일의 삶에서 우리는 종종 내면아이를 외면하고 다시 익숙한 자기 방어로 회귀하기 쉽다. 따라서 회복은 순간의 감동이 아니라 반복과 훈련을 통해 이뤄지는 일종의 태도 변화다. 브래드쇼는 감정 일기 쓰기, 과거의 자신에게 편지 쓰기, 그리고 어린 시절 사진을 곁에 두는 등의 구체적인 방법을 제시한다. 이 실천들은 잊고 있던 자신과의 연결 고리를 회복하고, 내면의 아이를 돌보는 감각을 일상 속에서 훈련하게 만든다.

회복의 길은 직선적이지 않다. 어떤 날은 깊은 평안을 느끼고, 어떤 날은 무력감과 죄책감에 휩싸이기도 한다. 그럼에도 중요한 것은 포기하지 않는 마음이다. "오늘 나는 내면아이를 만나기 어려웠다"고 말할 수 있는 용기, 그마저도 자기 돌봄의 일환이다. 감정을 억누르지 않고 그것을 있는 그대로 바라보는 태도야말로 내면아이에게 진정한 신뢰를 주는 방식이다. 우리는 어린 자신에게 매일 말을 걸어보아야 한다. "오늘은 어땠어?", "너는 지금 무엇을 느끼고 있어?"라는 간단한 질문이 내면과의 깊은 대화를 열어줄 수 있다.

사랑과 애도로서의 용서

브래드쇼는 용서를 강요하지 않는다. 그는 용서를 회복의 끝이 아닌, 깊은 애도와 자기 수용의 결과로 본다. 용서는 어떤 의무가 아니라, 자신이 감정적으로 충분히 애도한 뒤, 다시 앞으로 나아가기 위해 선택하는 마음의 상태다. 상처 입은 많은 사람들이 "이제는 다 괜찮다"고 말하면서도 실제로는 분노와 슬픔을 억누른 채 살아간다. 그런 상태에서는 진정한 용서도, 치유도 일어나지 않는다. 깊은 감정의 층위로 들어가는 것을 주저하지 말아야 한다. 부모가 줄 수 없었던 사랑에 대해, 그 부재를 인정하고 충분히 애도하는 것이 먼저다. 그런 뒤에야 우리는 더 이상 과거에 매이지 않고 현재를 살아갈 수 있다.

감정적 진실은 이 회복의 모든 과정에서 핵심이 된다. 진실을 회피한 채로는 어떤 변화도 일어나지 않는다. "그렇게 사는 것이 맞는 줄 알았어요"라고 말하는 사람들 대부분은, 사실 그렇게 살아야만 했던 생존 전략의 포로였던 경우가 많다. 우리는 그 전략을 통해 살아남았지만, 더 이상은 그 방식으로 행복해질 수 없다. 내면아이와의 진정한 만남은 우리로 하여금 그 생존 전략을 벗어던지고, 새로운 방식으로 존재할 수 있게 한다. 이제는 자신을 돌보는 일이 부끄럽지 않고, 감정을 솔직히 표현하는 일이 어색하지 않은 삶을 살아갈 자격이 우리에게도 있다는 사실을 기억해야 한다.

치유는 공동체 안에서 완성된다

내면아이의 회복이 '혼자의 힘만으로' 가능한 일이 아니다. 상처는 관계 안에서 발생했고, 회복도 관계 안에서 이루어진다. 그러므로 우리는 새로운 관계, 건강한 공동체, 치유적 연결을 통해 그 과정을 완성해야 한다. 이는 단순히 친구를 사귀는 일이 아니라, 감정적으로 안전한 환경에서 자기 자신을 드러내는 연습이다. 브래드쇼는 치유 그룹, 상담, 소모임 등을 권장하면서, '나도 괜찮다'는 말을 들을 수 있는 경험이 내면아이에게 얼마나 깊은 울림을 주는지를 강조한다. 어린 시절 우리에게 필요했던 것은 바로 그런 말이었다. "괜찮아, 너는 소중해." 이 말이 누군가의 입에서 진심으로 나올 때, 우리는 스스로도 그 말을 믿기 시작한다.

그리고 그는 우리가 다른 이들의 회복 여정을 지켜보는 것도 치유의 중요한 일부라 설명한다. 우리는 종종 고립 속에서 자신만이 문제를 가진 것처럼 느낀다. 하지만 공동체 안에서 서로의 이야기를 들을 때, 그 감정은 보편적인 인간 경험임을 깨닫게 된다. 상처는 각기 다르지만, 그 고통의 본질은 우리가 나눌 수 있다. 이런 연대는 내면아이에게 새로운 집을 제공한다. 더 이상 혼자가 아니라는 감각은, 치유가 비로소 현실이 될 수 있다는 확신으로 이어진다.

성숙한 자아로 다시 서다

상처받은 내면아이를 돌보는 여정은 결국 우리가 더 성숙한 존재로 성장해가는 길이다. 이는 단지 아픈 과거를 봉합하는 작업이 아니라, 존재 전체를 새롭게 재구성하는 깊은 변화다. 내면아이는 우리 안에서 언제든 다시 고개를 들 수 있다. 하지만 이제는 그 아이를 억누르지 않고, 함께 살아가는 방식을 배운 우리는 그 감정의 파도 속에서 중심을 잃지 않는다. 우리 각자가 자기 삶의 돌봄자가 되어야 한다. 이는 자기 연민이나 도피가 아닌, 존재에 대한 깊은 책임과 사랑의 태도다.

존 브래드쇼는 이 책을 통해 단순한 심리치료의 도구를 제공하는 것이 아니라, 인간의 감정적 성장과 회복이라는 본질적인 문제를 다룬다. 상처받은 내면아이의 회복은 결국 인간 존재 전체에 대한 회복이며, 그것은 자기를 다시 믿고, 다시 사랑하고, 다시 연결하는 길에서 시작이 된다. 이 책은 많은 이들에게 그 길의 지도를 제공해왔다. "너는 네가 찾던 사랑 그 자체가 될 수 있다"는 메시지는 단지 위로가 아니라, 새로운 삶을 살아낼 수 있다는 믿음으로 이어진다.

저자 소개

존 브래드쇼는 미국의 저자이자 상담자, 그리고 중독 및 가족치유 분야의 선구자로 알려져 있다. 그는 PBS 강연으로 대중의 깊은 지지를 받았으며, 그의 대표작인 『상처받은 내면아이 치유』는 전 세계적으로 내면 치유 담론을 넓히는 데 결정적인 기여를 한 고전적 저작이다.

파커 J. 파머

비통한 자들을 위한 정치학
상처로부터 깨어나는 공공의 용기

키워드: 정치적 우울, 시민의식, 공동체 회복, 내면의 진실, 비통한 연대

　우리는 어째서 정치 앞에서 낙담하게 되는가. 파커 J. 파머는 책의 시작에서, 정치에 대한 자신의 감정을 단순한 분노로 환원하지 않는다. 그것은 훨씬 더 깊은 정서, 곧 마음을 무겁게 짓누르는 슬픔에 가까운 것이라고 말한다. 그 고백은 독자들에게 정치라는 영역을 단지 이념과 권력의 싸움으로 보지 말고, 삶과 공동체에 대한 깊은 애착과 감정의 자리로 다시 성찰하게 만든다. 그는 우리가 겪고 있는 정치적 피로와 갈등을 단순히 의견의 차이로 설명하지 않는다. 오히려 그것은 우리 안에 자리한 '공공의 애도'이며, 사회가 더 나은 방향으로 나아가리라는 희망이 꺾였을 때 느끼는 집단적 상실감이다.

　파머는 이러한 비통함을 외면하지 말라고 권한다. 그것은 우리가 무뎌졌기 때문이 아니라, 아직도 공동체에 대한 기대를 품고 있기 때

문에 가능한 감정이다. 정치는 종종 실망을 반복하고, 서로 다른 목소리를 향한 불신과 공격이 일상화된 공간처럼 보인다. 그러나 그 안에서 느끼는 깊은 슬픔은, 사실 우리가 여전히 더 나은 사회를 바라고 있다는 증거다. 냉소는 모든 것을 포기한 감정이지만, 비통함은 마음속에서 진심을 놓지 못한 이들에게만 가능한 감정이다. 그래서 그는 애도는 치유의 시작이며, 이 비통함조차 우리가 정치에 참여할 수 있는 내적 자원이 될 수 있다고 말한다. 다시 말해, 우리가 지금 느끼는 아픔은 우리의 도덕적 감수성이 아직 살아 있다는 반증이며, 그 감수성은 우리가 함께 사는 방식을 바꿔낼 수 있는 출발점이다.

파머가 제시하는 정치의 회복은 제도 개혁이나 정책 수준의 접근이 아니다. 그는 '공공의 삶'이 회복되려면 시민 각자가 내면의 진실에 정직해지고, 그 진실을 두려움 없이 다른 사람과 나눌 수 있어야 한다고 말한다. 다시 말해 정치의 회복은 '진정한 자기 자신으로 존재하는 사람들'이 공적 공간에서 서로를 마주할 수 있을 때 가능하다. 이러한 삶을 "공공의 용기"라 부를 수 있을 것이다. 용기란 위협에 맞서는 무력이 아니라, 두려움 속에서도 진실을 말하고 듣는 힘이다.

비통함을 껴안는 정치

파머는 시민 개개인이 자신의 '비통함'을 회피하지 않고 껴안을 때, 오히려 진실한 정치적 대화가 시작될 수 있다고 본다. 이는 오늘날 민주주의가 직면한 가장 본질적인 과제이기도 하다. 민주주의는 제도 이전에, 태도이자 삶의 방식이다. 타인의 고통에 공감하고, 이견에 귀 기울이며, 자신의 내면을 성찰하는 인간들만이 진정한 시민 공동체를 형성할 수 있다.

그는 정치가 실패한 것처럼 보이는 이유가, 오히려 우리가 인간다움을 회피해왔기 때문이라고 말한다. 다른 이의 말이 내 생각과 다르다고 해서, 그 사람 자체를 부정하는 습관, 이것이 오늘날 정치적 갈등을 더욱 심화시키는 근본 원인이다. '다름'은 두려움의 이유가 아니라, 공동체를 풍요롭게 만드는 자산이라는 인식이 필요하다.

파커 파머는 사람들이 공적인 삶에 건강하게 참여하기 위해서는 먼저 자기 내면의 감정과 마주할 수 있어야 한다고 말한다. 두려움이나 상처, 오래된 비통함을 외면한 채 공동체에 나아가면, 우리는 타인의 말과 존재를 있는 그대로 받아들이지 못한다. 오히려 내 안의 불안을 상대에게 덧씌우고, 그를 위협적 존재로 인식하게 된다. 이런 방식의 정치는 경직되고 방어적이며, 결국 타인을 배제하고 공동체를 분열시키는 결과를 낳는다. 그러나 자기 안의 상처를 인식하고 그것을 품을 수 있는 사람만이 진실한 용기를 품을 수 있고, 그런 용기야말로 공공의 삶을 회복시키는 힘이 된다. 정치적 재생은 논리나 제도 이전에, 개인의 내면에서부터 시작된다는 그의 통찰은 오늘날 더욱 깊은 울림으로 다가온다.

공동체는 어떻게 회복되는가

파커 파머는 오래된 체제를 단호히 부정하고 새로운 질서를 세우자는 혁명적 구호보다, 더 근본적인 질문을 꺼내든다. 서로 다른 배경과 신념을 가진 이들이 어떻게 한 공간에서 공존할 수 있을까—그는 이 물음을 중심에 두고 정치의 본질을 다시 사유한다. 미국 사회의 분열된 풍경 속에서 그는 이념이나 계층, 지역과 교육 수준, 종교나 경제적 조건을 넘어, 우리가 여전히 공유하고 있는 인간적 감수성을 떠올려야 한다고 말한다. 이것은 단순한 감상이나 이상이 아니라, 그가 직접 다양한 지역 공동체에서 진행한 대화와 만남의 경험에서 비롯된 실천적 신념이다.

그는 정치가 회복되기 위해서는 무엇보다 서로에 대한 두려움을 내려놓고, 마음을 열고 이야기를 나눌 수 있는 자리가 마련되어야 한다고 강조한다. 그 자리는 특정한 주장을 관철하기 위한 토론의 장이 아니라, 진심으로 타인의 삶을 듣고자 하는 마음이 먼저 준비된 공간이어야 한다. 파머에게 공공의 용기란 말재주나 논리의 기술이 아니라, 존재의 자세에서 비롯된다. 자신이 품은 상처를 감추지 않고, 타인의 경험 앞에서 방어하지 않는 태도. 그는 이런 태도 속에서만 진정한 민주주의가 다시 숨을 쉴 수 있다고 본다.

그런 맥락에서 이는 정치적 사랑이라고 표현해도 부족하지 않는다. 그것은 누군가를 감정적으로 감싸는 연민이 아니라, 의견이 다르더라도 여전히 함께할 수 있다는 믿음에서 비롯되는 깊은 헌신이다. 공동체란 불가피하게 갈등과 오해, 심지어 상처를 수반할 수밖에 없는 공간이다. 그러나 그 모든 불편함을 감내하면서도 계속 연결되려는 의지, 그것이야말로 정치가 다시 살아나기 위한 밑바탕이라고 말할수 있다. 우리가 서로를 단절의 대상이 아니라, 끝내 다시 연결되어야 할 존재로 바라볼 때, 정치란 다시 삶과 이어진 의미의 자리가 될 수 있다.

다시 정치가 우리를 부르다

비통함은 때때로 우리를 무력감으로 이끈다. 아무것도 바뀌지 않을 거라는 냉소, 내가 빠진다고 달라질 게 없다는 자기합리화, 그리고 말은 더 이상 아무런 실질적 변화를 만들지 못한다는 깊은 회의가 뒤따른다. 그러나 파커 파머는 그런 비통함조차 회복의 출발점이 될 수 있다고 본다. 왜냐하면 그 감정은 우리 안에 여전히 꺼지지 않은 기대가 있음을 증명하기 때문이다. 어떤 대상이건, 진심으로 아프다는 것은 우리가 그것을 진심으로 아꼈다는 방증이다. 잃어버린 무엇인가를 여전히 마음속에서 붙들고 있다는 사실, 그것이 바로 우리가 공동체를 향해 여전히 책임을 느끼고 있다는 뜻이다. 그리고 그 책임감은 우리로 하여금 다시 말하게 하고, 다시 관계를 모색하게 하며, 결국 다시 정치의 장으로 나아가게 만든다. 진정한 변화는 차가운 계산이 아니라, 이렇게 식지 않은 사랑과 지속되는 애도에서 시작된다고 그는 믿는다.

정치는 단지 정책과 법률의 영역이 아니다. 그것은 '함께 살아가는 방식'을 고민하는 일이다. 그래서 파머는 정치의 문제를 먼저 '마음의 문제'로 다룬다. 냉소는 깊은 기대에서 시작된 좌절이며, 분노는 함께 살아가고 싶었으나 거절당한 기억에서 비롯된다. 그는 이런 감정들을 정죄하지 않는다. 오히려 그 감정들이야말로 건강한 정치 회복의 신호이다. 공공의 용기는 상처를 직면할 수 있는 내면의 힘에서 비롯된다. 다시 말해, 정치는 상처 입은 영혼들이 서로를 이해하려는 시도에서 시작된다.

신뢰를 복원하는 정서적 공간 만들기

파머는 정치를 감정 없는 논리의 장이 아니라, 사람과 사람 사이의 관계로 본다. 그리고 그 관계 속에 반드시 필요한 것은 신뢰다. 신뢰는 어느 날 갑자기 생기지 않는다. 그것은 들려주고 들어주는 대화의 반복, 진심이 오가는 접촉, 오해를 조정하려는 노력 속에서 서서히 자라나는 것이다. 이를 우리는 공적 공간에서 신뢰를 잃은 이유가 감정의 소외때문이라고 분석할 수 있다. 진심이 허용되지 않는 공간에서 정치는 오직 승리만을 위한 싸움이 되고, 그곳에는 결코 공감도, 연결도 자라날 수 없다.

이 대목에서 그는 개인적 경험을 꺼내 들며, 서로 다른 신념을 가진 사람들과 '서로의 두려움'에 대해 이야기해본 순간들을 회고한다. 두려움은 말해질 때 힘을 잃는다. 고립된 감정은 대화로 꺼내질 때 공통의 경험이 된다. 우리가 서로 다른 의견을 가진 사람을 적으로 간주하는 것이 아니라, 삶의 궤적이 다른 한 사람으로 받아들이는 순간,

정치는 타협의 기술이 아니라 이해의 예술이 된다. 그가 제안하는 정치는 이처럼 섬세하고 느린 과정이다.

그렇기에 파머는 서두르지 않는다. 그의 책에는 급진적 변화를 부르짖는 함성이 없다. 대신 끈기 있게, 조심스럽게, 서로를 다시 알아가자는 부름이 있다. 이것은 무기력한 자세가 아니다. 오히려 가장 강력한 저항이다. 오늘날처럼 즉각적인 반응과 단편적인 분노가 난무하는 시대에, '공감하고 성찰하는 정치'를 말하는 일은 가장 근본적인 전복이다. 그것은 속도의 정치가 아닌 깊이의 정치를 요청한다. 상처를 통해 정치를 사유하는 그의 방식은 느리지만, 확고한 회복의 길을 보여준다.

정치적 영성을 회복하는 길

파커 파머는 종교인이지만, 그의 글에서 종교적 언어는 조심스럽게 절제되어 있다. 『비통한 자들을 위한 정치학』은 정치의 회복을 말하지만, 그 중심에는 인간 존재에 대한 깊은 신뢰, 곧 영적인 인간관이 흐른다. 그에게 정치적 성숙은 단순히 주장을 잘 펼치는 능력이 아니라, 자기 존재 전체로 깨어 있는 상태로 살아가는 태도다. 타인의 고통 앞에서 멈출 수 있고, 공공의 선을 위해 자기 확신을 유보할 수 있으며, 진실 앞에 머무를 수 있는 마음—이러한 자세는 정치적 영성이라고 할 수 있다.

그가 말하는 영성은 특정한 신앙을 전제하지 않는다. 오히려 진짜 신앙은 확신을 내세우는 것이 아니라, 낯선 타자에게 마음을 여는 데서 출발한다. 그는 종교가 정치의 도구가 될 때 발생하는 폭력성과 배제를 날카롭게 비판한다. 신앙은 사람을 재단하는 잣대가 아니라, 단절된 관계를 다시 잇는 감수성이어야 하며, 그것은 삶의 태도에서 드러난다. 타인의 이야기를 판단 없이 듣고, 자신의 경계를 잠시 열 수 있는 사람이야말로 진정한 신앙인이며 정치적인 존재다.

이런 마음을 가진 사람은 상대를 설득하거나 굴복시키려 하지 않는다. 대신 함께 살아갈 수 있는 공간을 만들려 한다. 그는 정치를 권력의 싸움이 아닌, 존재의 환대라고 보았다. 마음을 연다는 것은 상대방을 받아들이겠다는 신호이며, 그것은 감정이 아니라 실천이다. 파머에게 진정한 민주주의는 제도가 아니라 태도이며, 관계를 다시 잇고 공동체를 복원하려는 용기에서 비롯된다.

그는 우리가 서로 다른 입장을 가졌다는 사실 자체가 위협이 되지 않도록 하는 것이 민주주의의 본질이라 본다. 신념의 차이를 넘어서 인간으로서 서로를 대면하고, 공동의 삶을 지속할 수 있다는 믿음을 잃지 않는 일—바로 그것이 정치의 품격이다. 정치가 신념의 싸움으로만 굳어질 때, 가장 먼저 사라지는 것은 경청의 능력이며, 그 다음은 공감이다. 그는 정치는 결국 관계의 예술이며, 그 예술은 스스로를 다듬는 내면의 훈련에서 시작된다고 말한다.

그리고 그는 그 가능성을 정치에 실망한 이들, 즉 비통한 자들 안에서 발견한다. 그들은 세상의 부조리함에 좌절하지만, 그 안에서도 여전히 기대를 버리지 않는다. 파머는 그들이 보여주는 고요한 애도가 곧 사랑의 다른 이름이며, 그런 사랑만이 정치와 삶을 다시 연결할 수 있다고 말한다. 정치의 회복은 그렇게 시작된다―한 사람의 정직한 마음, 그리고 타인을 향한 조용한 헌신에서.

저자 소개 ─────────────────────────
파커 J. 파머는 미국의 교육자이자 시민사회운동가로, 교육·영성·정치의 교차점에서 깊이 있는 저작 활동을 해왔다. 『비통한 자들을 위한 정치학』은 그가 수십 년 동안 사유해온 공공성과 내면성, 시민성과 영성의 문제를 집약적으로 담아낸 책으로, 오늘날 정치적 절망의 시대에 의미 있는 성찰을 제공한다.

윤홍균

자존감 수업

있는 그대로의 나를 사랑하는 심리학

키워드: 자존감, 감정회복, 내면아이, 심리치유, 실천심리학

   우리는 누구나 자신의 가치를 확인받고 싶어 한다. 누군가에게 인정받고, 사랑받으며 살아가고 싶다는 갈망은 인간 본성에 가깝다. 그러나 현대 사회를 살아가는 사람들 대부분은 이 소망을 이루기보다 더 자주 좌절을 경험한다. 남들보다 뒤처졌다는 느낌, 비교에서 비롯된 열등감, 기대에 미치지 못한 자신에 대한 실망은 하루에도 몇 번씩 우리를 무너뜨린다. 바로 이 지점에서 윤홍균의 『자존감 수업』은 우리에게 매우 실질적인 화두를 던진다. 정신건강의학과 전문의로서 저자는 오랜 임상 경험을 바탕으로, 자존감이라는 심리적 기반이 얼마나 삶의 모든 영역에 영향을 미치는지를 풀어낸다. 이 책은 단순히 자존감을 높이는 팁을 나열한 자기계발서가 아니다. 저자는 자존감이 낮은 이들의 내면을 부드럽고도 집요하게 살피고, 우리가 어떻게 하면 자기 자신을 다시 신뢰하고 품어줄 수 있는지를 치열하게 탐색한다.

우리는 왜 나를 미워하게 되었는가. 대부분의 사람들이 자신의 문제를 인정하지 않거나, 인정하면서도 해결하지 못하는 이유는 근본적으로 '자신을 사랑하는 법'을 배우지 못했기 때문이다. 특히 한국 사회는 경쟁 중심의 교육과 비교 문화 속에서 자라난 사람들이 대다수다. 유년기부터 우리는 '더 잘해야 한다', '부모의 기대에 부응해야 한다', '착해야 한다'는 외부의 요구에 순응하면서 자신을 억눌러 왔다. 이 과정에서 형성된 낮은 자존감은 단순한 성격 문제가 아니라, 하나의 심리적 구조다. 윤홍균은 자존감을 '자신을 있는 그대로 받아들이고 존중하는 마음'이라고 정의하며, 이것이 무너졌을 때 사람은 어떤 상황에서도 자기 확신을 가지지 못하게 된다고 말한다. 결국 자존감은 단지 기분의 문제가 아니라, 삶의 태도이고 세계를 바라보는 관점이다.

자존감의 구조와 붕괴의 순간

책은 자존감을 세 가지 핵심 축으로 설명한다. 하나는 어떠한 상황 속에서도 흔들리지 않는 내면의 중심, 즉 '자기 안정감'이고, 또 하나는 스스로 삶의 과제를 해결할 수 있다는 믿음인 '자기 효능감', 마지막은 있는 그대로의 자신을 긍정하고 수용하는 '자기 호감도'다. 이 세 가지가 균형을 이룰 때 비로소 건강한 자존감이 자리를 잡는다. 그러나 이 중 어느 하나라도 결핍되면 자존감 전체가 흔들리게 된다. 예를 들어, 성취는 많지만 자기 자신을 싫어하는 사람은 끊임없이 공허함을 느끼고, 자기 자신을 긍정적으로 바라보는 능력은 갖췄지만 삶에서 효능을 느끼지 못하는 사람은 쉽게 무력감에 빠질 수 있다. 저자는 이를 통해 자존감을 회복하는 일이 단순히 스스로를 다독이는 차원이 아니라, 삶의 깊은 뿌리부터 다시 세우는 본질적인 작업임을 강조한다.

그렇다면 무너진 자존감은 어떻게 회복될 수 있을까. 저자는 그 시작점을 우리 안에 잠재된 '비난의 목소리'를 알아차리는 데서 찾는다. 우리는 일상적으로 자기도 모르게 스스로를 깎아내리는 내면의 언어를 반복한다. 그것은 스스로에게 쏟아붓는 꾸짖음이나 냉소적 판단일 수 있으며, 실제로는 과거 부모나 교사의 말, 또는 사회가 강요한 기준이 우리 내면에 각인된 결과일 수 있다. 이런 목소리는 우리가 스스로를 응시하는 방식을 오염시켜, 진정한 자기 수용을 어렵게 만든다. 저자는 독자에게, 과연 그 비난의 언어가 자신의 진짜 생각인지, 아니면 타인이 심어 놓은 내면의 메아리인지를 되물어야 한다고 조언한다. 그렇게 할 때 비로소 우리는 다른 가능성을 향해 삶을 새롭게 구성할 수 있는 첫걸음을 내딛게 된다.

자존감 회복을 위한 일상의 훈련

우리는 자존감을 회복하기 위한 구체적인 방법을 일상의 작은 실천에서 찾아야 한다. 첫 번째는 '자기 자신에게 말 걸기'다. 하루를 시작할 때, 거울을 보며 "오늘 하루 수고했다"고 말해주는 일은 단순하지만 큰 힘을 가진다. 자존감이 낮은 사람일수록 자기 자신을 객관적으로 바라보지 못한다. 자신을 극단적으로 폄하하거나, 누군가의 시선에 과도하게 흔들리는 이유도 이 때문이다. 따라서 자존감 회복은 '나를 지켜보는 내면의 눈'을 새로 기르는 훈련이며, 그 출발은 자신을 위로하고 격려하는 말로부터 시작된다. 책은 독자들에게 '자기 자신을 가장 좋은 친구로 대하라'고 권유한다. 좋은 친구에게 하듯이, 다정한 말과 인내심, 그리고 실수를 받아들이는 태도를 자기 자신에게도 적용하라는 것이다.

두 번째는 '행동으로서의 자존감'이다. 자존감은 단지 생각의 문제가 아니라 행동의 결과이기도 하다. 자신을 신뢰하지 못하는 사람은 새로운 도전을 두려워하고, 인간관계에서 소극적이 된다. 반대로 자존감이 높은 사람은 '지금의 나로서도 괜찮다'는 전제를 가지고 행동하기 때문에 실패에도 쉽게 무너지지 않는다. 우리는 작은 일이라도 실천해 보아야 한다. 걷기, 글쓰기, 정리하기 같은 일상적 루틴을 정하고 꾸준히 지키는 것만으로도 자존감은 회복될 수 있다. 우리는 매일 자신과의 약속을 지킬 때마다, 우리는 우리 자신에게 신뢰를 얻게 된다. 이 신뢰는 어느 순간 외부의 인정보다 더 단단한 내적 자산이 된다.

자존감은 생각 속에만 머무르지 않는다. 그것은 삶의 모든 장면 속에서 구체적으로 드러나고, 영향을 끼친다. 우리가 누군가와 대화할 때의 태도, 직장에서 자신의 역할을 대하는 방식, 연인과의 갈등을 풀어가는 자세, 혹은 실패를 마주했을 때의 반응까지 모두 자존감과 깊이 연결되어 있다. 윤홍균은 『자존감 수업』의 후반부에서 이 자존감이라는 심리적 기반이 삶을 어떻게 구체적으로 바꾸어가는지를 보여준다. 그는 자존감이 높다고 해서 무조건 밝고 강한 사람이 되는 것이 아님을 강조한다. 오히려 자신이 흔들릴 수 있음을 인정하고, 그 상태에서도 자신을 지킬 수 있는 힘이 진짜 자존감이라는 것이다.

자존감이 중요한 이유는 그것이 인간관계의 질을 좌우하기 때문이다. 자존감이 낮은 사람은 늘 누군가에게 사랑받고 있는지, 인정받고 있는지를 끊임없이 확인하고 싶어 한다. 이는 관계에서 지나치게 의존적인 태도를 만들어내며, 결국 상대방도 지치게 만든다. 반면 자존감이 건강한 사람은 관계 안에서도 '나는 내가 나인 것으로 충분하다'는 중심을 유지한다. 우리는 사람들에게 맞추기보다 자신의 감정과 생각을 명확히 표현할 수 있고, 필요하면 '아니요'라고 말할 수 있어야 한다. 이는 단호함이 아니라 자신을 존중하는 태도이며, 진정한 의미의 관계는 이 자존감을 기반으로 할 때 비로소 성숙해진다.

사랑, 일, 실패를 통해 확인되는 자존감

사랑에서도 자존감은 결정적인 역할을 한다. 자존감이 낮은 사람은 사랑을 통해 자신이 누구인지 증명받고자 하는 경향이 있다. 그들은 연인의 반응과 애정 속에서 자신의 가치를 측정하며, 연애가 끝나는 순간 단지 관계의 종결이 아니라 자기 존재의 붕괴처럼 느끼게 된다. 사랑을 잃은 사실보다, '누군가에게 더 이상 인정받지 못한다'

는 감정이 더욱 견디기 힘든 것이다. 결국, 타인의 시선을 통해 자기 정체성을 세우는 방식은 관계를 의존으로 왜곡시킨다. 건강한 사랑은 '두 사람의 결핍이 마주하는 자리'가 아니라, 자기를 존중할 줄 아는 두 인격이 서로를 지지하며 함께 성장해 가는 과정이다. 자기 자신을 있는 그대로 받아들이고 사랑할 줄 아는 사람만이 타인을 자유롭게 사랑할 수 있다. 사랑은 결핍의 충전이 아니라 충만함의 나눔일 때 비로소 진정한 관계로 나아간다.

직장 생활에서도 자존감은 중요한 버팀목이 된다. 자존감이 낮은 사람은 자신의 업무 결과에 자아의 모든 가치를 걸어버리기 쉬우며, 실패나 질책 앞에서 쉽게 무너진다. 반면 자존감이 안정된 사람은 일이 잘 풀리지 않아도 자신의 존재 가치를 의심하지 않는다. 직장에서의 성취나 평가가 자신의 전부가 아님을 알기 때문이다. 일과 자아를 건강하게 구분할 줄 아는 사람은 외부의 평가와 상관없이 내면의 중심을 지켜낸다. 반복되는 업무나 불합리한 구조 속에서도 자기 확신을 잃지 않는 사람은 결국 더 깊은 성숙으로 나아갈 수 있다. 자존감은 직장에서의 자신감을 낳고, 자신감은 다시 업무의 주도권을 만든다. 결국 중요한 것은 무엇을 하느냐보다, 그 일을 어떤 내면의 자세로 마주하느냐이다. 자존감이 높은 사람은 실패조차도 자신을 돌아볼 기회로 삼는다. 실패는 누구에게나 오지만, 자신을 무너뜨릴지, 세울지는 그 사람의 자존감에 달려 있다.

자존감은 하루아침에 높아지지 않는다

　자존감은 '훈련'이라고 말할 수 있다. 무언가를 반복하고 의식적으로 시도해야만 높아질 수 있는 것이다. 특히 자존감이 낮은 이들이 실수하기 쉬운 몇 가지 패턴이 있다. 첫째는 완벽주의다. 모든 것을 완벽하게 해내야만 자신이 괜찮은 사람이라고 느끼는 사람은, 늘 스스로를 긴장시키고 결국 번아웃에 이른다. 둘째는 회피다. 거절당할까 두려워 아무것도 시도하지 않는 사람은 당장의 불안을 피할 수는 있지만, 그만큼 자존감을 회복할 기회도 놓친다. 셋째는 자기 검열이다. "이 말을 해도 괜찮을까?", "내가 이걸 해도 될까?"와 같은 끊임없는 자기 질문은 결국 자신의 가능성을 가로막는다. 저자도 이 책에서 이 패턴들을 자각하고, 그것에 대항하는 작은 실천을 계속할 것을 권한다. 실수해도 괜찮다고 말해주기, 작은 일이라도 시도해보기, 자신의 감정을 있는 그대로 표현해보기, 이러한 실천들은 자존감의 가장 현실적인 훈련이다.

　저자는 또한, 자존감이 회복된 사람들의 변화를 소개한다. 그들은 여전히 불안과 흔들림 속에 있지만, 그 안에서도 자신을 포기하지 않는다. 타인의 평가에 일희일비하지 않고, 실패해도 다시 일어선다. 그들의 공통점은 '자기 자신과의 관계'를 가장 먼저 회복했다는 것이다. 자신을 수용할 줄 아는 사람은 타인도 수용할 수 있고, 삶의 조건이 아무리 가혹해도 자신을 책임질 수 있다. 윤홍균은 자존감이란 결국 '자기 삶을 책임지는 힘'이라고 정의한다. 그것은 누가 대신 채워

줄 수 있는 것도 아니고, 주어지는 것도 아니다. 오직 나 자신이 나를 이해하고 믿을 때에만 가능한 것이다.

자존감 수업이란, 단지 자신감을 기르는 과정이 아니다. 그것은 '내가 누구인지'를 묻고, '어떻게 살 것인지'를 선택하며, '지금 여기의 나'를 끌어안는 철학적이고 존재론적인 여정이다. 윤홍균은 단언한다. 자존감은 삶의 근육과 같아서, 쓰면 쓸수록 강해지고, 의식할수록 더 분명해진다고. 이 책은 독자가 자기 자신과 친해지는 과정, 스스로를 믿는 연습을 이어갈 수 있도록 다정하게 손을 잡아주는 안내서이다.

저자 소개

윤홍균은 정신건강의학과 전문의로, 사람들의 심리적 고통과 내면의 구조를 오랫동안 진료하고 상담해 왔다. 서울에서 '휴정신건강의학과' 원장으로 재직 중이며, 다수의 방송과 칼럼을 통해 심리학을 대중과 쉽게 나누고 있다. 그는 특히 '자존감'이라는 개념을 임상 경험과 결합하여 현실적이고 실천 가능한 방식으로 전달하는 데 탁월한 통찰을 보여준다. 『자존감 수업』은 출간 이후 오랫동안 베스트셀러로 사랑받으며, 수많은 독자들의 내면을 회복시키는 데 기여하고 있다. 따뜻하고 섬세한 언어로 우리 시대의 정신적 고통을 품어내는 작가이자 치유자이다.

브라이언 헤어, 버네사 우즈
다정한 것이 살아남는다
연대의 숨결

키워드: 공감, 협력, 진화심리, 사회적 유대, 생존전략

인간은 탄생 순간부터 타인과의 접촉을 통해 안정을 찾는다. 신생아가 어미의 얼굴을 응시하며 심리적 평안을 얻듯, 우리 각자는 타인의 인정과 따뜻한 시선을 통해 자신이 존재한다는 확신을 얻는다. 저자들은 다정함을 일시적 감정이 아니라 진화의 핵심 동력으로 보았다. 인류가 걸어온 궤적은 강제적 지배나 무자비한 경쟁이 아닌 상호 돌봄과 배려의 반복이었음을 밝힌다. 그는 포유류는 물론 조류, 양서류에 이르기까지 다양한 종의 사회적 행동을 관찰하며, 다정함이 뇌 안의 '협력 회로'를 활성화시킨다고 주장한다. 뇌는 다정한 상호작용에서 옥시토신과 도파민을 분비해 '신뢰의 순환'을 만든다. 이 순환은 개체와 개체를 연결해 작은 친절이 거대한 문명의 기초가 되도록 한다.

신뢰의 씨앗

　신뢰의 씨앗은 작은 배려에서 싹튼다. 헤어는 영장류 연구를 통해 초기 협력의 과정을 세 단계로 나누어 설명한다. 첫째, 신호 교환 단계에서는 소리나 표정, 간단한 신체 접촉으로 "위험"과 "안전"의 정보를 공유한다. 예컨대 침팬지 무리가 포식자의 접근을 알리는 소리를 내면 무리 전체가 즉각 대피하며, 이는 본능적 안전 확보 메커니즘을 보여 준다. 둘째, 위험 대응 단계에서는 공동 방어나 자원 분배가 이루어진다. 코끼리 무리가 새끼를 보호하기 위해 집단을 둘러싸는 행동, 스컹크 무리가 경고 색채로 포식자를 쫓아내는 장면이 대표적이다. 셋째, 보상 단계에서는 협력 경험이 기억되어 다음 협력으로 이어지는 순환이 완성된다. 인간 사회에서도 작은 호의가 반복되면 상호 신뢰가 쌓여 더 큰 협력이 가능해진다. 고대 메소포타미아 관개 노예 공동체, 중세 유럽 길드, 동아시아 품앗이 문화 등 역사적 사례가 이를 뒷받침한다.

　신뢰가 문화로 전승되기 위해서는 신경생물학적 매커니즘과 사회적 학습이 결합돼야 한다. 헤어는 fMRI 실험을 인용해 옥시토신이 분비될 때 뇌의 보상 회로가 활성화되는 과정을 제시한다. 이 과정이 반복되면 뇌는 다정함을 '생존에 유리한 행동'으로 인식하고, 다음에도 비슷한 상황에서 다정함을 선택하도록 유도한다. 공동체가 직면한 위기—가뭄, 기근, 외부 침략 등—가 다가올 때, 신뢰로 형성된 네트워크는 개체가 흩어지지 않고 조직적으로 대응하도록 돕는다. 다정함은 그냥 단순한 감정 교환이 아니라, 집단 전체의 적응력을 높이는 진화적 전략인 것이다.

공감의 동력

공감은 다정함을 가능하게 만드는 내면의 힘이다. 우리가 누군가의 슬픔 앞에서 가만히 마음이 흔들리고, 타인의 고통에 저절로 얼굴을 찌푸릴 수 있는 것은 단순한 동정이나 매너가 아니라, 인간 안에 자리 잡은 감정의 공명 때문이다. 공감은 머리로만 이해하는 것이 아니라, 몸과 마음 전체로 반응하는 경험이다. 누군가의 눈빛, 떨리는 목소리, 미세한 표정 하나가 우리의 감각을 흔들고, 마치 그 사람의 입장이 된 것처럼 순간적으로 감정을 공유하게 한다. 이는 이성보다 더 빠르고 직관적인 반응이며, 사회적 연결의 본능적인 형태다.

이러한 감정의 반응은 인간만의 능력이 아니다. 동물들 역시 서로의 상태를 감지하고, 도와주거나 함께 위협에 대처하는 방식으로 공감을 표현한다. 함께 살아가는 생명들 사이에는 말보다 빠른 이해가 존재하며, 이는 생존의 과정 속에서 자연스럽게 발전해 온 유대의 방식이라 할 수 있다. 결국 공감은 생존을 위한 전략이기 이전에, 함께 살아가기 위한 본능이며, 다정함은 그 본능이 만들어 내는 가장 아름다운 형태다.

우리가 공감할 수 있다는 사실은, 서로 다른 존재들이 함께 의미 있는 삶을 구성할 수 있다는 가능성의 증거다. 공감이 작동하는 순간, 우리는 혼자가 아니며, 타인의 아픔을 짐작하고 손을 내밀 수 있는 존재가 된다. 바로 거기서부터 다정한 세계는 시작된다.

  다정함이 뇌와 문화의 상호작용으로 탄생한 전략이라면, 그것을 이해하는 일은 우리 내면을 들여다보는 여정이다. 생존이 걸린 위기 앞에서 다정함이 제공하는 안전망을 기억해야 한다. 작은 친절과 이해가 모여 거대한 문명을 이루었듯, 앞으로 닥칠 수많은 도전도 다정함으로 맞서야 진정한 연대를 이룰 수 있다.

현대 사회에서 다정함의 재발견

  오늘날 우리는 개인의 성취와 경쟁을 강조하는 문화 속에서 살아간다. 스마트폰과 인공지능이 연결을 돕지만 그 연결은 때로 피상적이고 무미건조하다. 경쟁 압박이 커질수록 인간관계는 거래적 성격을 띠게 되고, 이는 외로움과 고립을 심화시킨다. 저자들이 제시한 다정함의 진화적 가치는 지금 이 자리에서 재발견되어야 한다. 다정함은 불필요한 연민이 아니라 상호 의존을 기반으로 한 전략이며, 집단의 안전망을 강화하는 가장 효율적인 도구다.

  기업 조직에서의 다정함은 생산성 향상으로 이어진다. 구글과 페이스북 같은 혁신 기업들은 업무 공간에 '심리적 안전감'을 강조하며, 동료 간 작은 인정과 배려를 일상화하는 문화를 구축했다. 이는 동등한 발언권 보장으로 이어지고, 실패를 공유하면서 새로운 아이디어가 자유롭게 순환하는 토양을 마련한다. 한 스타트업에서는 동료의 기여를 즉시 칭찬하는 '감사의 마이크' 프로그램을 도입한 후 프로젝트 완성율이 평균 25퍼센트 상승했다. 이처럼 다정함은 조직의 목표 달성을 돕는 강력한 엔진이다.

지역 공동체에서도 다정함은 회복탄력성의 핵심이다. 대규모 자연재해나 팬데믹 상황에서 이웃 간 작은 호의와 돌봄이 무너진 일상을 재건하는 출발점이 되었다. 재난이 닥쳤을 때 물질적 지원 이상으로 절실한 것은 정서적 지지다. 실제로 심리학 연구 결과, 감염병 확산기 동안 이웃의 위로와 응원이 충분했던 공동체는 주민의 우울증과 불안 수준이 낮았으며, 빠른 일상 복귀가 가능했다. 이는 다정함이 지닌 치유적 힘을 여실히 보여 준다.

교육 현장에서는 사회·정서 학습(SEL)이 주목받는다. 다정함을 가르치는 수업은 협력과 충돌 해결 능력을 높이고, 학생들의 자아존중감과 소속감을 강화한다. 미국의 한 공립학교 연구에서는 SEL 프로그램을 도입한 학급이 수업 태도와 학업 성취도에서 유의미한 상승을 보였다. 이는 다정함이 단지 도덕적 덕목을 넘어 실질적 학습 성과를 높이는 원동력임을 의미한다.

정치와 공공정책 분야에서도 다정함은 신뢰를 구축하는 길이다. 정부가 시민과 투명하게 소통하며 어려움을 공유할 때, 정책의 수용성은 높아지고 공동체 의식이 강화된다. 뉴질랜드 정부의 팬데믹 대응 사례처럼 '정직한 정보 제공'과 '국민 감정에 대한 공감'은 강압적 규제보다 높은 준수율을 이끌어냈다. 이는 다정함이 국민을 통제하는 수단이 아니라 함께 문제를 풀어가는 파트너로 인식하게 만드는 힘임을 보여 준다.

보건 의료 분야에서도 다정함의 가치는 분명하다. 중증 환자 치료뿐 아니라 일상적 간호 현장에서 간호사와 환자 간 따뜻한 교감이 회복률을 높인다. 호스피스와 완화의료 연구에 따르면 정서적 지지와 경청이 제공될 때 환자의 통증 인지도가 낮아지고 치료 만족도가 높아진다. 이는 다정함이 의료의 효능을 증대시키는 보완재임을 입증한다.

미래를 향한 다정함의 확장

디지털 네트워크는 거대한 무대를 제공하지만, 그 무대 위에서 다정함은 종종 희미해진다. 원격 근무가 일상이 된 회사에서는 짧은 격려 메시지 하나가 동료의 자존감을 지키고 업무 몰입도를 높이는 촉매제가 된다. 실제 조사에서 재택근무 중 동료 간 응원과 피드백을 꾸준히 주고받는 팀은 스트레스 지수가 40퍼센트 낮았다. 이는 다정함이 물리적 거리를 극복하고 심리적 거리를 좁히는 보이지 않는 접착제임을 말해 준다.

소셜 미디어의 '좋아요'와 댓글, DM(다이렉트 메시지)은 단순한 인터페이스를 넘어 정서적 지지망을 형성하는 도구다. 팔로워가 적은 크리에이터도 진심 어린 응원과 관심을 받을 때 지속 가능한 활동 에너지를 얻는다. 본서에서는 이 과정이 "디지털 다정함의 진화"라 부를 만하다고 설명한다. 온라인 공간에서 느끼는 소속감과 인정은 오프라인의 공감 회로와 상호작용하며, 새로운 형태의 사회적 유대를 만들어낸다.

인공지능 챗봇과 로봇을 활용한 정서 지원 서비스도 등장하고 있다. AI 기반 상담 서비스는 사용자의 감정 패턴을 분석해 위로와 격려 메시지를 제공하며, 초기 연구 결과 심리 안정에 긍정적 영향을 준 것으로 나타났다. 그러나 기계적 공감에 머물지 않도록, 인간 감독과 윤리적 설계가 필수적이다. 진정한 다정함은 알고리즘이 모방할 수 없는 마음의 결을 지녔기 때문이다.

환경과 생태계를 향한 연민은 다정함의 확장된 형태이다. 기후 위기의 시대에 인간만을 위한 배려를 넘어서 모든 생명체의 공존을 고민해야 한다. 지속 가능한 농업, 재생 에너지, 제로 웨이스트 운동은 인간과 자연이 서로를 다정히 대하는 구체적 실천이다. 이러한 행동은 단순한 기술적 대안이 아니라, 다정함이 세계를 구원하는 윤리적 기반임을 보여 준다.

글로벌 차원의 도전—난민 위기, 팬데믹, 기후 재난—은 국경을 넘어선 연대 없이는 해결할 수 없다. 다정함이 국제 사회의 외교 언어가 될 때, 분쟁 지역의 평화 구축과 인도적 지원이 효율적으로 이루어진다. 유엔 평화유지군이 지역 주민과의 진정성 있는 소통을 통해 갈등을 예방하는 전략이 그 예다. 이는 다정함이 국제 관계의 판도를 바꾸는 강력한 자원임을 증명한다.

다가올 미래에는 다정함이 기술과 조화를 이루어야 한다. 메타버스와 가상현실이 일상을 재구성할 때, 그 안에 담길 정서적 상호작용을 설계하는 일은 인류가 해결해야 할 숙제다. 다정함의 신경생물학적 기초와 문화적 전승 방식을 이해하고 이를 디지털 환경에 적용할 때, 우리는 물리적 한계를 넘는 새로운 공동체를 구축할 수 있다.

저자 소개 ─────────────────────
브라이언 헤어는 진화심리학과 동물행동학을 연구하는 학자로 하버드 대학교에서 박사 학위를 받았다. 인간과 동물의 사회적 행동 메커니즘을 탐구하며 다정함이 진화의 핵심 동력임을 규명했고, 주요 저서로는 『다정함의 진화』와 『공감의 뇌』가 있다. 현재 다학제적 연구를 이끌며 다정함의 신경생물학적 기초와 문화적 확산 과정을 탐구 중이다.

오스트레일리아에서 태어난 버네사 우즈는 저널리스트이자 듀크대학교 진화인류학과 연구원으로, '사람과 심리학 연구 그룹'에서 활동하고 있다. 우간다 등 여러 나라에서 자원활동가로 일하다가 진화인류심리학자인 브라이언 헤어와 결혼한 후, 다양한 동물들을 연구하며 세계 여러 곳에서 집필과 연구 활동을 이어왔다. 침팬지, 보노보, 늑대, 개 등의 동물에 대한 연구를 위해 우간다, 콩고, 케냐, 독일, 러시아, 일본, 미국 등 다양한 국가를 오가며 활동했다. 과학상 저널리즘 부문, 교양 부문 등 여러 분야에서 수상한 경력이 있으며, 대표 저서로는 『모든 원숭이는 제 힘으로 살아간다』, 『보노보 핸드셰이크』, 『개는 천재다』, 『다정한 것이 살아남는다』 등이 있다.

아르투어 쇼펜하우어

쇼펜하우어의 행복론과 인생론
고통이라는 운명의 장치

키워드: 고통, 의지, 만족, 허무, 절제

　우리는 언제 행복한가. 대답은 쉽게 나오지만, 그 감정이 유지되는 시간은 경이로울 만큼 짧다. 아르투어 쇼펜하우어는 이 인간의 불만족 상태를 단지 시대적 특성이 아니라 존재의 본질로 보았다. 그의 인생론은 관조나 도덕이 아닌 고통을 정면으로 마주하는 태도에서 시작된다. 행복을 추구하는 욕망은 필연적으로 고통을 초래하며, 얻은 순간에는 지루함으로 이어진다. 그는 "삶은 펜듈럼처럼 고통과 지루함 사이를 오가는 운동"이라고 말하며, 우리가 품는 기대 자체가 이미 고통의 서막임을 통찰했다.

　행복에 이르기 위한 유일한 길은, 그것이 불가능하다는 인식을 바탕으로 자기 삶의 구조를 조정하는 데 있다. 쇼펜하우어는 삶의 비극성을 피하거나 부정하지 않는다. 그는 인간이란 끊임없이 무언가를 갈망하며, 그 갈망의 충족이 곧 끝이 아님을 알았기에, 쾌락을 좇는 존재의 불만족 구조를 철저히 해부했다. 우리를 움직이게 하는 동력은 '의지'다. 그러나 이 의지는 어떤 합리적 계산이나 고귀한 목표가 아니라 맹목적 충동에 가깝다.

고통의 필연성

쇼펜하우어에게 고통은 피해야 할 예외가 아니라 삶의 기본 상태다. 그는 세계를 '나의 표상'으로 보며, 주체의 욕망이 대상 세계를 구성한다고 보았다. 즉, 내가 원하는 방식대로 세상을 해석하기 때문에, 원하는 대로 되지 않을 때마다 우리는 고통을 겪는다. 이 고통은 단지 외부 조건 때문이 아니라, 내 안의 끊임없는 결핍 때문이다. 인간의 욕망은 충족되어도 금세 새로운 결핍으로 전이된다. 그래서 고통은 사라지지 않고 형태만 바뀔 뿐이다.

그는 인간이 욕망을 통해 생존하지만, 동시에 그 욕망 때문에 괴로움을 겪는 모순적 존재라고 진단한다. 욕망은 마치 목이 마른 자가 바닷물을 마시는 것과 같다. 마실수록 더 갈증을 느낀다. 이는 인간 본성에 대한 통렬한 요약이다. 우리는 끊임없이 무언가를 바라고, 그 바람이 이뤄지지 않을 때는 고통받고, 이뤄질 때는 곧 허무를 느낀다. 그 사이에서 진정한 평온을 경험할 틈은 거의 없다.

고통을 인정하지 않고 쾌락만을 추구하는 삶은 결국 더 깊은 상실을 불러온다. 쇼펜하우어는 진정한 인생 철학은 이 고통을 정면으로 인식하고, 그것을 견딜 수 있는 구조를 삶 안에 마련하는 데 있다고 보았다. 이는 금욕이나 자기 억제, 욕망의 최소화 같은 실천적 태도로 이어지며, 쾌락의 최대화보다 고통의 최소화가 더 지혜로운 목표가 됨을 역설한다.

절제의 철학

쇼펜하우어의 행복론은 쾌락의 긍정이 아니라 절제의 미학 위에 세워진다. 그는 "행복이란 고통의 부재"라고 말했다. 어떤 특정한 상태가 아니라 비교와 상대 속에서 성립된다고 말한다. 즉, 우리가 고통스러운 상태에서 벗어났을 때 느끼는 평온이 곧 행복이라는 것이다. 그러므로 행복을 직접 추구할수록 멀어지며, 오히려 욕망을 줄이고 감각을 절제할 때 불행이 덜해지고 결과적으로 행복에 가까워진다.

그는 인간의 삶을 '욕망-실현-지루함'이라는 반복 구조라고 이야기한다. 목표를 달성하면 잠시 기쁨을 느끼지만 곧 새로운 목표가 필요해지고, 이로써 또 다른 고통이 시작된다. 이런 구조에서 벗어나기 위해 쇼펜하우어는 두 가지 해법을 제시한다. 하나는 미적 관조, 즉 예술을 통한 현실 초월이고, 다른 하나는 윤리적 금욕이다. 전자는 삶을 일시적으로 정지시키는 수단이며, 후자는 삶의 본질적 고통을 영구적으로 완화시키는 방법이다.

쇼펜하우어가 말하는 절제는 단지 금욕적 생활에 머무르지 않는다. 그것은 감각을 절단하는 자기 억제가 아니라, 욕망이 우리를 지배하지 않도록 자신을 조율하는 능력이다. 그는 이러한 삶을 통해 고통을 덜어내고, 비교적 평온한 정서 상태를 유지할 수 있다고 보았다. 이는 현대인의 소비 중심 문화, 즉 만족을 약속하지만 늘 결핍을 부추기는 체계에 대한 날카로운 비판이기도 하다.

쇼펜하우어의 철학은 낙관주의를 거부하며, 오히려 고통을 정면으로 응시하라고 말한다. 그는 거기서 진정한 삶의 통찰이 피어난다고 믿었다. 우리가 바라는 이상적인 삶이 존재하지 않음을 인정할 때, 오히려 우리는 지금 이 자리의 고요함 속에서 행복에 가까운 무엇을 발견하게 된다.

삶을 견디는 힘으로서의 철학

아르투어 쇼펜하우어의 인생론은 이상을 좇는 낙관의 철학이 아니다. 그는 삶을 견디는 힘을 기르기 위한 철학을 주장했다. 인간은 고통 속에 태어나고, 욕망 속에 산다. 그 욕망은 결코 충족되지 않기에, 우리가 살아간다는 것은 곧 충족 불가능한 결핍과의 싸움이다. 그는 철학이 이 결핍을 채워주는 도구가 될 수 없다고 보았다. 오히려 철학은 이 싸움이 필연임을 알려주며, 무의식의 충동으로 사로잡힌 인간에게 자각과 거리두기를 가르쳐 준다.

쇼펜하우어는 고통이 불가피하다는 점을 받아들이라고 말한다. 그는 고통은 삶의 긍정적 요소이며, 우리가 고통을 통해 삶을 가장 또렷이 인식할 수 있다고 했다. 이 말은 단지 체념의 표현이 아니다. 그는 고통을 받아들이는 태도 안에 인간의 의연함과 깊이가 깃들 수 있다고 보았다. 즉, 고통을 부정하거나 회피할수록 인간은 더 큰 고통에 사로잡히게 되며, 정면으로 고통을 응시할 때 비로소 존재의 자유에 가까워진다는 것이다.

이러한 철학은 현대의 정신분석학, 특히 라캉이나 프로이트의 이론과도 통한다. 욕망의 본질, 결핍의 구조, 인간의 고통이 단순한 병리적 증상이 아니라 실존의 한 방식이라는 인식은 쇼펜하우어가 이미 선취한 관점이었다. 그는 삶을 거대하고 거센 '의지'의 흐름으로 보았고, 그 의지를 억제할 수 있을 때만 우리는 고통에서 한 발짝 물러날 수 있다고 믿었다.

그의 철학은 비극적이지만, 동시에 실천적이다. 고통을 전제로 한 삶은, 그것을 덜기 위한 구체적 행동을 요구한다. 이는 도피가 아니라 숙련된 절제이고, 단념이 아니라 성찰이다. 그는 인생을 감내하기 위해 절제의 규율을 제시하고, 미적 관조를 통해 잠시나마 이 세상의 의지를 멈추게 한다. 음악, 문학, 미술은 모두 우리가 삶에서 한 걸음 떨어져 고통의 구조를 객관화할 수 있도록 돕는다.

존재를 넘어서기 위한 통로

그렇다면 쇼펜하우어에게 행복이란 존재할 수 있는가? 그는 행복이란 이름의 확고한 실체보다는, 고통의 부재 상태라고 말한다. 그러나 이 단순한 명제 속에는 깊은 통찰이 숨겨져 있다. 우리는 건강할 때 건강을 인식하지 못하고, 고통이 사라질 때에야 그것을 인식한다. 이 말은 곧 진정한 삶의 중심에는 무엇이 있는가라는 질문으로 이어질 수 있다.

우리는 언제나 무언가를 갈망하며 살아간다. 그러나 오랜 열망 끝에 그것을 얻는 순간, 기쁨은 짧고, 곧 새로운 결핍이 자리를 채운다. 만족은 오래가지 않고, 곧 다음 욕망이 그 자리를 이어받는다. 이러한 반복은 끝이 없다. 쇼펜하우어는 이처럼 끊임없이 반복되는 욕망의 구조를 인간 존재의 본질로 보았다. 그리고 삶의 근본적인 방향은 이 욕망을 채우는 데 있지 않고, 오히려 욕망으로부터 해방되는 데 있다고 보았다. 그가 말한 구원은 충족이 아니라 이탈이며, 그 핵심이 바로 '의지의 부정'이다.

그에게 있어 의지의 부정은 자기 파괴가 아니다. 그것은 자아를 욕망의 중심에서 벗어나게 하고, 존재를 더 깊은 통찰로 이끄는 의식의 전환이다. 자아가 더 이상 끊임없이 무언가를 요구하지 않고, 존재 자체의 흐름 속에서 평온함을 받아들이는 상태다. 그는 이 상태를 동양 사상의 '무아'나 '금욕' 개념에 견주며, 궁극의 자유는 욕망을 줄이고 침묵과 고요에 머무는 삶에서 비롯된다고 보았다. 이러한 삶의 태도는 고립이나 자기부정이 아니라, 세상과의 마찰을 줄이며 내면을 다스리는 지혜를 의미한다. 그는 인간이 가능한 한 외부 자극에 휘둘리지 않고, 고요한 관조 속에 있을 때 비로소 진정한 평온에 이를 수 있다고 보았다.

그는 삶을 결코 낙관적으로 바라보지 않았다. 오히려 삶은 본질적으로 고통스럽고, 인간은 그 고통에서 벗어나기 위해 끊임없이 몸부림친다고 했다. 그러나 그에게 중요한 것은 고통의 회피가 아니라, 고통을 이해하고 받아들이는 능력이었다. 그는 인간의 삶을 비관적으로 보았지만, 그 비판 속에서 오히려 성찰의 깊이를 키웠다. 삶을 있는 그대로 응시하고, 그 안에서 흔들리지 않는 태도를 기르는 것, 그것이야말로 그가 말한 철학적 삶의 방식이었다. 고통은 제거해야 할 장애물이 아니라, 내면의 지혜를 이끌어내는 계기이며, 그것을 껴안을 때 인간은 성숙해질 수 있다고 그는 믿었다.

　쇼펜하우어의 철학은 형이상학적 성찰과 실천적 태도를 함께 품고 있다. 그의 사유는 종교적 표현을 빌리기도 하지만, 초월적 믿음보다는 철저한 이성적 직관과 존재에 대한 관조에 기반한다. 그는 우리에게 말한다. 삶은 고통스럽고 욕망은 끝이 없지만, 그것을 조용히 들여다볼 수 있는 의식의 눈을 갖는다면, 인간은 자기 자신으로부터 어느 정도의 자유를 얻을 수 있다고. 그 자유는 외적 환경에서 오는 것이 아니라, 욕망에 휘둘리지 않는 내면의 질서에서 비롯된다. 그것이 쇼펜하우어가 말한 삶의 궁극적 가능성이며, 인생의 진정한 완성이다.

저자 소개

아르투어 쇼펜하우어는 1788년 독일 단치히에서 태어난 철학자로, 근대 철학의 주요 흐름인 관념론과 의지 철학을 창안했다. 대표작 『의지와 표상으로서의 세계』를 통해 삶의 본질을 고통과 의지로 설명하며 후대 실존철학과 심리철학에 지대한 영향을 끼쳤다. 칸트와 동양 사상에 깊은 영향을 받은 그는 비관적 세계관 속에서도 존재에 대한 날카로운 통찰과 실천적 태도를 제시한 인물로 평가받는다.

어거스틴
참회록
내 영혼의 기억으로부터

키워드: 회심, 진리, 고백, 시간, 은총

나는 누구인가. 이 질문 앞에서 인간은 흔들린다. 그러나 어거스틴은 흔들림 속에서 하나의 방향을 찾아냈다.『참회록』은 단지 고백문이 아니다. 그것은 존재를 향한 처절한 탐구이며, 내면의 가장 깊은 어둠에서 신을 향해 손을 뻗는 시도다. 그는 이 글을 통해 시간의 틈 속에서 살아가는 인간이 어떻게 영원의 빛을 향해 나아가는지를 고백한다. 문장은 문장이 아니라 기도이고, 고백은 독백이 아니라 응답을 기다리는 호소다.

그의 삶은 이원론과 욕망, 회심과 은총 사이에서의 격렬한 싸움이었다. 쾌락과 명예를 좇던 청년기, 지성과 철학에 빠졌던 중년기, 그리고 신의 절대적인 은혜 앞에 무너져 내리는 회심의 순간까지, 그의 삶은 갈등의 연속이었다. 그가『참회록』을 통해 전하는 것은 신의 절대성과 인간의 무력함이다. 인간은 자기 힘으로 진리에 이를 수 없고, 오직 '불러 주시는 분'에 의해서만 그 어둠에서 나올 수 있다는 것이 그의 절절한 고백이다.

진리를 향한 그리움

어거스틴은 철학을 사랑했지만, 철학만으로는 진리에 도달할 수 없다는 사실을 경험으로 배웠다. 그는 젊은 시절 마니교에 빠졌고, 이후 회의주의자들과의 논쟁을 통해 지성만으로는 참된 삶에 이를 수 없음을 깨닫는다. 그가 끊임없이 던진 질문은 "나는 왜 존재하는가"였다. 철학은 그에게 개념을 주었지만, 평안을 주지 못했다. 그는 말한다. "당신을 향하여 나를 창조하셨으므로, 나의 마음은 당신 안에서 쉴 때까지 안식하지 못하나이다."

이 유명한 구절은 인간 존재의 근원을 하나님 안에서 찾는 신학의 출발점이 된다. 어거스틴은 인간의 내면에 진리의 흔적이 각인되어 있다고 본다. 그러나 그 흔적은 욕망과 교만에 의해 흐려져 있으며, 오직 하나님의 은총만이 그것을 다시 밝힐 수 있다. 그는 플라톤의 '이데아'에서 큰 영향을 받았으나, 그 이상적 실체조차도 신의 그림자일 뿐임을 알게 된다. 인간의 내면은 스스로를 해석할 수 없는 깊은 어둠이며, 신의 말씀이 그것을 비추어야만 한다는 것이 그의 철학이자 신학이다.

『참회록』의 문장들은 그의 내면에서 흘러나온 피와 같다. 그는 자신의 과거를 낱낱이 기록하며, 한 인간이 어떻게 죄 가운데 살았고,

어떻게 그 죄에서 건짐을 받았는지를 고백한다. 이 고백은 자기를 드러내기 위한 것이 아니라, 신의 자비를 드러내기 위한 것이다. 그는 자신이 죄를 통해 어떤 존재였는지를 보여줌으로써, 하나님의 은총이 얼마나 깊고 넓은지를 증거하려 한다.

시간과 기억의 신학

어거스틴이 『참회록』에서 보여준 또 하나의 중요한 사유는 '시간'에 대한 것이다. 그는 시간을 단순한 연대적 흐름이 아니라, 기억과 기대 속에서 구성되는 의식의 구조로 본다. 과거는 더 이상 존재하지 않으며, 미래는 아직 오지 않았다. 그러나 우리는 과거를 기억하고, 미래를 기대하며, 현재를 살아간다. 이 시간의 삼중 구조 안에서 인간의 의식은 끊임없이 흔들리고 불안해한다.

그는 이렇게 묻는다. "시간이란 도대체 무엇입니까? 아무도 묻지 않으면 알고 있는 것 같은데, 누군가 묻기만 하면 설명할 수 없습니다." 이 철학적 질문은 단지 인식론의 문제가 아니다. 그것은 구원을 기다리는 존재의 긴장 속에서 던져진 것이다. 우리는 과거의 죄에 사로잡히고, 미래의 심판을 두려워하며, 현재의 불안 속에서 갈피를 못 잡는다. 어거스틴은 이 불안한 시간 안에서 '영원'이라는 개념을 제시한다.

그에게 있어 영원은 시간의 무한한 연장이 아니라, 변하지 않는 현재다. 하나님의 존재는 과거나 미래가 아니라, 영원한 '지금'이며, 우리의 기억과 고백이 그분의 현재 안으로 들어갈 때 비로소 정화된다고 보았다. 그리하여 그는 『참회록』의 마지막에서 자신의 기억, 자신의 시간, 자신의 내면을 하나님의 은혜 앞에 내어놓는다. 이 고백은 삶의 기록이 아니라, 신의 심판대 앞에서 드리는 자발적 증언이며, 고통으로 빚어진 찬송이다.

고백을 넘어서는 은총의 드라마

『참회록』의 진정한 위대함은 고백의 내용에 있지 않다. 그것은 인간의 내면이 드러나는 방식, 그리고 그 내면이 하나님의 은혜와 맞닿는 순간에 있다. 어거스틴은 단순한 자기 고백을 넘어, 인간의 전 존재가 하나님의 은총 안에서만 해석될 수 있음을 보여 준다. 인간은 자신을 이해할 수 없는 존재다. 왜 우리는 죄를 짓고, 왜 그 죄가 반복되며, 왜 끝내 우리가 그 죄에서 벗어나지 못하는가. 그는 이 질문들에 대해 인간 중심의 해답을 시도하지 않는다. 그는 "주께서 나를 불러 주셨기 때문에 나는 돌아올 수 있었습니다."라고 명확히 말한다. 이 단 한 줄에 그의 모든 신학과 인생의 핵심이 담겨 있다.

그는 고백의 주어조차 '나'가 아니라 '하나님'으로 돌린다. 죄를 고백하는 것도, 회심을 시작한 것도, 회심 후의 삶을 지속할 수 있는 것도 모두 하나님의 손길 때문이다. 이것이 어거스틴 신학의 전환점이다. 인간은 주체가 아니라 대상이며, 진리의 탐구자가 아니라 진리에 의해 붙들린 자이다. 그는 자기 중심의 삶에서 신 중심의 삶으로 옮겨가는 여정을 보여주며, 이 여정은 단번에 끝나지 않음을 고백한다.

그의 문장은 단순한 회상이나 통회가 아니라, 정서와 이성을 넘나드는 신학적 시의 언어다. 그는 죄를 가볍게 여기지 않았고, 은혜를 값싸게 다루지 않았다. 청년기의 방탕함은 단지 개인적인 일탈이 아니라, 인간 본성이 지닌 심연의 한 단면이었다. 그리고 그 본성은 스스로를 구원할 수 없는 구조였기에, 전적인 은총만이 그를 구원할 수 있었다. 그는 자신의 회심을 설명할 때조차 '내가'라는 단어 대신 '당신이 나를 부르셨다'는 표현을 반복한다.

사랑으로 불타는 지성

『참회록』은 신앙과 지성이 결코 충돌하는 것이 아님을 보여주는 드문 고전이다. 어거스틴은 고대 철학자들의 사유, 특히 플라톤과 아리스토텔레스, 키케로 등의 글을 깊이 있게 탐독했던 인문주의자였지만, 그 지성은 언제나 사랑을 잃지 않았다. 그는 인간의 이성이 아무리 예리하더라도 하나님을 향한 사랑이 결여될 때, 지식은 쉽게 오만과 자기 기만에 빠질 수 있다고 보았다. 진리란 단지 인식의 대상이 아니라, 그것을 향해 마음을 여는 태도가 요구되는 것이며, 사랑 없이 진리를 마주할 때 인간은 그것을 외면하거나 왜곡하게 된다는 점을 그는 일관되게 강조했다. 그런 의미에서 어거스틴에게 지성이란, 사랑에 의해 밝아질 때에만 비로소 참된 빛을 가지게 되는 능력이었다.

그가 마니교와 회의주의에 빠졌던 이유는 진리를 갈망했기 때문이었고, 그 갈망이 잘못된 길로 그를 인도했지만 결국 그는 더 깊은 사유와 기도를 통해 참된 진리에 다다르게 되었다. 그는 철학의 언어로 신을 설명하려 하지 않았다. 오히려 철학을 신 앞에 무릎 꿇게 하려 했다. 그에게 신앙은 비이성이 아니라 초이성이며, 신은 논증될 수 있는 개념이 아니라 만져질 수 없는 실재였다.

지성은 그에게 있어 신을 향한 사랑의 도구였다. 그는 기도하듯 사고하고, 사고하듯 기도한다. 『참회록』은 신학적 내용이지만 철학적 깊이를 지녔고, 철학적 사유를 따라가지만 영성적 울림을 잃지 않는다. 이 융합이야말로 어거스틴을 고대와 중세, 신학과 철학, 지성과 신앙을 잇는 거대한 교량으로 만든다. 그의 글은 설득이 아니라 감동이며, 논증이 아니라 간구다.

그의 사상은 시간이 흐를수록 깊어졌다. 그는 『참회록』에서 회심의 시작을 기록했지만, 『삼위일체론』과 『하나님의 도성』에서 이 회심의 신학적 의미를 체계화한다. 그는 인간 내면의 욕망과 죄성을 분석한 최초의 신학자였고, 그 분석을 통해 은총의 필연성을 강조한 가장 정직한 고백자였다.

하나님의 현재 안에서

어거스틴은 시간을 분해하면서 인간 존재의 불안을 해부했다. 과거는 사라지고, 미래는 오지 않았으며, 오직 현재만이 있을 뿐이다. 하지만 이 현재조차도 끊임없이 흘러가기 때문에, 인간은 단 한 순간도 완전하게 자신을 붙들 수 없다. 이 불안한 현재 속에서 인간은 흔들리지만, 어거스틴은 하나님만이 '영원한 현재'로 존재하신다고 말한다. 하나님은 변하지 않기에, 인간의 기억과 시간도 그분 안에서만 정화되고 구원될 수 있다.

『참회록』은 어거스틴의 과거에 대한 고백이지만, 그 궁극은 현재에 대한 응답이다. 그는 자신의 기억을 통해 과거를 해석하고, 그 해석을 통해 현재를 정화하며, 그 정화를 통해 하나님께 나아간다. 그의 신학은 역사에 갇힌 것이 아니라, 기억과 시간과 내면을 넘어선 하나님 안으로 향하는 여정이다.

이 책은 단지 교리를 배우는 교재가 아니다. 그것은 읽는 이로 하여금 자신의 삶을 되돌아보게 하고, 자신의 시간과 기억 속에서 하나님을 발견하게 한다. 어거스틴이 자신의 삶을 들여다본 이유는 그것을 해명하기 위함이 아니라, 그 안에 계신 하나님을 다시 발견하기 위함이었다. 그러므로 『참회록』은 단지 그의 회심을 기록한 것이 아니라, 매 시대 독자의 회심을 이끌어 내는 살아 있는 고백서다.

그는 『참회록』을 쓰고 난 뒤에도 많은 고통을 겪었다. 세상의 변함없음을 말하며 세상의 무상함을 견디었고, 끝내 그는 하나님 앞에서의 침묵으로 나아간다. 그러나 그 침묵은 패배의 침묵이 아니라, 모든 말이 무릎 꿇은 찬양의 침묵이다. 하나님 앞에서 인간은 말하기보다 조용히 자신을 내어놓아야 하며, 그 침묵 가운데 참된 응답은 시작된다.

저자 소개

어거스틴은 354년 북아프리카 타가스테에서 태어나 기독교 역사상 가장 영향력 있는 교부로 자리매김한 신학자이다. 청년기 방황과 철학 탐구를 거쳐 서기 386년 밀라노에서의 회심을 통해 기독교로 귀의했으며, 『참회록』은 그 전환을 신학과 문학의 언어로 기록한 걸작이다. 그는 하나님의 은총과 인간의 내면에 대한 깊은 통찰을 통해 서방 신학의 흐름을 결정지었으며, 『하나님의 도성』, 『삼위일체론』 등의 저작을 통해 중세 신학의 기초를 놓았다.

미셸 푸코

감시와 처벌

몸 위에 새겨진 권력의 지도

키워드: 권력, 규율, 감시, 신체, 처벌

형벌은 단순히 범죄에 대한 응징일까? 미셸 푸코는 그 질문 앞에서 전혀 다른 문을 열었다. 『감시와 처벌』은 권력이 어떻게 신체 위에, 일상 위에, 의식과 무의식 위에까지 스며들어 현대사회를 구성하는지를 치밀하게 추적한 책이다. 그는 고통을 가하는 육체적 형벌이 사라졌다고 안도하는 대신, 감시와 규율이라는 더 정교하고 은밀한 권력이 인간을 어떻게 통제하고 조직화하는지를 밝혀낸다.

18세기까지만 해도 형벌은 누구나 볼 수 있는 공개적인 형태였다. 사람들은 도시 광장에서 죄인의 처형을 지켜보았고, 피와 고통은 단지 응보의 수단이 아니라, 지배 권력이 자신을 드러내는 상징적 장치였다. 권력은 신체를 통해 통치했고, 통증은 복종을 각인시키는 도구였다. 하지만 시간이 흐르며 이런 폭력은 점차 눈에 띄지 않게 사라진 듯 보인다. 그러나 철학자 미셸 푸코는 이 변화가 단절이 아니라 전환이라고 보았다. 즉 권력은 물리적 처벌 대신 훨씬 정교하고 효율적인 방식으로 작동하기 시작한 것이다. 노골적인 고통의 연출은 줄어들었지만, 그 자리를 규율과 감시라는 보이지 않는 시스템이 대신 차지했다. 사회는 이제 신체를 통제하기보다 마음을 관리하고, 행동보다는 시선을 통해 권력을 유지한다. 형벌은 더 이상 공개되지 않지만, 그 본질은 여전히 다른 얼굴로 작동하고 있는 것이다.

이 변화는 단지 형벌 제도의 변화가 아니다. 그것은 인간을 바라보는 사회의 시선이 바뀌었다는 뜻이며, 그 시선 속에 권력의 새로운 작동 방식이 담겨 있다. 즉, 권력은 더 이상 무력으로 내려꽂는 것이 아니라, 내부에서 작동하는 규율 체계로 전환되었다. 권력은 외부의 폭력이 아니라, 내부의 훈련이 된 것이다.

규율사회로의 전환

『감시와 처벌』은 고전적 형벌에서 규율 사회로 이행하는 과정을 다룬다. 푸코는 근대 권력의 핵심이 '감시'와 '규율'이라는 개념 안에 있다고 본다. 그는 형벌이 더 이상 죄인을 신체적으로 파괴하는 것이 아니라, 규율을 통해 순응하게 만들고, 감시를 통해 스스로를 억제하게 만든다고 주장한다. 근대 권력은 '보이지 않는 시선'으로 존재한다. 죄인을 고통스럽게 죽이는 대신, 감시의 시선을 내면화시켜 죄인 스스로가 감옥이 되게 만든다.

이때 중심이 되는 개념이 '파놉티콘'이다. 제레미 벤담이 제안한 이 감옥 구조는 모든 죄수가 언제든지 관찰될 수 있지만, 누가 보고 있는지는 알 수 없는 상태를 유지한다. 이때 죄수는 스스로를 감시하게 된다. 푸코는 이 모델을 단지 감옥에만 해당하는 것이 아니라, 병원, 학교, 공장, 군대 등 근대 사회의 모든 제도적 공간에 확대 적용한다. 현대 사회는 '감시의 사회'다. 그리고 그 감시는 개인의 몸과 시간을 분할하고, 그 행동을 표준화하며, 규율에 복종하게 만든다.

그는 이러한 규율 권력이 단지 억압만이 아니라 생산이라는 기능도 수행한다고 본다. 훈련과 반복, 일과표, 관찰은 인간을 일정한 기준에 맞춰 재구성하고, 그렇게 규율된 개인은 더 '효율적인 주체'가 된다. 권력은 억압이 아니라 생산이고, 감시는 통제인 동시에 가능성의 조건이 된다. 따라서 감시는 단지 부정적인 것이 아니라, 인간을 구성하는 근본 구조가 된다. 푸코는 근대인의 신체가 단지 생물학적 몸이 아니라, 사회적 기술이 새겨진 '권력의 지도'임을 강조한다.

신체에 새겨진 권력

『감시와 처벌』의 핵심은 신체에 대한 통찰이다. 푸코는 고전 시대의 권력이 신체를 공개적으로 처벌하는 방식이었다면, 근대 권력은 신체를 분절하고 통제하며, 반복 훈련을 통해 규격화하는 방식으로 바뀌었다고 이야기한다. 권력은 더 이상 신체를 파괴하지 않는다. 오히려 신체를 이용하고 길들이고 최적화한다. 그것이 병사, 학생, 노동자, 환자로서 기능하는 인간을 만들기 위한 훈련 장치가 된다.

그는 신체를 '권력이 거주하는 장소'로 본다. 인간은 자기 신체를 스스로 지배하는 것 같지만, 사실 그 신체는 수많은 제도적 훈육의 산물이다. 어떤 시간에 일어나고, 어떤 자세로 걷고, 어떻게 말하고, 언제

먹고 자는가에 이르기까지 우리는 '규율의 문법' 안에 있다. 푸코는 이러한 신체에 대한 권력의 침투를 '미시권력'이라고 부른다. 미시권력은 눈에 보이지 않지만, 개개인의 일상 전반을 지배한다.

이러한 권력은 폭력적이지 않고, 오히려 합리적이고 체계적이며 친절한 얼굴을 하고 있다. 군사훈련이 그렇고, 교육과 복지정책도 마찬가지다. 그러나 이 모든 친절함은 개인을 동일하게 만들고, 표준을 넘지 못하도록 통제하는 힘으로 작동한다. 그는 이 권력을 '정상화의 권력'이라 부른다. 인간은 '정상'이 되기 위해 스스로를 규제하며, 그 과정에서 자기 정체성을 재구성한다.

이책은 단지 형벌 제도의 비판이 아니다. 그것은 인간을 구성하는 사회적 기제를 해부하는 철학적 작업이다. 푸코는 인간을 하나의 대상이자 표적, 곧 권력이 작동하는 물리적 장소로 본다. 인간의 내면조차도 외부 권력의 설계에 의해 만들어졌으며, 우리는 그 권력을 우리 안에 내면화한 채 살아간다. 이 책은 우리 자신이 어떻게 지금 이 형태로 길들여졌는지를 추적하는 통렬한 지도이며, 모든 자유 개념에 경각심을 주는 사유의 서사다.

감시와 주체성의 변형

『감시와 처벌』에서 푸코는 감시를 단지 억압의 수단이 아닌, 인간의 주체성을 형성하는 핵심 메커니즘으로 분석한다. 우리가 스스로를 인식하고 조율하는 방식조차 이미 제도화된 감시의 시선 아래 놓여 있다는 것이 그의 주장이며, 이는 근대 권력이 전통적인 권력 개념과 얼마나 근본적으로 다른지를 보여준다. 과거의 권력은 중앙집중적이며 명령을 통해 작동했지만, 근대의 권력은 일상 속에서 분산된 채 작동한다. 권력은 이제 지배자의 명령이 아니라, 제도적 습관이 된 것이다. 감시가 가진 가장 근본적인 힘은 외부의 통제를 넘어서, 결국 개인 스스로를 통제하게 만든다는 데 있다. 학교에서는 단지 교사의 눈길 때문만이 아니라, 학생들이 규율을 익히고 반복하는 과정을 통해 스스로를 평가하고 조절하게 된다. 군대에서는 상명하달의 위계 구조뿐 아니라, 동료들 간의 눈치와 경쟁, 내부의 기준이 개인을 억제하는 역할을 한다. 병원, 정신병원, 교도소 같은 제도적 공간에서도 감시는 단지 누군가를 지켜보는 일이 아니라, 일정한 기준과 질서를 내면화시켜 개인이 스스로를 감시하도록 만드는 구조를 갖는다. 이러한 감시의 방식은 더 이상 외부에서 강제되는 것이 아니라, 개인 안으로 스며들어 자발적인 규율의 주체를 만들어낸다. 감시는 단순히 바라보는 것이 아니라, 그 시선 아래에서 스스로를 구성하고 조정하는 주체를 형성하는 작용인 것이다.

  이러한 감시 체계는 효율성과 생산성을 이유로 정당화되고 있다. 규율은 질서를 만들고, 그 질서는 '정상성'을 설정하며, 그 정상성에 도달하지 못하는 존재는 곧 교정의 대상이 되고만다. 푸코는 이때부터 '개선', '재활', '교육', '교정'이라는 말들이 '권력의 명령어'로 바뀌었다고 본다. 인간은 선의로 포장된 교정의 기계 안에서 스스로를 감시하고, 고쳐야 할 대상으로 인식하며, 끝내는 권력의 이상적 모델에 다가가려 노력하게 된다. 감시는 이처럼 교묘한 기술로 우리를 '정상'

이라는 이름의 감옥에 가둔다. 거기서 벗어나려는 시도는 비정상, 일탈, 위험이라는 이름으로 분류된다. 그러므로 현대의 권력은 더 이상 자유의 대척점이 아니라, 자유를 재정의하는 힘이다. 우리는 자유롭게 선택한다고 믿지만, 그 선택의 조건조차 권력에 의해 사전 규정된 것일 수 있다. 과연 "우리는 과연 얼마나 자유로운가?"

역사와 권력의 해체

푸코의 방법은 단지 비판이 아니다. 그는 역사라는 거대한 담론을 해체하고, 그 틈에서 권력의 세밀한 움직임을 찾아낸다. 본서는 역사학과 철학, 사회학을 넘나드는 작업이다. 그는 단순한 과거 사건의 연대기를 서술하는 것이 아니라, 그 사건들이 어떻게 구성되었으며, 어떤 방식으로 재생산되었는지를 분석한다. 이를 통해 그는 '역사'가 결코 객관적 진실이 아니라, 당대 권력의 기술이자 기억의 전략임을 폭로한다.

그가 보여준 형벌의 역사에는 승자도 패자도 없다. 거기에는 단지 권력이 자신의 목적을 위해 인간을 어떻게 다루어 왔는지가 있을 뿐이다. 범죄자라는 정체성도, 죄와 벌의 경계도, 심지어 자유와 억압의 구분조차 고정된 진리가 아니라, 일정한 권력 구조 속에서 구성된 가변적 개념이다. 이처럼 푸코는 언어, 제도, 규율, 신체라는 구체적 장치 안에서 권력이 어떤 논리로 작동했는지를 철저히 추적한다.

이책은 이러한 통찰을 통해 현대 사회의 본질을 드러낸다. 그것은 민주주의라는 말의 뒤편에서 여전히 작동하고 있는 권력의 은밀한 지형이다. 자유로운 시민처럼 보이는 우리는 각자의 내면에 감시의 눈을 달고 살아간다. 주어진 규칙을 따르는 동안, 우리는 동시에 그 규칙을 필요로 하며, 그것이 없으면 불안을 느끼게 된다. 이처럼 푸코는 감시의 구조가 단순히 억압이 아니라, 정체성의 구성 장치라는 점을 분명히 보여준다. 푸코는 전통적 철학자들과 달리, 인간을 하나의 고정된 실체로 보지 않았다. 그는 주체란 언제나 사회적, 역사적, 권력적 구성물이며, 변화 가능한 존재라고 주장했다. 따라서 인간의 자유는 주체의 해방이 아니라, 주체가 어떻게 구성되었는지를 인식하고, 그것을 다시 구성할 수 있는 능력에 달려 있다. 『감시와 처벌』은 바로 그 구성의 조건들을 해체하고, 그 해체의 자리에 사유와 저항의 가능성을 제시한 책이다.

이 책은 지금도 학교, 병원, 직장, SNS에 이르기까지 확장된 감시 시스템 안에 살고 있는 우리가 반드시 읽고 다시 사유해야 할 고전이다. 권력이 더 이상 밖에서 오지 않고, 우리 안에서 작동하는 지금, 푸코의 경고는 더욱 명확해진다. 우리는 어떤 방식으로 길들여졌는가, 그리고 그 길들임에서 어떻게 다시 자신을 구성할 수 있는가. 그것이 푸코가 던진 질문이며, 그 질문은 여전히 유효하다.

저자 소개 _____

미셸 푸코는 1926년 프랑스 푸아티에에서 태어난 철학자이자 역사학자로, 현대 권력 이론과 담론 분석의 창시자로 꼽힌다. 콜레주 드 프랑스의 '사상 체계의 역사' 석좌 교수로 재직했으며, 『광기의 역사』, 『성의 역사』, 『말과 사물』 등의 저서를 통해 인간과 권력, 담론의 관계를 깊이 있게 탐구했다. 특히 『감시와 처벌』에서는 근대 권력이 신체와 제도를 통해 어떻게 일상을 통제하는지를 규율 사회의 관점에서 제시하며 현대 철학과 사회비평에 지대한 영향을 끼쳤다.

룰루 밀러

물고기는 존재하지 않는다
혼돈 속에서 삶을 짜맞추려는 인간의 슬픈 본능

키워드: 눈물, 시, 고통, 연민, 치유

혼돈은 언제나 인간에게 위협이 되어왔다. 낯선 존재들이 질서 없이 튀어나오는 세계 속에서 사람은 불안에 휩싸인다. 그래서 우리는 이름을 붙이고 구획을 나누고 계통을 정리한다. 분류하고 분리하며, 구분함으로써 세계를 이해하고 통제하려 든다. 『물고기는 존재하지 않는다』는 바로 그 집착, 즉 질서에 대한 갈망이 어떤 허상으로 이어지는지를 섬세하고도 비판적으로 조망한 작품이다. 룰루 밀러는 과학사 속 인물 데이비드 스타 조던의 생애와 그의 집착적인 분류 시도를 따라가면서, 그 이면에 도사린 인간의 본성과 존재의 불확실성을 탐색한다.

이 책은 단순히 과학자의 전기를 넘어, 질서에 대한 집착이 어떻게 현실을 왜곡하고 삶의 본질을 외면하게 만드는지를 서술하는 인문학적 성찰의 여정이다. 밀러는 자신의 혼란스러운 개인사를 숨기지 않고 풀어내면서, 독자가 과학이라는 이름 아래 구축된 '질서의 신화'를 마주하게 한다. 과연 물고기는 존재하는가? 아니, 더 근본적으로 물고기라 불리는 어떤 범주는 우리 인식 안에만 있는 허구가 아닌가? 이 물음은 실은 단지 어류의 존재론적 위상이 아니라, 우리가 붙잡고 살아가는 모든 개념과 체계, 즉 언어와 분류, 학문과 진리의 구조에 대한 철학적 물음으로 확장된다.

인간은 왜 세계를 분류하려 하는가

분류는 인간의 본능처럼 보인다. 고대부터 우리는 식물을 나누고 동물을 나누고 인간마저 혈통, 계급, 민족으로 나누어 왔다. 이는 때론 생존에 필요한 인식 작용이지만, 동시에 세계를 단순화하고 위계화하는 과정이기도 하다. 데이비드 스타 조던은 이러한 분류 작업에 삶 전체를 바쳤다. 그는 수천 종의 어류를 분류했고, 새로운 종을 발견하고 이름을 붙이는 데서 자신의 존재 이유를 찾았다. 밀러는 그의 집착을 조롱하거나 배격하지 않는다. 오히려 진심으로 그를 따라가며, 조던의 행위에 담긴 인간의 깊은 불안과 갈망을 해석해낸다.

조던은 바다의 혼돈 속에서도 고요한 질서를 꿈꾸었다. 수조의 물살 속에서, 해안의 어망 속에서 그는 '이름 붙일 수 있는 것들'을 붙잡으려 했다. 세상은 무수히 변하고 무너지고 흩어졌지만, 그의 노트와 유리병 속의 물고기들은 그에게 안정감을 주었다. 이름 붙이는 행위는 실은 세계를 정지시키는 일이다. 조던은 혼란 속에서 자신의 자아를 유지하기 위해 끊임없이 이름을 부여했다. 그리고 이 행위는 오늘날 우리 삶에도 그대로 반복되고 있다. SNS의 해시태그, 도서관의 분류기호, 학교의 성적과 순위, 우리가 입는 브랜드 이름까지—우리는 끊임없이 구획을 설정하며 존재를 정당화하려 한다.

하지만 밀러는 그 체계가 얼마나 허약한가를 지적한다. 조던이 일생을 걸쳐 분류한 어류 표본은 지진 한 번에 박살 났고, 애써 붙인 이름들은 새로운 유전자 분석으로 무효가 되었다. 과학은 오히려 조던이 애써 세운 질서를 해체하기 시작했다. 그가 믿었던 고정된 세계는 더 이상 존재하지 않았다. 물고기는 더 이상 하나의 범주가 아니라, 해양생물 진화 과정 중 '연속적으로 분기한 계통' 속의 하나의 임의적 구획일 뿐이었다. 여기서 밀러는 묻는다. 그럼에도 불구하고 우리는 왜 계속 질서를 갈망하는가?

자연의 무질서와 인간의 취약함

자연은 본래 혼돈이다. 우리의 분류 체계는 단지 인간 중심의 편의적 도식에 불과하다. 데이비드 스타 조던이 종을 나누고 이름을 붙인 방식은 그 자체로 진실이 아니며, 다만 당시의 이해 수준에서 '그럴듯하게 보였던' 설명일 뿐이다. 이 지점에서 밀러는 과학과 존재에 대한 근본적인 회의에 이른다. 과학은 객관적 진실을 말하는가, 아니면 인간이 두려움을 가리기 위해 쌓은 담론 구조에 불과한가?

이 회의는 그녀 개인의 삶에서도 병렬적으로 드러난다. 밀러는 아버지의 무신론 선언, 자신의 성 정체성에 대한 혼란, 연인의 배신, 죽음과 상실의 경험 등을 솔직하게 풀어낸다. 그녀의 삶도 조던의 유리병처럼 산산조각 났고, 분류될 수 없는 감정들이 밀려왔다. 그리고 그 혼란을 바라보며, 그녀는 조던과 자신이 얼마나 닮았는지를 깨닫는다. 혼란을 견디기보다는 질서로 정리하고 싶었던 사람. 모든 것을 이해하고, 설명하고, 통제할 수 있다고 믿었던 사람. 하지만 삶은 그렇게 쉽게 수납되지 않는다.

밀러는 결국 조던의 오류를 통해 자신의 내면을 반추한다. 그리고 삶을 분류할 수 없듯, 존재 자체도 어떤 체계로 가둘 수 없다는 사실을 인정할 때 비로소 우리는 더 자유로워진다고 조용히 말한다. 이는 단순한 해방감이 아니다. 그것은 '불확실성과 함께 살아가는 용기'다. 혼란을 정리하지 않고도 받아들이는 태도, 설명되지 않는 상실을 견디는 의지, 분류되지 않는 존재를 사랑하는 감각이다. 이 모든 것은 분류의 체계를 넘어서는 진짜 인간다움으로 이어진다.

우리는 무언가를 분류하고 이름 붙이려는 본능을 지녔다. 그것은 세상을 이해하고자 하는 인간의 원초적인 욕구다. 질서를 부여함으로써 혼돈을 잠재우고, 의미를 부여함으로써 두려움을 억제하려는 시도. 『물고기는 존재하지 않는다』는 이처럼 우리가 너무도 자연스럽게 받아들이는 이 본능에 대해 근본적인 의문을 제기한다. 이 책은 과학의 언어로 쓰였지만, 실은 하나의 철학적 탐색이자, 존재를 둘러싼 본질적인 물음에 다가가는 문학적 여정이다. 루루 밀러는 주인공 데이비드 스타 조던을 따라가며, 생명과 질서, 개인의 정체성에 얽힌 깊은 심연을 들여다본다. 그리고 그 과정에서, 혼돈이 꼭 파괴적인 것만은 아니라는 사실을 섬세하게 조명한다.

잃어버림 속에서 피어난 질문

 조던의 삶은 이름 붙이기의 역사였다. 그는 셀 수 없이 많은 생물을 분류하고, 정리하고, 표본화했다. 마치 그 자신이 세계를 정확하게 붙들 수 있다는 착각 속에 거주한 사람처럼 보인다. 그러나 그의 삶에 등장한 한 장면, 샌프란시스코 대지진으로 인해 수천 개의 표본병이 산산조각 나며 혼돈의 바다로 변한 그 순간은 모든 것을 전복시킨다. 그때 그는 다시 병을 하나씩 주워 담고 라벨을 붙였지만, 밀러는 그 장면을 통해 묻는다. 과연 그렇게까지 복원할 가치가 있는 질서란 무엇인가?

 루루 밀러는 조던의 이야기 속에 자신의 삶을 병치시킨다. 그녀 역시 삶의 혼돈 속에서 자신의 자리를 찾으려 애썼고, 좌절했고, 다시 쓰러졌다. 그것은 누구에게나 익숙한 경험이다. 우리는 모두 스스로 짜 놓은 서사의 실패 앞에 선다. 계획한 미래가 무너지고, 사랑이 떠나고, 건강이 흔들릴 때, 질서란 얼마나 무력한가. 하지만 밀러는 바로 그 무너짐이야말로 새로운 질서를 생성하는 창조적 공간일 수 있다고 말한다. 그리고 그 말을 통해, 혼돈은 제거해야 할 대상이 아니라 살아가며 함께 껴안아야 할 동반자로 다시 태어난다.
 우리는 무엇으로 존재하는가? 그것은 이름인가, 분류인가, 혹은 어떤 영속적인 정체성인가? 조던이 열망했던 과학적 분류의 세계는 결국 '고정된 본질'이라는 관념 위에 서 있다. 하지만 생명은 그보다 훨씬 유동적이다. 밀러는 '물고기'라는 존재 자체가 생물학적으로 허구임을 밝히며, 인간이 만들어낸 이름들이 결코 본질을 말해주지 않는다는 점을 설득력 있게 보여준다. "물고기는 존재하지 않는다"는 선언은 단순히 생물학적 사실에 대한 도전이 아니라, 인간이 세상과 자기 자신을 이해하려는 방식에 대한 근본적인 도전이다.

이제 우리는 '정체성'이라는 단어를 새롭게 이해해야 할지도 모른다. 그것은 변하지 않는 무엇이 아니라, 변화를 견뎌내며 살아내는 힘에 더 가깝다. 루루 밀러는 조던의 시도와 실패를 통해 고정된 자기 이해가 얼마나 쉽게 무너질 수 있는지를 보여주고, 동시에 그 무너짐 속에서 피어나는 유연한 자아의 가능성을 찬미한다. 이는 단순한 과학의 문제가 아니다. 그것은 철학이며, 실존이며, 윤리다. 남성과 여성, 성공과 실패, 정상과 비정상, 선과 악… 우리가 부여한 이름들은 실은 언제나 모호한 경계 위에 서 있다. 밀러는 그 경계 너머에서 살아가는 삶을 택하라 권한다.

고통을 받아들이는 존재의 자세

이 책이 주는 가장 깊은 감동은 바로 그 고통의 자리에 있다. 루루 밀러는 자신의 트라우마, 가족의 해체, 사랑의 실패 등을 숨기지 않고 서술하며, 우리가 회피하고 싶은 혼란과 슬픔의 자리에 가만히 앉아있는 법을 배운다. 그것은 마치, 무너진 표본 병을 다시 붙잡는 조던의 몸짓처럼 보인다. 하지만 그녀는 거기에서 한 발 더 나아간다. 부서진 것을 되돌리기보다는, 깨진 그 조각들 사이에서 새롭게 의미를 길어 올리는 일, 그것이야말로 '존재'라는 이름의 진정한 기적이라고 말하는 것이다.

　삶이란, 질서를 향한 영원한 미련과 혼돈을 껴안는 용기 사이에서의 줄타기다. 우리는 질서를 원하지만, 진실은 언제나 예외로부터 태어난다. 루루 밀러는 그 예외를 찬미한다. 예측할 수 없는 생명의 방향성, 거기에 스며든 우연과 돌발성, 그것이야말로 존재의 본질임을 말이다. 우리는 끊임없이 의미를 부여하려 애쓰지만, 진정한 의미는 때로 아무 의미 없음의 공백 속에서 스스로 피어난다.

　『물고기는 존재하지 않는다』는 어쩌면 위로의 책이 아니다. 그것은 혼란의 한가운데로 독자를 이끌며, 그 안에서 차분히 숨 쉬는 법을 가르쳐주는 책이다. 하지만 역설적이게도, 그곳에서 우리는 비로소 가장 큰 위로를 받는다. 살아 있음이란 명확함을 향한 싸움이 아니라, 흐릿함 속에서도 자기를 잃지 않는 일이라는 것을, 이 책은 조용히 말해준다.

저자 소개 ─────────────────────────

루루 밀러는 미국의 과학 저널리스트이자 작가로, NPR의 대표 과학 프로그램인 'Radiolab'과 'Invisibilia'에서 활약했다. 탁월한 내러티브 구성과 섬세한 심리 묘사로 주목받았으며, 생명과 존재의 경계에 대해 사유하는 글쓰기로 과학과 문학을 넘나드는 새로운 글쓰기의 지평을 열었다. 『물고기는 존재하지 않는다』는 그녀의 첫 단독 저서로, 2020년 출간 직후 미국 전역에서 주목받는 논픽션으로 자리 잡았으며, 삶의 의미를 과학적 질문과 실존적 탐색의 교차점에서 풀어낸 독창적인 작품이다.

한성희

딸에게 보내는 심리학 편지

삶을 배우는 가장 다정한 방식

키워드: 성장, 감정, 자존감, 관계, 공감

'딸'이라는 단어를 떠올릴 때마다 사람들은 어떤 감정의 결을 떠올리는가! 그것은 순수한 보호 본능일 수도, 자신과 닮은 누군가에 대한 연민일 수도 있다. 하지만 동시에 우리는 그 단어 속에서 시간과 기억, 그리고 숙명과도 같은 삶의 반복을 감지한다. 딸은 어머니가 지나온 길을 다시 걷는 존재이자, 여전히 자라야 할 나 자신이기도 하다. 한성희의『딸에게 보내는 심리학 편지』는 단순한 조언의 말들이 아니다. 그것은 어른의 언어로 포장된 감정의 압박이 아니라, 시간이라는 경청을 통해 전해지는 삶의 깊은 응시다.

이 책을 하나의 심리학적 교과서로 읽는 것은 어쩌면 본질을 놓치는 일일지 모른다. 심리학은 여기서 대상이 아니라 매개이며, 딸에게 전하고 싶은 사랑을 품위 있게 건네기 위한 한 형태의 언어다. 그 언어는 단정하지 않으며, 확신 대신 성찰을 권유한다. 누구도 완벽한 어머니가 될 수 없고, 누구도 완전한 딸이 될 수 없다는 사실 앞에서, 이 편지들은 완전함이 아닌 이해의 가능성을 보여준다. 이것은 한 사람의 여성에게, 또 하나의 여성이 보내는 인간적 호소이며, 동시에 모든 관계 속의 '말하지 못한 이야기들'에 대한 용서의 서사이다.

딸에게 말을 건다는 것은 곧 '자신에게 말을 건다'는 것이다. 그러므로 이 책을 읽는 독자는 어느새 딸이 되기도 하고, 엄마가 되기도 한다. 시간의 대화를 건너면서, 우리는 모두 성장이라는 이름의 부드러운 책임 속으로 들어간다. 이 글의 아름다움은 정답을 주려 하지 않는 데 있다. 그것은 딸이라는 존재가 외부의 기준으로 성장하는 것이 아니라, 내면의 진동을 감지하며 자라야 한다는 사실을 알기 때문이다. 심리학이 우리에게 가르치는 것은 결국, 스스로를 알아차리는 능력이다.

우리는 흔히 딸에게 '이렇게 살아야 한다'는 식의 충고를 하거나, 위험한 세계로부터 어떻게든 보호하려는 의지를 내보인다. 그러나 진정한 보호란 통제의 다른 이름이 아님을, 이 책은 조용히 알려준다. 진실한 대화란 감정을 견딜 수 있는 힘을 길러주는 일이며, 방어 없이 서로를 있는 그대로 바라보는 용기를 뜻한다. 그렇게 볼 때, 이 책은 딸에게 주는 편지를 넘어 '관계의 회복'을 위한 지혜로운 제안서이다. 어떤 심리학자도, 어떤 이론도 해답을 줄 수 없었던 삶의 질문들에 대해, 우리는 사랑이라는 오래된 언어로 다시 말 걸 수 있는가.

가르침이 아니라, 함께 걸어가는 말들

　심리학은 진단하는 학문이 아니라, 공감하는 예술이 되어야 한다. 특히 그것이 사랑하는 사람에게로 향할 때, 그 언어는 더욱 단단하고도 섬세해야 한다. 한성희의 문장은 이 점을 탁월하게 보여준다. 그녀는 하나의 주제를 이론으로 설명하는 대신, 내면 깊은 곳에 가라앉은 질문을 꺼내어 딸의 눈높이로 풀어낸다. 이 점에서 이 책은 단지 '심리학의 응용'이 아니라, 관계의 형이상학을 말하는 고요한 철학서라 할 수 있다. 삶의 구체적인 장면을 성찰하는 방식으로, 이 책은 독자로 하여금 자신의 이야기와 대면하게 만든다.

　우리는 살아가면서 자주 상처를 주고받는다. 그 상처는 때로 말이라는 형태로, 침묵이라는 형태로 드러난다. 특히 가장 가까운 가족에게 주는 말은, 때로 낯선 이에게 받는 말보다 더 깊은 흔적을 남긴다. 이 책은 딸에게 전하는 말이야말로 가장 조심스럽고 아름다워야 한다고 말한다. 그 말은 칭찬이 아닐 수도 있다. 그것은 지시도, 훈계도, 교정도 아니다. 그저 "나는 너를 알고 싶다"는 애틋한 요청이며, "나는 아직도 배우는 중이야"라는 겸손한 고백이다.
　이제 우리는 더 이상 딸을 보호의 대상으로만 보아서는 안 된다. 그녀는 온전한 하나의 인격이며, 세상을 향해 자신만의 이야기를 써나갈 존재이다. 그녀는 우리와 다르고, 우리보다 지혜로울 수도 있다. 딸에게 편지를 쓴다는 것은, 바로 그 다름을 받아들이겠다는 선언이다. 우리가 딸에게 줄 수 있는 최고의 유산은, 스스로의 마음을 정직하게 돌아볼 수 있는 힘이다. 그런 점에서 이 책은 딸을 키우는 일이 아니라, 자신을 다듬는 일임을 일깨운다.

사랑은 설명이 아니라 존재다. 이 책이 따뜻한 이유는, 심리학이라는 도구를 통해 삶의 복잡함을 단순화하지 않고, 오히려 더 깊이 그 결을 들여다보기 때문이다. 편지라는 형식을 빌려 우리가 해야 할 말을 말하게 하고, 말하지 못한 것들도 허용하게 만든다. 결국 중요한 것은, 우리가 서로를 위해 쓴다는 것이다. 말이 아닌 삶으로, 교훈이 아닌 공감으로, 명령이 아닌 대화로.

'엄마'라는 이름으로도 말하지 못한 것들

한 사람의 인생에서 '엄마'라는 이름은 가장 오래된 지지이면서도 가장 잦은 오해의 중심이 된다. 딸에게 건네는 말이 언제나 사랑일 수 없고, 사랑이 항상 정확한 말로 표현될 수 있는 것도 아니기 때문이다. 그래서 이 책은 무엇보다, '엄마로서의 나'를 먼저 돌아보게 한다. 저자는 딸에게 보내는 편지를 쓰는 이 여정을 통해, 자신도 한때의 딸이었음을 기억한다. 그리고 그 기억 속에서 나온 말들은 훈계가 아닌 공감의 말, 고백의 말, 때로는 사과의 말이 된다. 우리는 자주 관계를 '고쳐야 하는 것'으로 생각하지만, 이 책은 그것을 '함께 다시 걷는 것'으로 본다. 한때는 걷지 못했던 길을 이제는 딸과 함께 걸으며, 우리는 서로를 새롭게 발견한다.

그리하여 이 책이 전하는 심리학은 이론이 아니라 '살아낸 진실'이다. 엄마가 된다는 것은 단지 자녀를 돌보는 일이 아니라, 스스로의 불완전함을 인정하는 용기이기도 하다. 딸을 제대로 키우고 싶다는 욕망 속에는 때로 자신의 과거를 보상하려는 무의식이 숨어 있기도 하다. 한성희는 그것을 직시하면서, 자신도 여전히 성장하는 존재임을 말한다. 우리는 모든 인간 관계에서 상처를 주고받지만, 그 진실을 용기 있게 들여다볼 때 관계는 회복을 향해 나아간다. 특히 엄마와 딸 사이에서 그것은 더욱 그러하다. 그 관계는 단단하지만 동시에 깨지기 쉬우며, 가까우면서도 때로 너무 멀게 느껴지는 역설을 품는다.

엄마의 언어는 절제되어야 한다. 그것은 더 많이 아는 자의 교훈이 아니라, 더 먼저 다친 자의 연민이어야 한다. 이 책의 가장 아름다운 부분은 바로 이 점이다. 딸에게 보내는 말은 어쩌면 엄마 자신이 오랫동안 듣고 싶었던 말일 수 있다. 너는 충분히 잘하고 있다는 말, 실패해도 괜찮다는 말, 그저 존재만으로도 사랑받아 마땅하다는 말. 이 책은 그 말을 지금의 엄마가, 지금의 딸에게, 그리고 동시에 오래된 자기 자신에게 전하는 '시간을 건너는 편지'다.

사랑의 언어는 단순하지만, 결코 가볍지 않다. 진정한 사랑은 타인을 바꾸려 하지 않고, 그가 있는 자리에서 함께 머무르려는 의지를 내포한다. 심리학은 사랑을 정교하게 분석할 수는 있지만, 사랑의 충만함을 대신하지는 못한다. 이 책은 그러한 심리학의 한계를 겸허히 인정하면서도, 동시에 인간 존재의 고유한 복잡함을 껴안으려 한다. 그것은 딸이라는 존재에게, 혹은 엄마라는 이름에게 무언가를 강요하는 것이 아니라, '함께 삶을 바라보는 감각'을 일깨우는 일이다.

딸을 키운다는 것은 결국 또 다른 나를 품는 일

우리는 딸을 키우는 과정에서 비로소 자신을 자각한다. 그 자각은 때때로 낯설고, 불편하고, 때로는 괴롭기까지 하다. 하지만 바로 그 불편함이 성장의 진실이다. 한성희는 이 책을 통해 '좋은 엄마'라는 환상을 해체하고, '성찰하는 엄마'라는 새로운 가능성을 제안한다. 이는 곧 딸을 키우는 일만이 아니라, 자기 내면을 기르는 일이기도 하다. 딸이 세상을 만나는 방식은 결국 엄마가 세상과 대화해온 방식과 깊이 얽혀 있다. 그렇기에 이 책은 모든 엄마에게, 그리고 모든 딸에게 하나의 철학적 질문을 던진다. "우리는 스스로를 어떻게 대했는가."

진정한 성장에는 고통이 따른다. 특히 여성으로서의 성장에는 더 많은 침묵과 억압이 내재되어 있다. 사회가 요구하는 딸의 모습, 가족이 기대하는 엄마의 역할, 개인이 견뎌야 하는 내면의 목소리. 이 모든 무게 속에서 딸이자 엄마인 존재는 자주 혼란을 겪는다. 한성희의 글은 이 혼란을 지우거나 회피하려 하지 않는다. 오히려 그 혼란 자체가 삶이라는 무대에서 가장 인간적인 장면임을 보여준다. 그것은 삶이 완성되어야만 의미를 가지는 것이 아니라, 끊임없이 질문을 던지고 혼들리는 가운데서 의미를 갖게 된다는 사실을 말해준다.

딸에게 편지를 쓰는 것은 곧 자신에게 편지를 쓰는 일이며, 동시에 미래에 대한 응시이다. 우리는 딸을 통해 자신이 걸어온 삶을 다시 보게 된다. 그 길에서 배운 것, 놓친 것, 이해하지 못했던 감정들이 딸이라는 존재 앞에서 다시 떠오른다. 그렇기에 딸을 키운다는 것은 과거의 나를 이해하고, 미래의 나를 준비하는 일이다. 그 과정을 통해 우리는 비로소 삶을 다시 생각하게 되고, 인간 관계의 진실에 한 발 더 다가가게 된다.

『딸에게 보내는 심리학 편지』는 결국, 엄마와 딸이라는 구체적인 관계를 넘어서 인간 존재의 본질을 사유하게 만드는 책이다. 누구나 누군가의 딸이었고, 누군가의 보호 아래 성장했다. 이 책은 그 사실을 상기시키며, 모든 인간 관계의 출발점이 사랑과 이해라는 점을 고요히 일깨운다. 그리고 그것은 가장 가까운 사람에게, 가장 쉬운 언어로, 그러나 가장 진실하게 표현되어야 한다고 말한다. 편지는 사라질 수 있는 글이지만, 그 진심은 오래도록 기억 속에 남는다.

한성희는 심리학을 넘어서 삶의 정서를 풀어내는 작가이다. 그녀의 글은 단순한 이론이나 분석을 넘어, 인간의 마음에 깊이 다가가는 따뜻한 성찰로서, 세대를 관통하는 공감의 언어를 창조해낸다.

저자 소개 _____
정신건강의학과 의원 원장으로 정신분석가이자 소아정신과 의사이다. 오랜기간 국립정신건강센터에서 환자들을 치료했다. 미국 캘리포니아 의과대학 로스앤젤레스 캠퍼스방문교수와 한국정신분석학회 회장을 역임했고, 고려대학교와 성균관대학교 의과대학 외래교수로 학생들을 지도했다. 지은 책으로는 『이제 나를 안아줘야 할 시간』이 있다.

나와 타인을 깊이 이해하는 심리학적 통찰

3부

마르쿠스 아우렐리우스

명상록

고요함이 나를 지키는 방식

키워드: 스토아 철학, 자기 성찰, 시간 의식, 내면 질서, 고통의 수용

삶이 고요해지기를 바라는 마음은 흔하지만, 고요를 훈련하는 사람은 드물다. 고요는 환경의 결과가 아니라 태도의 산물이며, 의지를 통해 다듬어지는 내면의 질서다. 마르쿠스 아우렐리우스는 이 질서를 지키기 위해 매일 새벽 자리를 펴듯 자신의 정신을 정돈했다. 『명상록』은 그렇게 정돈된 정신의 풍경이며, 로마의 황제가 인간으로서 자신을 내려놓고, 가장 낮은 자리에서 자기 자신과 마주한 기록이다.

그의 문장은 장엄하지 않고 간결하다. 자조적이지 않으면서도 겸허하고, 단언하지 않으면서도 설득력이 있다. 그가 한 세계의 정점에 있었음에도 불구하고 끊임없이 자기 성찰을 반복한 이유는 외부를 통제할 수 없는 불안감이 아니라, 오히려 내부를 통제할 수 있다는 신념 때문이었다. 그는 인간의 품격은 외부의 성공이 아니라 자기 안의 정직함과 명료함으로 결정된다고 믿었다.

전쟁터의 텐트 안에서 그는 침묵을 선택했다. 그 침묵은 현실을 외

면하기 위한 도피가 아니라, 자신을 되돌아보기 위한 깊은 성찰의 시간이었고, 외로움 속에서도 책임의 무게를 홀로 감당하려는 태도였다. 그는 고요 속에서 글을 썼고, 쓰는 행위를 통해 무너지려는 자신을 붙잡았다. 그에게 내면은 언제나 피난처였다. 그는 마음의 가장 깊은 곳에 물러나 있을 때 비로소 세상의 소란에서 잠시나마 멀어질 수 있다고 믿었다. 내면의 공간은 그에게 단순한 철학적 개념이 아니라, 버텨야 하는 현실 속에서 자신을 되살리는 쉼터였다.

그의 글은 장식이 없는 문장으로 구성되어 있다. 화려함보다는 단단한 생각의 뼈대들이 쌓여 있고, 그 안에는 스스로를 다독이고 꾸짖는 목소리가 공존한다. 어떤 날은 엄격하게 자신을 질책하고, 또 다른 날은 조용히 용기를 불어넣는다. 그는 자신을 이상화하지 않았다. 오히려 나약함과 분노, 불안과 같은 감정을 있는 그대로 인정하면서, 그 안에 머무르지 않고 나아가기 위해 철학을 삶에 실천했다. 그에게 철학은 이론이나 사변이 아니라, 매일을 살아내기 위한 수련이었고, 인간으로서 무너지지 않기 위한 도덕적 단속이었다.

고요는 훈련의 결과이다

『명상록』이 주는 힘은 그 정직함에 있다. 우리는 타인을 위한 말에는 자주 공을 들이지만, 정작 자기 자신에게는 무심하다. 마르쿠스는 그 반대로 산 사람이다. 그는 자신의 행동 하나하나에 책임을 물었고, 감정 하나하나를 되돌아보았다. 그는 "자신을 살피는 사람은 타인을 판단할 시간이 없다"고 말한다. 이 말은 도덕적인 교훈이 아니라 실천의 철학이다. 그는 타인을 비난하기보다는 자신을 돌아보는 데 집중했고, 그 집중의 기록이 이 책이다.

그는 자기 자신과의 대화를 두려워하지 않았다. 사람들은 흔히 침묵을 불편해하지만, 그는 그 침묵 속에서 자신을 키웠다. 자기 성찰은 불편함의 작업이지만, 그 불편함 없이는 변화도 없음을 그는 알았다. 그는 매일 아침, 다시 시작하는 마음으로 글을 썼다. 밤의 흔들림을 아침의 기록으로 씻고, 스스로에게 다시 의무와 용기를 주입했다. 그것이 『명상록』의 실질적 구조이기도 하다.

스토아철학의 중심은 '자기 통제'다. 그러나 그것은 감정의 억압이 아니라 감정과의 조화이다. 마르쿠스는 화를 억누르면서도 분노의 본질을 이해하려 했고, 상실을 수용하면서도 슬픔을 억제하려 하지 않았다. 그는 고통이 인간을 정화시킨다고 믿지 않았다. 다만 고통이 인간을 명료하게 만들 수 있다는 점을 받아들였다. 그러므로 그는 고통 앞에서 침묵했고, 그 침묵은 감정의 억제라기보다는 감정에 대한 경외였다. 그가 자주 반복한 문장 가운데 하나는 이것이다. "지금 이 순간, 당신이 해야 할 일을 하라. 그것이면 족하다." 이 문장은 마치 기도문처럼 반복된다. 그것은 미래에 대한 불안도, 과거에 대한 후회도 모두 '지금 해야 할 일'에 집중함으로써 다스릴 수 있다는 사유의 결과이다. 그는 과거와 미래를 통제할 수 없다는 사실을 받아들였고, 이는 체념이 아니라 이해에서 비롯된 고요였다.

그는 죽음조차도 그 안에 놓인 자연의 한 부분으로 받아들였다. 그것은 두려움의 대상이 아니라 삶을 진지하게 만드는 선물이었다. 그는 "삶의 모든 순간은 선물이며, 그 끝은 회수일 뿐이다."고 이야기를 하는 것같다. 인간이 이 세계에 소속되어 있다는 사실, 그 소속감이 일시적이라는 인식은 그를 더욱 절제 있게 만들었다. 그는 무엇이든 지나친 욕망으로부터 거리를 두었고, 그것이 그의 평온의 원천이었다. 그는 세상과 타인, 상황의 부조리를 바로 보았다. 그러나 그것을 바꾸려 하기보다는 자신이 어떻게 반응할지를 중심에 두었다. 그는 외부의 폭풍이 내부로 침투하지 못하도록 철저히 경계했으며, 자기 마음의 평정을 지키는 것을 가장 고귀한 과업으로 삼았다. 『명상록』이 단단하게 느껴지는 이유는 그의 문장이 아니라, 그의 훈련된 정신이 그 문장 속에 스며 있기 때문이다.

 이 책은 철학적 텍스트이기보다 영혼의 일기이며, 사색의 교본이다. 그것은 한 인간이 자기 자신과 대면하기 위해 선택한 글쓰기의 방식이며, 그 대면의 기록이 세기와 세기를 지나 우리에게 도달한 것이다. 그의 고요는 훈련의 결과이며, 철학은 그 훈련을 가능케 한 도구였다. 우리도 그 도구를 들 수 있다면, 우리 삶도 조용한 품위를 향해 나아갈 수 있을 것이다.

사라지는 것들의 질서

 삶의 무게는 때로 예상보다 가볍고, 예상보다 무겁다. 우리는 중요한 것을 놓치지 않으려 애쓰지만, 정작 가장 많은 에너지를 쏟는 대상은 중요하지 않은 것들일 때가 많다. 마르쿠스 아우렐리우스는 이러한 삶의 역설을 누구보다 일찍 깨달았다. 그는 일찍이 죽음이 언제

다가올지 알 수 없다는 사실을 받아들였고, 그 인식으로 하루하루를 더 간결하고 단정하게 살아내려 애썼다. "죽음은 삶의 완성이며, 그것은 두려움의 대상이 아니다." 이는 단순한 문장이 아니라, 삶의 자리에 충실하게 머물기 위한 사유의 토대였다.

죽음을 받아들이는 것은 마르쿠스에게 있어 삶을 왜곡 없이 바라보는 방식이었다. 그는 인간의 시간이 짧다는 사실을 한탄하지 않았다. 오히려 그 짧음을 통해 더 간절하게, 더 진실하게 살아가야 함을 스스로 일깨웠다. 죽음을 기억한다는 것은 지금 이 순간을 소홀히 하지 않겠다는 선언이며, 덧없음 속에서 영원을 건져내려는 자세다. 시간은 강물처럼 흐르고, 그 속에 있는 사람도 함께 사라진다. 모든 것이 변화하며, 우리도 그 일부이다. 이 인식은 인간으로 하여금 자기중심의 오만에서 벗어나도록 만든다.

덕을 향한 묵묵한 길

그는 세상의 부조리를 외면하지 않았다. 오히려 부조리를 감지하면서도 자기 자신이 흔들리지 않도록 철저히 훈련했다. 그는 누군가가 잘못을 저지를 때, 그 행위보다 먼저 자기 내면의 반응을 관찰했고, 그 반응을 수습하는 데 집중했다. 그는 "타인의 잘못은 그들 자신의 것이다. 너는 네 자신의 덕을 지켜라."라고 이야기를 한다. 그는 타인의 비난이나 칭찬에 휘둘리지 않았고, 자기 내면의 질서를 삶의 기준으로 삼았다. 그 질서는 단단함보다 투명함이었고, 냉정함보다 정직함이었다.

『명상록』 전편을 관통하는 핵심어는 '덕'이다. 그는 인간이 태어난 이유를 외적 성취에서 찾지 않았다. 오히려 인간은 자기 자신 안에서 덕을 실현하는 존재로 살아가야 한다고 믿었다. 이성은 단지 논리적 사고를 의미하지 않는다. 그것은 자기 자신과의 일관성을 유지하고, 진실과 절제를 지키는 고요한 힘이다. 그는 그 힘을 날마다 갈고 닦았다. 그에게 있어 덕이란 높은 도덕이 아니라 단순한 삶의 태도였다. 거짓을 말하지 않고, 분노를 유예하고, 쾌락을 절제하고, 남의 말을 흘려보낼 줄 아는 여유. 그는 황제라는 신분이 자신을 특별하게 만들지 않는다고 여겼다. 오히려 그는 자신이 매 순간 인간답게 살아가기 위해 더 많은 책임을 져야 한다고 느꼈다. 타인에게 존경받는 것보다 자기 양심에 부끄럽지 않은 것이 더 중요했고, 그의 글은 그 고요한 투쟁의 흔적이었다.

『명상록』의 문장은 때로 기도처럼 반복된다. 짧고 절제된 단어 속에 고요한 의지가 담겨 있다. 그는 자신에게 끝없이 요청한다. "욕망에 사로잡히지 마라. 평온을 잃지 마라. 네가 해야 할 일에 집중하라." 이 말들은 단지 자기위로가 아니라, 내면의 질서를 되찾기 위한 수련의 언어다. 그는 감정의 소용돌이 속에서 중심을 지키기 위해, 글을 쓰는 행위를 중단하지 않았다. 글쓰기는 그에게 있어 정신을 다듬는 도구였고, 일종의 자아 점검표였다.

마르쿠스는 외부 세계의 변화를 애서 조절하려 하지 않았다. 오히려 그는 끊임없이 자신에게 말한다. "모든 것은 변화하고, 모든 것은 사라진다. 너는 그 흐름에 스스로를 던지되, 너의 품위만은 놓치지 마라." 이 품위란 인간의 외양이 아니라 태도다. 그는 그 태도를 끝까지 유지했고, 그것이 로마의 황제보다 더 위대한 이름으로 그를 남게 했다. 그는 자기 자신을 가르치는 스승이었다. 세상의 법을 만드는 자리에 있었지만, 자기 정신에 더 큰 법을 새기며 살았다. 그는 누군가에게 보이기 위해 철학을 실천한 것이 아니다. 오히려 그 철학은 스스로를 견디기 위한 가장 절실한 방패이자 지팡이었다. 그는 삶이 때로 얼마나 잔인할 수 있는지를 누구보다 잘 알았다. 그렇기에 그는 한 줄의 글로 마음을 추슬렀고, 그 마음으로 황제를 이겨낸 사람이다.

『명상록』은 궁극적으로 우리 각자의 거울이다. 우리는 그의 문장을 읽으며 자주 부끄러워지고, 때로 위로받는다. 그것은 그가 완벽했기 때문이 아니라, 끊임없이 다듬어지려 했기 때문이다. 그의 고백은 닫힌 문이 아니라 열린 창이다. 그 창을 통해 우리는 스스로에게 묻는다. "나는 오늘 나를 잘 살았는가?" 이 질문이야말로 철학의 시작이고, 인간됨의 출발점이다.

저자 소개

마르쿠스 아우렐리우스는 서기 121년에 태어나 180년에 생을 마감한 로마 제국의 황제이자 대표적인 스토아 철학자이다. 그는 전쟁과 질병, 정적과 불안이 가득한 통치 기간 내내 자신의 내면을 다스리는 일을 가장 중요한 임무로 여겼다. 『명상록』은 그가 전쟁터와 궁정, 고독의 밤 속에서 스스로에게 남긴 사색의 기록으로, 타인을 위한 글이 아닌 자기 자신을 위한 일기장이다. 그 일기장은 시대를 넘어 철학적 삶의 교본이 되었으며, 인간이 고통과 변화 속에서도 품위 있게 살아갈 수 있다는 가능성을 오늘날 우리에게 조용히 증명하고 있다.

몽테뉴

몽테뉴 수상록
의심 속에서 나를 지키는 기술

키워드: 자기반성, 회의주의, 인간 경험, 자연스러움, 자아의 존중

인간은 누구나 자신에 대해 알고 싶어 한다. 그러나 그 욕망은 대개 외부의 기준에 의해 좌우되고, 자신을 들여다보는 눈조차 타인의 시선으로 변질되기 쉽다. 몽테뉴는 이 문제의식에서 출발했다. 그는 자신을 알고자 했고, 그것이 얼마나 복잡하고 애매한 일인지를 끝내 인정했다. 『수상록』은 바로 그 인정으로부터 탄생한 책이다. 이 책은 타인을 가르치기 위한 텍스트가 아니다. 몽테뉴는 애초에 남을 설득하거나 계몽하려는 목적이 없었다. 그는 자기를 기록하고자 했고, 그 기록을 통해 인간 일반에 도달하고자 했다.

그의 글은 체계적이지 않다. 챕터마다 논리적 설계가 아니라 사색의 흐름을 따라 흘러간다. 어느 순간에는 인간의 육체를 이야기하다가, 곧바로 언어와 우정, 죽음과 독서로 전환된다. 이러한 불연속성은 의도된 설계가 아니라 삶 그 자체의 성질이다. 몽테뉴는 철학이란

삶을 명확히 해석하는 것이 아니라, 삶의 불명확함과 함께 걷는 일이라고 여겼다. 그래서 『수상록』은 논증의 철학이 아니라 관찰의 철학이다. 그 관찰은 삶의 겉면이 아니라 속살을 들여다보려는 시선이고, 가장 보편적인 인간의 경험에서 진실을 길어 올리려는 시도다.

몽테뉴는 나를 설명하려 하지 않고, 나를 보여주려 한다. 그는 독백처럼 글을 쓰되, 그 독백은 늘 열려 있다. 그가 선택한 방식은 고립이 아니라 공유이고, 감추는 것이 아니라 드러내는 용기다. 그는 자신의 약점과 허약함, 모순과 어리석음을 꾸밈없이 드러낸다. 그는 스스로를 '불완전한 인간'으로 말하면서도 결코 자기 비하에 빠지지 않는다. 오히려 그는 인간이 불완전하다는 사실을 인정함으로써 더욱 자유로워진다.

자기를 부정하지 않는 힘

몽테뉴는 인간의 허약함을 자주 말한다. 그러나 그 허약함은 결코 비난의 대상이 아니다. 그것은 이해의 대상이며, 공감의 출발점이다. 우리는 모두 인간이기 때문에 그러므로 우리는 흔들린다. 이 흔들림의 고백은 자기 비판이 아니라 자기 수용의 방식이다. 그는 결점을 숨기려 하지 않았고, 그 결점을 있는 그대로 받아들임으로써 인간의 깊이에 도달하고자 했다. 『수상록』은 그런 점에서 도덕적 완성의 기록이 아니라, 인간적 진실의 탐색이다.

그는 고대 철학자들을 깊이 존경했지만, 결코 그들의 사상을 절대화하지 않았다. 스토아 철학의 절제와 이성, 에피쿠로스가 말한 평온한 삶의 이상을 높이 평가하면서도, 그것들을 무비판적으로 받아들이는 데는 조심스러웠다. 그는 철학을 하나의 완결된 체계로 여기기보다는, 인간의 복잡하고도 예측할 수 없는 삶에 끊임없이 적용하고 시험해보아야 할 유연한 도구로 보았다. 몽테뉴의 사고방식에는 늘 약간의 거리두기와 성찰이 있었다. 그는 어떤 교리나 이념이 인간 존재의 전부를 설명할 수 있다고 믿지 않았으며, 오히려 그런 전제 자체에 대해 근본적인 의문을 품었다.

그의 글은 철학적 명제를 증명하려는 시도라기보다, 끊임없이 자신을 관찰하고 되묻는 일상의 기록에 가깝다. 그는 언제나 스스로를 중심에 놓았고, 그 중심은 고정된 것이 아니라 매일 달라지는 경험 속에서 살아 움직이는 것이었다. 몽테뉴에게 철학은 이론이 아니라 태도였다. 그 태도는 경직되거나 체계화된 것이 아니라, 삶의 유동성 속에서 자신을 지켜내기 위한 자율적 실천이었으며, 그것이야말로 그가 말한 '자기 자신으로 존재하는 법'이었다.

그는 책을 읽고, 글을 쓰고, 생각하며 살았다. 그러나 그는 독서를 삶의 대체물로 보지 않았다. 그는 글쓰기를 통해 자신을 돌아보았고, 독서를 통해 타인의 내면을 엿보았다. 그리하여 그는 독서를 사유의 도구로 삼되, 결코 책에 자신을 가두지 않았다. 그는 자율성과 타율의 경계를 분명히 하며, 자기만의 판단을 지키려 했다.

몽테뉴는 완성된 인간을 흠모하지 않았다. 그는 날마다 흔들리고, 어제와 오늘의 판단이 다른 인간을 자신의 글 속에 살게 했다. 그는 자기 안에서 끊임없이 질문을 키우며 살았다. 그러므로 그의 글은 확신보다는 의심의 언어이고, 결론보다는 여백의 문장이다. 그는 자신이 정리되지 않았음을 숨기지 않았다. 그는 문장을 정제하지 않았고, 진실을 곧이곧대로 내보였다. 그 정직함이야말로 그의 철학이었다.

그가 인간에 대해 가졌던 깊은 애정은 그의 자기 성찰 속에 고스란히 배어 있다. 그는 인간이 늘 모순되고 불완전하며, 그럼에도 불구하고 사유하고 사랑하며 살아갈 수 있다는 가능성을 부정하지 않았다. 그는 인간을 혐오하지 않았고, 반대로 신성시하지도 않았다. 그는 인간을 있는 그대로 보고자 했고, 그 시선은 날카롭기보다 따뜻했다.

생각한다는 것은 사랑하는 일이다

몽테뉴의 글을 읽는다는 것은 그와 함께 걷는 일이다. 그 걷기는 목적지를 향해 곧장 나아가는 것이 아니라, 길을 걷다가 멈추고, 되돌아보고, 때로는 길가의 돌을 들여다보며 천천히 나아가는 방식이다. 그는 자신에게 묻고, 자신에게 답하며, 그 문답을 글로 남긴다. 이 문답은 단지 지적 유희가 아니라, 자기 삶을 살아낸 흔적이며, 자신을 지켜내려는 연속된 실천이다. 그는 철학이란 정답을 말하는 것이 아니라, 정직하게 질문하는 일이라고 보았다.

그는 자기 자신에 대해 끊임없이 의심했다. 그 의심은 자학이 아니라 겸허였다. 그는 단언하지 않았고, 단정하지 않았다. 오히려 여러 가능성을 열어둔 채 자신의 판단을 잠시 유보하는 데서 사유의 깊이를 길러냈다. 이러한 태도는 당시 유럽 사회의 권위주의적 종교 이념과 사상 체계에 정면으로 맞서는 방식이기도 했다. 몽테뉴는 독립적 개인으로서 자신을 확립했고, 그 확립은 철저히 생각하는 인간으로서의 자기를 통해 이루어졌다. 그는 삶에 있어 가장 아름다운 행위는 타인과의 일치가 아니라, 자기 자신에 대한 충실함이라고 여겼다.

그는 글쓰기를 삶의 연장선으로 보았다. 글쓰기는 자신을 구체적으로 돌아보는 방식이며, 사소한 생각조차 기록함으로써 자신을 가다듬는 도구였다. 수상록은 완성된 철학이 아니라, 진행 중인 사유이며, 그의 삶 그 자체다. 그는 책이라는 형태 안에 스스로를 가두려 하지 않았다. 오히려 책은 그에게 자유의 통로였다. 독자는 그 책을 읽으며 문장의 질서를 따르기보다는, 인간의 자유를 들여다보게 된다.

그는 인간의 일관성을 이상으로 삼지 않았다. 오히려 인간은 매일 바뀌는 존재이며, 생각과 감정은 끊임없이 변한다고 믿었다. 이러한 인식은 당시 철학자들이 이상으로 삼았던 '완전한 인간상'을 해체하며, 인간에 대한 보다 현실적이고 온전한 이해를 열어 놓는다. 그는 끊임없이 스스로를 갱신하며 글을 썼고, 그것은 곧 인간 존재에 대한 애정의 표현이었다.

자기 자신에게 관대할 수 있는 자유

몽테뉴는 도덕의 이름으로 인간을 억누르지 않았다. 오히려 그는 도덕이 인간에 의해 구성된 것이며, 따라서 인간의 삶과 상식 안에서 재해석되어야 한다고 믿었다. 그는 절제와 정직, 관용과 자율을 중시했지만, 그것이 이상적인 형태로 강요되는 순간 오히려 인간을 불행하게 만든다고 보았다. 그는 인간의 욕망과 실수를 인정했고, 그 인정 속에서 유연한 삶의 태도를 길러냈다. "내가 이해하는 도덕이란, 내가 그것을 실천할 수 있어야 한다는 것이다." 그는 이처럼 추상적인 선보다는 구체적인 가능성을 선택했고, 이상적인 완벽함보다는 인간적인 관용을 택했다. 그는 타인의 평가에 무너지지 않으려 했다. 그는 글을 쓰면서 자신이 누구인지, 또 무엇을 생각하며 살아가는지를 정직하게 밝혔고, 그 정직함이야말로 인간을 자유롭게 만든다고 믿었다. 그는 스스로를 감추지 않음으로써, 독자에게도 자신을 마주할 수 있는 용기를 건넨다.

그는 자유로운 영혼이었다. 종교 개혁과 정치적 격변 속에서도 어느 한쪽에 섣불리 기울지 않았고, 자기만의 판단과 시선으로 세계를 읽어내려 했다. 그는 특정한 사상이나 집단에 소속되지 않았고, 오직 인간 일반의 경험과 양심을 기준으로 삼았다. 이로 인해 그는 때로 오해를 받았고, 모호하다는 비판도 받았지만, 그는 일관되게 자신만의 고유한 방식으로 사유했다. 이 고독한 사유의 여정이야말로, 『수상록』을 오늘날까지 살아 있게 만든 힘이다.

몽테뉴는 철학을 어렵고 냉정한 학문이 아니라, 일상의 감각과 맞닿아 있는 인간적인 사유라고 보았다. 그는 웃고, 분노하고, 사랑하며, 그 모든 감정을 숨기지 않고 글로 남겼다. 그 감정의 기록이 때로는 서툴고, 때로는 부끄럽지만, 그것이야말로 철학의 인간화를 이룬 결정적 순간이었다. 그는 인간을 판단하지 않았고, 인간에게 실천 불가능한 이상을 요구하지도 않았다. 그는 다만 인간이 생각할 수 있다는 그 사실 하나만으로 인간을 존중했다.

『수상록』을 읽는다는 것은 자신의 삶을 잠시 멈추고 돌아보는 일이다. 그 돌아봄은 후회를 위한 것이 아니라 자각을 위한 것이고, 성장을 위한 출발이다. 몽테뉴는 글을 통해 자신에게 말을 걸었고, 그 말들이 수백 년을 건너 오늘 우리에게 도달했다. 그 말들 속에서 우리는 자기 자신에게도 관대할 수 있는 자유를 배운다. 그 자유는 타인으로부터가 아니라, 스스로에 대한 이해에서 비롯된다. 인간은 언제나 불완전하지만, 그 불완전함을 받아들이는 순간 삶은 조금 더 유연하고 아름다워진다.

몽테뉴는 위대한 철학자가 되려 하지 않았다. 그는 다만 스스로를 이해하고 싶어 했고, 그 이해의 여정을 글로 남겼다. 그 글은 권위가 아닌 우정의 언어이며, 계시가 아닌 대화의 형식이다. 우리는 그 대화 속에서 스스로를 읽게 되고, 타인을 헤아리게 된다. 몽테뉴는 철학이 결국 인간을 더 깊이 사랑하는 일이라는 것을 말없이 증명했다.

저자 소개 _____

미셸 드 몽테뉴는 프랑스의 르네상스 사상가이자 수필 문학의 창시자이다. 그는 공직에서 물러난 후 은둔생활을 하며 『수상록』을 집필하였고, 이 책은 인간 존재의 불완전함과 자기 성찰의 중요성을 탐색한 철학적 에세이의 원형으로 평가된다. 몽테뉴는 어떤 사상 체계에도 얽매이지 않고 자신의 삶과 경험을 바탕으로 자유롭고 정직한 글쓰기를 실천했으며, 그 사유의 태도는 시대를 초월해 현대적 인간 이해의 기초로 자리매김하고 있다.

제러미 리프킨

공감의 시대
우리는 서로의 고통에 반응할 수 있을까

키워드: 공감, 진화, 공동체, 신경과학, 윤리적 감수성

   인류의 역사는 분리의 언어로 쓰여 왔다. 민족과 종교, 계층과 문화, 언어와 국경은 타인을 낯선 존재로 만들어 왔고, 그 낯섦은 쉽게 배척과 폭력으로 이어졌다. 하지만 인간은 동시에 공감하는 존재다. 고통받는 사람을 보면 가슴이 저릿하고, 기뻐하는 사람을 보면 함께 미소 지을 수 있는 능력을 타고난다. 제러미 리프킨은 바로 이 이중성을 주목한다. 그는 인간을 파괴적 본능과 이기적 경쟁의 존재로 단순화하는 사회적 통념을 넘어서, "공감 능력을 통해 더 넓은 공동체를 형성할 수 있는 존재"로 이해하자고 제안한다.

   『공감의 시대』는 공감이라는 단어를 감상이나 심리학적 유행어로 소비하는 데 그치지 않는다. 그는 공감을 생물학, 신경과학, 진화론, 경제, 정치, 문명사 전반에 걸쳐 분석하면서, 공감이야말로 인류 진화의 핵심적인 동력이라는 주장을 펼친다. 그에 따르면 인간은 생물

학적으로 타인의 정서에 반응하도록 설계되어 있으며, 문명은 공감의 범위를 점점 확장해온 서사다. 과거에는 혈족과 부족에만 한정되었던 공감의 반응이, 역사적으로 종교 공동체와 국가, 인종을 넘어 이제는 지구 전체와 미래 세대까지 포함할 수 있는 잠재력을 갖게 된 것이다.

공감은 단순히 다른 사람의 감정을 이해하는 것이 아니라, 타인의 입장에서 세계를 느끼는 감각이다. 리프킨은 뇌과학적 연구를 인용해 인간의 거울신경세포가 타인의 감정을 거울처럼 반사한다는 사실에 주목하며, 이는 공감이 단지 교육의 결과가 아니라, 생물학적으로 타고난 능력임을 보여준다. 인간은 고립된 존재가 아니라, 본질적으로 연결된 존재다. 우리는 생각보다 훨씬 더 긴밀히 서로를 감지하고, 반응하며, 책임지는 존재일 수 있다.

진화는 경쟁이 아니라 관계를 통해 이루어진다

리프킨은 다윈주의가 오랫동안 경쟁과 적자생존을 강조해왔음을 지적한다. 그러나 그는 다윈조차 진화의 중요한 동력으로 협력과 상호의존을 인정했다는 점을 상기시킨다. 실제로 생물의 진화는 단순한 경쟁이 아니라, 환경과 타 생명체 간의 복잡한 상호작용을 통해 이루어진다. 인간의 경우, 이 상호작용은 신경 시스템에 내장된 감정적 연대의 능력, 즉 공감으로 구체화된다. 우리는 타인의 고통을 느낄 수 있는 능력 덕분에 도덕을 형성했고, 공동체를 만들어 냈다.

인간이 만든 문명은 점차 공감의 범위를 확장해 왔다. 가족 단위에서 시작된 정서적 연결은 마을과 종교 공동체, 민족과 국가로 확대되었고, 이제는 세계 시민이라는 개념이 그 자리를 이어받고 있다. 리프킨은 이러한 공감의 확장을 문명화의 진화로 본다. 그는 특정 이념이나 정치 체제가 아닌, 감정적 연결망이야말로 인류가 생존과 발전을 이뤄낸 진정한 기반이라고 본다. 따라서 오늘날 위기와 갈등의 시대에서 필요한 것은 더 정교한 기술이나 더 강력한 권력이 아니라, 더 깊고 넓은 공감 능력이다.

이 공감 능력은 의지의 문제가 아니라 감각의 훈련이다. 이를 위해서는 '생애 초기 양육, 교육, 미디어, 문화 환경'이 중요하다. 공감은 사회 속에서 자라나는 감정이고, 그것을 억압하거나 왜곡하는 구조는 반드시 재고되어야 한다. 따라서 공감은 윤리의 문제가 아니라 사회의 구조적 과제이며, 정치적 결정이다. 누군가가 고통을 호소할 때 귀를 기울이는 사회, 타인의 상처를 무시하지 않는 제도야말로 문명의 진짜 수준을 말해준다.

리프킨은 전통적인 인간관과 이성 중심주의에 도전한다. 그는 인간의 본성을 합리적 판단이 아니라, 정서적 관계 속에서 찾아야 한다고 말한다. 우리가 언제 가장 인간다운가? 그것은 누군가의 눈물을 외면하지 못하고, 고통의 언어에 침묵으로라도 동참할 때다. 이 순간, 우리는 단지 생물학적 존재를 넘어 도덕적 주체로 거듭난다. 그는 말없이 우리에게 묻는다. "당신은 지금, 누구의 고통에 반응하고 있는가?"

기술은 연결을, 감정은 연대를 만든다

리프킨은 인간이 공감 능력을 확장하는 데 있어 기술이 결정적 도구가 되었다고 말한다. 인쇄술은 문자를 통해 공통의 감정을 공유하게 했고, 라디오와 영화는 멀리 떨어진 사람들의 삶을 체험하게 만들었으며, 텔레비전과 인터넷은 지구 반대편에서 벌어지는 고통과 기쁨을 동시에 나누게 만들었다. 하지만 우리는 기술을 맹목적으로 찬양하면 안된다. 기술은 감정을 매개할 수는 있지만, 감정을 생성하지는 않는다. 감정은 여전히 사람과 사람 사이의 접촉과 감수성에서 비롯된다. 그렇기에 기술은 연결을 가능케 하지만, 연대를 만드는 것은 감정이라는 사실을 알아야 한다.

이것은 오늘날 디지털 기술과 인공지능의 급속한 발전 속에서도 인간 본질의 자리를 다시 생각하게 만든다. 화면을 통해 연결된 사람들 사이에 공감이 싹틀 수는 있지만, 그 감정이 진정한 윤리적 관계로 성장하려면 실재적 만남과 사회적 제도가 뒷받침되어야 한다. 리프킨은 공감을 감정적 연민이 아니라 사회적 기초질서로 삼아야 한다고 본다. 그것은 공동체의 토대를 형성하는 감정이며, 인간을 단순한 경제적 주체나 생물학적 개체가 아닌 도덕적 타자로 만들어주는 힘이다. 그는 기술보다 감정의 정치학을 먼저 이야기한다.

공감은 선택이 아니라 조건이다. 그것은 인간이 자기중심성을 벗어나는 통로이자, 타인의 내면을 이해하려는 윤리적 훈련이다. 리프킨은 공감의 확대를 통해 인류는 종국적으로 지구 공동체, 곧 '생명권'으로 나아갈 수 있다고 본다. 그는 이 생명권을 단지 감상적인 이상이 아니라, 기후 위기와 세계 불평등을 해결하기 위한 실질적인 인류 문명의 대안으로 제시한다. 이때 공감은 정서적 기질이 아니라 정치적 과업이며, 그 실현은 교육과 제도, 문화 전반의 혁신을 통해 이루어질 수 있다.

공감은 미래를 상상하는 능력이다

리프킨은 공감 능력이 단지 지금 내 곁에 있는 사람에게만 향하는 감정이 아니라, 아직 만나지 못한 타자, 혹은 태어나지 않은 미래 세대에게까지 닿아야 한다고 주장한다. 이때 공감은 단순한 정서가 아니라 윤리적 상상력이다. 미래 세대의 고통을 지금 감지할 수 있는 인간은, 새로운 문명의 문을 여는 존재이다. 이것은 단순히 감정의 문제가 아니라 시간에 대한 감각, 세계에 대한 책임 의식이 결합된 통찰이다. 리프킨은 우리가 지구 전체와 아직 태어나지 않은 생명들을 위해 지금의 행동을 조절해야 한다고 강조하는 것이다.

이러한 공감의 확장은 단지 개인의 품성이나 인격 수양의 차원이 아니라, 정치적 구조와 경제적 시스템의 개혁과 맞닿아 있다. 그는 생태 문제, 에너지 자원, 산업화 이후의 노동, 기술 발전 속에서의 인간성 상실 등 다층적인 영역을 모두 공감이라는 키워드로 관통하며 재조명한다. 그의 접근은 단일한 분야가 아니라, 문명 전체를 감정의 관점에서 재설계하려는 포괄적 사유다. 그는 오늘의 문제를 기술이나 시장 중심의 논리로 풀 수 없으며, 오직 감정의 감도와 도덕적 상상력이 회복될 때 진짜 해결이 가능하다고 본다.

공감은 인간의 뇌 속에서 일어나는 생물학적 반응이자, 사회적 규범으로 진화할 수 있는 가능성의 씨앗이다. 감정은 타인을 이해하게 만들고, 이해는 공동체를 형성하게 만들며, 공동체는 다시 인간을 보호하는 생태적 안전망이 된다. 이런 선순환이 작동하려면 우리 각자의 삶 속에서 작은 공감의 실천이 필요하다. 리프킨은 이를 위한 기반으로 교육의 혁신을 이야기한다. 어린 시절부터 타인의 감정에 귀 기울이는 습관, 타인과 더불어 살아가는 경험이 쌓일 때, 사회는 비로소 윤리적 생태계를 형성할 수 있다.

공감은 약자의 감정에만 반응하는 것도, 단지 감정이 풍부한 사람만이 소유한 능력도 아니다. 그는 공감이야말로 인간이 인간으로서 작동하는 기본값이라고 강조한다. 우리가 타인을 외면할 때, 단지 냉정해지는 것이 아니라 스스로를 비인간화하는 것이다. 공감은 나를 해체하고 타자를 받아들이는 일이기도 하다. 그 과정은 불편하고, 때로는 고통스럽지만, 바로 그 불편함이 인간됨의 진실을 증명한다. 타인의 고통 앞에서 멈춰 서는 것, 그것이 우리가 인간임을 증명하는 첫 번째 제스처다.

리프킨의 주장은 결국 인간의 본질에 대한 낙관이다. 그는 인간이 본성적으로 이기적이라는 오래된 전제를 뒤엎고, 우리가 더 깊이 연결되고 더 넓게 감응할 수 있는 존재임을 실증적 자료와 문명사적 통찰을 통해 설득력 있게 제시한다. 그의 낙관은 현실을 모른 척하는 감상이 아니라, 지금 이 세계가 지닌 감정적 가능성에 대한 믿음이다. 그는 인간이 공감할 수 있다는 사실 하나만으로도 희망을 발견하고, 그 희망을 기반으로 문명의 방향을 다시 설계하려 한다. 이 지점에서 『공감의 시대』는 한 권의 책이 아니라, 새로운 인간학의 선언이다.

저자 소개 _____

제러미 리프킨은 미국의 경제학자이자 사회사상가로, 기술과 경제, 에너지, 환경에 걸친 통합적 미래 담론을 제시해 온 세계적인 석학이다. 『노동의 종말』, 『소유의 종말』, 『3차 산업혁명』 등의 저서를 통해 자본주의 이후의 문명 가능성을 모색해온 그는, 『공감의 시대』에서 인간의 감정적 능력인 공감이야말로 새로운 문명을 형성할 수 있는 핵심 동력임을 주장하며, 인간 본성에 대한 새로운 비전을 제시하였다. 그의 사상은 전 세계 정치, 교육, 환경정책에 큰 영향을 끼치며 21세기적 인간학의 방향을 이끌고 있다.

수전 케인

콰이어트
조용한 사람들 안에 흐르는 힘

키워드: 내향성, 성격 심리학, 침묵, 집중, 자기 존중

    조용한 사람들은 흔히 오해받는다. 그들은 내성적이라는 이유로 수줍거나, 능동적이지 않거나, 혹은 사회적 기질이 부족하다는 평가를 받기 쉽다. 그러나 수전 케인은 이 오래된 편견에 이의를 제기하며 묻는다. "조용한 사람은 정말 능력이 부족한가, 아니면 우리가 그 능력을 잘 보지 못하는 것일 뿐인가?" 『콰이어트』는 질문한다. 그리고 이 책은 단순한 성격론이 아니라, 한 시대의 문화가 어떻게 소리 큰 사람들에게 유리하게 설계되어 왔는지를 비판적으로 성찰하는 사회적 철학의 책이기도 하다.

    수전 케인은 내향성과 외향성이 단순한 성격의 차이가 아니라, 세상을 살아가는 방식의 근본적인 차이임을 보여준다. 외향적인 사람은 외부 자극을 통해 에너지를 얻고, 타인과의 교류 속에서 스스로를 강화하는 경향이 있는 반면, 내향적인 사람은 고요함과 깊은 집중 속에서 자신의 리듬을 찾는다. 그러나 현대 사회는 대부분 외향성을 이

상적인 사회성의 기준으로 설정하고 있으며, 그 결과 조용한 사람들은 "수정되어야 할 존재"로 여겨진다. 케인은 이 잘못된 전제를 뒤집고, 내향성의 가치를 새로운 시선으로 복원하고자 한다.

그녀는 내향적인 사람이 보이는 특유의 관찰력, 인내심, 깊이 있는 사고 능력, 독립적 판단력 등을 실증적으로 탐색하며, 우리가 지금까지 '조용함'을 오해해 왔음을 드러낸다. 우리는 너무 오랫동안 외향성의 기준에만 의존해 왔다. 이제는 조용함의 힘을 돌아봐야 한다. 이 책은 단지 내향적인 사람들을 위한 격려가 아니라, 사회 전체가 조용한 성격의 역량을 재발견하고 존중해야 한다는 선언이다.

소리 없이 결정하는 사람들의 세계

케인은 다양한 심리학 연구와 인터뷰, 역사적 사례를 통해 내향성이 어떻게 사회적으로 억눌려 왔는지를 조명한다. 특히 미국의 '카리스마 문화'는 외향성을 능력으로, 내향성을 결핍으로 간주하는 경향이 강하다. 학교, 직장, 정치, 심지어 종교와 가정에 이르기까지 말이 빠르고 강한 사람, 사교적이고 적극적인 사람이 리더십과 영향력을 독점하게 되면서 조용한 사람들은 점점 더 '눈에 띄지 않는 존재'가 되어간다. 하지만 케인은 그 눈에 띄지 않는 사람들이야말로 조직과 사회의 균형을 지탱하는 '침묵의 중추'라고 말한다.

"가장 위대한 결정들은 종종 말이 없는 사람들에 의해 내려진다."
이 말은 단순한 역설이 아니다. 역사상 뛰어난 과학자, 예술가, 작가,

지도자들 가운데 많은 이들이 내향적인 성향을 가지고 있었으며, 그 조용함은 깊은 통찰력과 자기 성찰의 결과였다. 케인은 우리가 지금까지 지나치게 '드러내는 말'에 집중해 온 사이, '비워내는 침묵' 속에서 길어 올려진 지혜를 간과해 왔음을 지적한다.

그녀는 내향적인 사람의 사고 구조가 외향적인 사람과 다르며, 이 차이를 존중하지 않는 문화는 창의성과 집중력, 도덕적 통찰 같은 가치를 오히려 약화시킨다고 이야기한다. 조용한 아이들은 교육 현장에서, 조용한 직장인은 회의와 발표 자리에서 불이익을 받기 쉽지만, 이들이 보여주는 성실함과 독립성, 감정의 절제력은 공동체를 깊이 있게 구성하는 중요한 미덕이다. 우리는 더 말 많은 사회가 아니라, 더 잘 듣는 사회가 되어야 한다. 케인은 그 방향 전환을 '조용한 혁명'이라 부른다.

조용한 사람들은 존재감이 없지 않다. 다만 그 존재는 말로 증명되지 않을 뿐이다. 그들은 판단을 유보하고, 혼자의 시간을 견디며, 말보다는 맥락을 읽는다. 그들은 즉각적으로 반응하기보다는 생각을 충분히 가다듬고 나서 말을 꺼내며, 그 한 마디는 언제나 무게가 있다. 조용함이야말로 오늘날의 과잉 소통 사회 속에서 다시 회복되어야 할 지적이고 도덕적인 자산이다.

그녀는 특히 내향적인 아이들을 억지로 외향적으로 만들려는 교육 환경을 비판한다. 조용한 아이들은 종종 걱정스럽다는 이유로 자꾸 무대에 오르고, 소리를 내고, 자신을 '표현하라'는 훈련을 받지만, 그들은 말보다 생각으로 자신을 표현하는 성향을 지닌다. 그들이 필요로 하는 것은 소리를 내는 법이 아니라, 조용한 힘을 존중받을 수 있는 환경이다. 진정한 자기 표현이란 목소리의 크기가 아니라 내면의 깊이에서 비롯되는 것이다.

침묵은 결핍이 아니라 가능성이다

수전 케인이 말하는 조용함은 단순한 성격 특성이 아니라, 세상을 대하는 하나의 근본적인 태도다. 내향적인 사람들은 에너지의 흐름을 바깥이 아닌 안쪽에서 느끼며, 세상의 소리보다 자신의 내면의 울림에 민감하다. 이들은 타인과 어울리는 능력이 없어서가 아니라, 혼자 있는 시간에서 더 깊은 충전과 사유를 경험한다. 그런데 사회는 그런 내면 중심의 존재 방식을 '사회성 부족'이라는 단어로 잘못 포장한다. 케인은 이 지점을 비판하며, 오히려 사회가 너무 오랫동안 '외향성의 기준'만을 절대화해 왔음을 날카롭게 짚는다.

그녀는 현대 서구 문화, 특히 미국 사회가 20세기 초부터 '카리스마적 이상'을 강하게 추구해왔음을 지적한다. 자기 확신, 사교성, 적극성, 대중 앞에서 말할 수 있는 능력은 곧 리더십과 능력의 상징이 되었고, 이로 인해 조용한 성격은 점점 더 극복해야 할 성격적 문제로 취급되었다. 그러나 이런 문화적 흐름 자체가 문제이다. 모든 사람이 같은 방식으로 말하고 행동해야 한다는 전제는, 다양성을 억압하는 위험한 획일주의다. 우리는 지금까지 내향적인 사람들에게 '바꿔라'고만 말해왔지만, 이제는 그들 안에 있는 힘에 더 귀를 기울여야 할 때다.

침묵은 결핍이 결코 아니다. 침묵은 준비이고, 응시이며, 생의 진폭을 길게 끌어올리는 사유의 깊이다. 케인은 조용한 사람들이 가진 능력의 본질을 깊은 집중력과 감정의 절제력, 성실한 책임감으로 설명한다. 이들은 자기 주도적이며, 혼자 있는 시간을 견딜 수 있으며, 복잡한 문제를 직면하고 분석할 수 있는 힘을 가진다. 그들은 감정의 노출을 최소화하고, 판단을 보류하며, 상황을 구조적으로 파악한다. 이러한 능력은 겉으로 드러나지 않지만, 실제로는 공동체의 균형과 안정에 기여하는 핵심 역량이다.

조용한 혁명이 시작될 수 있는 곳

케인은 내향성이 억눌린 사회에서 살아남기 위해 많은 이들이 '가짜 외향성'을 연기하게 된다고 말한다. 업무상 회의에서 적극적으로 발언하고, 사교적 모임에서 활발하게 대화하는 등 외향적인 태도를 강요받는 환경은 내향적인 이들에게 지속적인 피로를 준다. 특히 직장과 학교, 심지어 종교 공동체 내에서도 외향성에 편향된 구조는 조용한 사람들에게 '부족함'이라는 낙인을 찍는다. 이들은 종종 스스로를 바꾸려 하거나, 자신이 결함 있는 존재라고 여긴다. 그러나 진짜 문제는 그 사람이 아니라, 그 사람이 놓인 환경이다.

그녀는 조용한 사람들이 존중받는 환경이 단지 개인의 복지를 위한 것이 아니라, 사회 전체의 창의성과 윤리, 지속 가능성을 위한 조건이라고 강조한다. 창의성은 고요한 사유에서 비롯되며, 깊은 판단은 숙고의 시간을 통해 태어난다. 팀워크는 목소리 큰 사람의 발언에서가 아니라, 다양한 의견의 경청을 통해 이뤄진다. 조용한 사람들이 자신의 목소리를 내기 전에 필요한 것은 목소리를 낼 수 있는 구조이며, 그 구조는 곧 사회의 도덕성과 직결된다. 케인은 이러한 구조적 전환을 '조용한 혁명'이라 부른다.

  교육은 그 혁명의 첫 출발점이다. 케인은 조용한 아이들이 자신의 방식대로 성장할 수 있도록 해주는 교육이야말로 진정한 미래 교육이라고 본다. 교실에서 '참여'가 곧 '말하기'로 환원되는 구조는 내향적인 아이들에게 지속적인 자존감의 상처를 준다. 조용한 아이들은 다른 아이들과 다른 방식으로 세상을 보고, 느끼며, 표현한다. 그들에게 중요한 것은 '소리를 내는 법'이 아니라, '들을 수 있는 공간'이다. 교사는 그 공간을 지켜주는 존재이며, 사회는 그 아이들의 조용한 힘이 발현될 수 있는 무대를 제공해야 한다.

  케인은 또한 리더십의 정의를 다시 써야 한다고 주장한다. 우리는 종종 목소리 크고 존재감 있는 사람을 리더로 간주하지만, 진짜 리더는 말보다 경청에 능한 사람, 격려보다 배려를 먼저 생각하는 사람이다. 내향적인 리더는 리더십의 전형성을 깨뜨리며, 조직을 감정적으로 안정시키고, 사람들의 잠재력을 끌어올린다. 침묵과 리더십은 대립되지 않는다. 오히려 침묵을 견딜 수 있는 리더야말로 진정한 권위를 지닌 사람이다. 케인의 통찰은 여기서 다시 한 번 조용함의 가치를 확인시켜 준다.

  이제 우리는 더 나은 공동체를 위해, 더 조용한 인간 이해가 필요하다. 우리는 말이 많은 사회를 넘어서, 더 잘 듣는 사회로 나아가야 하며, 내향적인 사람들이 주눅 들지 않고 자기 방식대로 살아갈 수 있는 세계를 만들어야 한다. 조용한 사람들도 그 자체로 완전한 존재다. 이 말은 단지 심리학적 위로가 아니라, 인간 존재에 대한 인문학적 성찰이다. 모든 사람은 자기 고유의 리듬으로 세상을 살아갈 권리가 있으며, 사회는 그 다양성을 존중하고 보호해야 할 의무가 있다.

『콰이어트』는 그 어느 때보다 떠들썩한 세계 속에서, 조용함의 철학을 다시 불러낸 책이다. 그것은 조용한 사람들을 위한 책이기도 하지만, 사실은 우리 모두를 위한 책이다. 우리 각자 안에는 내향성과 외향성이 공존하며, 그 균형이 무너질 때 우리는 자신을 잃는다. 케인은 우리에게 질문한다. "당신은 지금, 자기 리듬대로 살고 있는가?" 이 질문은 소리를 내라는 뜻이 아니라, 자기 자신과 연결되라는 초대이다.

저자 소개

수전 케인은 미국의 작가이자 전직 변호사로, 하버드 로스쿨을 졸업한 뒤 심리학과 성격 연구에 집중하며 글쓰기를 시작했다. 대표작 『콰이어트』는 출간 즉시 세계적인 베스트셀러가 되었으며, 내향성에 대한 오랜 편견을 깨고 조용한 성격의 인간 이해를 새롭게 조명한 책으로 평가받고 있다. 그녀는 TED 강연 〈조용함의 힘〉으로 전 세계에 큰 반향을 일으켰으며, 현재까지도 교육, 직장, 리더십 환경에서 내향성과 다양성의 가치를 전파하는 데 기여하고 있다.

알랭 드 보통

왜 나는 너를 사랑하는가

사랑이란 무엇을 보게 하는가

키워드: 욕망의 심리학, 이상화, 결핍의 메커니즘, 사랑의 실패, 존재의 해석

사랑은 우리를 가장 인간답게 만드는 체험이자, 가장 모순적인 감정이다. 알랭 드 보통은 이 철학적 소설에서 사랑이란 하나의 서사가 아니라 수많은 오해와 기대, 투사와 결핍이 얽혀 있는 감정의 구조물임을 날카롭게 해부한다. 그가 묘사하는 사랑은 결코 순결하거나 숭고한 것이 아니다. 오히려 상처받기 쉬운 자아의 거울이고, 자아가 타자에게서 자아 자신을 되찾고자 애쓰는 여정이다. 그 사랑의 중심에는 존재에 대한 불안, 삶에 대한 허기, 이해받고 싶은 욕망이 있다.

사랑은 결코 한 사람을 만나는 일이 아니다. 그것은 우리 안의 결핍을 마주하고, 그 결핍을 타인의 얼굴에 비추는 행위이다. 보통은 이를 "이상화의 환상"이라 부른다. 우리가 누군가를 사랑할 때, 실은 우리가 갈망하는 이미지, 우리가 원하던 이해, 우리가 갖고 싶던 정체성을 상대에게 덧씌운다. 사랑은 곧 '이해받고 싶은 욕망의 서사'이다.

연인은 나를 알아주고, 나를 사랑하며, 나를 특별하게 만든다고 느끼게 해준다. 이때 사랑은 마치 존재의 복권처럼 다가온다.

사랑이 시작될 때 우리는 전율한다. 상대의 작은 행동 하나에 의미를 부여하고, 그 침묵조차도 감정의 깊은 바다로 읽어낸다. 보통은 이 과정을 "과잉 해석"이라 부른다. 사랑에 빠진 자는 타자의 언어와 행위를 해석하는 데 몰두하고, 그 해석은 언제나 자신의 욕망을 투사한 결과물이다. 상대는 어떤 의도를 갖지 않았음에도, 우리는 그 침묵을 '기다림의 신호'로, 그 눈길을 '확신의 근거'로 오해한다. 그 순간 사랑은 시작된다.

내가 당신을 사랑한다는 말

보통은 사랑의 순간을 "자기확신의 역설"이라 명명한다. 누군가를 사랑한다는 말은 사실 "나도 괜찮은 사람일 수 있다"는 믿음을 확인받고 싶은 신호다. 우리는 사랑을 통해 스스로를 증명받고 싶어한다. 타인의 애정을 통해 자존을 회복하고, 존재의 이유를 찾아낸다.

그는 연애의 여러 국면을 철저히 해부한다. 첫 만남의 우연, 호감의 구축, 대화 속에서 발견되는 심리적 친밀감, 그리고 마침내 상대의 존재에 절대적 가치를 부여하는 과정. 사랑의 주체는 더 이상 이성적 존재가 아니다. 사랑은 인간을 열광하게 만들고, 때로는 이성을 무장해제시킨다.

하지만 사랑은 쉽게 실패한다. 왜냐하면 우리는 상대를 통해 자신을 구원받고자 했기 때문이다. 상대는 내 상처의 약이 되지 못하고, 결국 그 사랑은 내가 미처 다 치유하지 못한 결핍을 또다시 드러낸다. 사랑이란 타인을 이해하는 것이 아니라, 타인을 통해 자신을 이해하게 되는 과정이라고 보통은 말한다.

사랑은 타인을 바꾸지 않는다. 사랑은 자신을 드러낼 뿐이다. 그리고 그 드러남 속에서 우리는 더 깊은 고독을 마주한다. 사랑의 기쁨은 환상이었고, 그 환상이 깨질 때 사랑은 우리를 깊은 자기 성찰로 이끈다. 보통은 이 지점을 철학적 사랑의 본질이라 부른다. 그 사랑은 타인에 대한 갈망이 아니라, 존재에 대한 성찰이다.

결핍의 기억, 사랑의 유령들

사랑은 과거의 기억으로부터 만들어진다. 우리는 어린 시절의 결핍을 가지고 자라고, 사랑의 대상에게 그 과거를 투사한다. 보통은 이를 "심리적 공명"이라 말한다. 내가 어린 시절 이해받지 못한 부분을 당신이 알아줄 때, 나는 사랑에 빠진다.

사랑은 기억의 반복이다. 특정한 표정, 말투, 시선에서 우리는 과거의 장면을 떠올리고, 그 감정을 현재로 불러온다. 보통은 말한다. 사랑의 본질은 '인정'이라고. 나는 당신이 내 안의 어두움을 인정해줄 때 사랑에 빠지고, 당신이 내 상처를 다정하게 불러줄 때 비로소 감정의 문을 연다.

그러나 이 '인정의 환상'은 쉽게 무너진다. 왜냐하면 타인은 나를 온전히 알 수 없고, 나 또한 타인을 완벽히 해석할 수 없기 때문이다. 이때 사랑은 '오해의 축제'가 된다. 나는 당신에게서 나를 보고, 당신은 내 안에서 당신을 찾는다. 두 사람은 서로를 향해 손을 뻗지만, 그 손끝은 닿지 않는다. 그 간극에서 사랑은 슬픔이 되고, 슬픔은 다시 성장의 계기가 된다.

우리는 사랑을 통해 철학자가 되기도 한다. 타인을 사랑하는 일은 결국 인간을 이해하고 싶은 갈망이며, 그 갈망 속에서 우리는 자기 자신에게로 돌아온다. 사랑은 종종 실패로 끝나지만, 그 실패 속에서 우리는 삶을 더 깊이 이해한다.

사랑은 이기적인 감정이 아니다. 그것은 존재를 해석하고, 기억을 재구성하며, 나와 타인의 의미를 다시 쓰는 서사이다. 알랭 드 보통의 이 책은 사랑을 통해 인간이 어떻게 존재의 해석자로 변모하는지를 보여주는 탁월한 인문학적 작업이다.

사랑이라는 철학적 실험실

사랑은 인간을 시험하는 가장 치열한 감정의 실험실이다. 알랭 드 보통은 이 책에서 사랑의 각 단계가 철학적 사유와 심리적 통찰을 요구한다고 말한다. 사랑은 무지한 감정이 아니라, 이해를 요구하는 감정이며, 우리가 누구이며 무엇을 두려워하고 갈망하는지를 드러내는 진실의 장이다.

그는 연애 초기의 '이상화'가 어떻게 만들어지는지 면밀하게 관찰한다. 우리는 사랑에 빠질 때 상대를 객관적으로 보지 못한다. 오히려 상대에게 자신의 욕망, 자신이 되고 싶은 자아상, 치유되지 않은 상처를 덧입힌다. 이 과정은 매우 문학적이다. 우리는 연인을 하나의 상징, 신화, 이야기로 만들어낸다. 사랑은 그렇게 현실 위에 쌓아 올린 서사다.

그러나 서사는 곧 균열을 맞는다. 상대는 내가 상상한 이상과 다르고, 현실의 갈등은 판타지를 무너뜨린다. 이때 사랑은 철학자가 되는 순간을 맞는다. 우리는 질문하게 된다. "나는 왜 그를 그렇게 이상화했는가?", "그의 말 한마디에 내가 요동친 이유는 무엇인가?", "이 고통은 나의 무엇을 건드린 것인가?" 이 질문들이야말로 사랑이 우리에게 주는 가장 깊은 선물이라고 할 수 있다.

사랑은 사유를 낳는다. 우리는 사랑을 통해 인간 존재에 대해, 자기 이해에 대해, 그리고 고독의 본질에 대해 묻기 시작한다. 이 책은 연애 소설이 아니라, 연애라는 삶의 실험을 통해 우리 안의 미처 말하지 못한 감정을 마주하게 하는 철학적 탐색이다.

성숙한 사랑은 이해로 향한다

연애의 위기가 도래할 때 비로소 '진짜 사랑'이 시작된다고 볼 수 있다. 상대의 결점이 드러나고, 내 환상이 무너지고, 관계가 혼란에 빠질 때, 우리는 선택의 기로에 선다. 이상을 포기하고 현실을 받아들일 것인가, 아니면 더 깊은 이해로 나아갈 것인가.

진짜 사랑은 서로의 어리석음, 불완전함, 비논리성을 이해하고도 함께 하겠다는 선택이다. 우리는 종종 사랑을 "나를 완성시켜주는 무엇"으로 여긴다. 하지만 성숙한 사랑은 오히려 "상대를 있는 그대로 받아들이는 일"이다.

보통은 이 사랑을 "지적 연민"이라 표현한다. 타인의 상처와 모순을 비난하거나 고치려는 것이 아니라, 그것이 만들어진 사연을 이해하려는 노력이다. 연인의 과도한 질투, 방어적인 말투, 침묵 뒤의 불안감, 이 모든 것은 한 인간이 살아온 기억과 상처의 조각이다. 그 퍼즐을 이해하고자 애쓸 때, 우리는 사랑이라는 감정의 심연에 도달하게 된다.

이때 사랑은 단지 '감정'이 아니라, '해석'이 된다. 나는 당신을 해석하고, 당신은 나를 읽어낸다. 우리는 서로를 이해하는 데서 관계의 깊이를 경험한다. 보통은 이 지점에서 사랑이 예술과 닮았다고 말한다. 하나의 시를 읽듯, 우리는 상대를 읽는다. 그 모든 모순과 침묵, 언어 밖의 의미를 해석하며, 우리는 감정의 독자가 된다.

상실, 그리고 사랑의 마지막 교훈

그러나 보통은 이 사랑의 서사에 쉽게 낭만적 해피엔딩을 허락하지 않는다. 그는 사랑이 실패했을 때, 비로소 인간이 진실로 자신을 성찰하게 된다고 말한다. 관계가 끝났을 때, 우리는 처음으로 감정의 진실을 돌아본다. 왜 그렇게 사랑했는지, 무엇이 우리를 끌어당겼는지, 그리고 무엇이 결국 우리를 갈라놓았는지.

 이후의 고통은 깊지만, 무의미하지 않다. 보통에게 사랑의 상실은 성장이며, 실패는 자각이다. 우리는 사랑을 통해 '나'를 조금 더 이해하게 된다. 나는 무엇을 두려워했고, 어떤 언어로 소통했으며, 어떤 기억을 반복했는가. 이 질문 속에서 우리는 더 성숙한 인간으로 나아간다.

 작가의 문장은 간결하고 냉철하다. 그는 사랑을 미화하지 않는다. 오히려 그 잔혹함과 자기기만, 그리고 그 속에 숨은 자기 치유의 가능성을 동시에 그려낸다. 이 책이 위대한 이유는, 그것이 단순한 연애담이 아니라 '존재의 질문서'이기 때문이다.

 사랑은 나를 타인의 눈으로 보게 하고, 타인을 나의 눈으로 이해하려는 시도다. 사랑은 불가능한 해석이지만, 그 불가능 속에서 인간은 가장 인간답게 빛난다. 우리가 사랑을 통해 성장한다는 말은, 결국 우리가 실패를 통해 철학자가 된다는 말과 같다.

 『왜 나는 너를 사랑하는가』는 연애의 기술이 아닌, 연애라는 미궁을 통과하며 인간 존재의 구조를 들여다보는 심리적이자 철학적인 보고다. 알랭 드 보통은 사랑의 이름으로 인간의 내면을 해부했고, 그 해부 속에서 우리는 스스로의 상처와 욕망, 이해와 오해를 마주하게 된다.

 사랑은 끝나지만, 사랑이 남긴 질문은 끝나지 않는다. 그것이 이 책이 사랑에 대한 책이면서도, 동시에 인간에 대한 책이 되는 이유다.

이 질문이 계속되는 한, 이 책도 계속해서 읽혀질 것이다.

저자 소개 _____

알랭 드 보통은 스위스 출신의 철학자이자 저술가로, 일상의 감정과 철학을 연결하는 작품으로 잘 알려져 있다. 그는 사랑, 여행, 건축, 종교, 철학, 일과 같은 주제를 통해 현대인의 내면을 섬세하게 통찰해왔으며, 누구나 이해할 수 있는 문체로 철학적 사유의 문턱을 낮추는 데 기여해 왔다. 『왜 나는 너를 사랑하는가』는 그의 초기 대표작으로, 사랑이라는 일상적이면서도 가장 복잡한 감정을 철학적으로 분석한 독창적 시도로 평가받는다.

존 스튜어트 밀
자유론
진리를 위한 고독한 용기

키워드: 자유, 해악 원칙, 진리의 검증, 사회적 억압, 표현의 권리

자유는 언제나 당연한 것이 아니라 투쟁의 산물이었다. 인간은 생존의 역사보다 더 오래도록 자유를 갈망해왔으며, 사회는 그 자유를 허용하는 동시에 제한하는 방식으로 문명을 이끌어왔다. 그러나 자유는 단순한 방종이 아니다. 그것은 타인의 삶을 위협하지 않는 선에서 각자가 스스로의 정신을 완성해 나갈 수 있도록 하는 제도이자 가치이다. 존 스튜어트 밀은 『자유론』에서 바로 이 핵심적 물음에 답한다. 무엇이 정당한 자유이며, 어디까지가 사회의 간섭이 허용되는 경계인가. 그 물음은 단순히 정치적 사상에 그치지 않고, 인간의 존재론적 존엄에 대한 철학적 응답이기도 하다.

밀은 "해악 원칙(harm principle)"이라는 개념을 통해 자유의 경계를 규정했다. 다시 말해, 어떤 개인의 자유든 그것이 타인에게 해를 끼치지 않는 한, 사회나 국가가 간섭해서는 안 된다는 것이다. 이 간명한

기준은 그러나 깊은 사유를 요구한다. 왜냐하면 '해'라는 개념이 모호하고, 인간 사회는 이기적 피해 의식을 공익이라는 이름으로 쉽게 포장하기 때문이다. 밀은 이 모호함을 넘어서기 위해 자유의 핵심을 사상의 표현과 의견의 진위 검증이라는 쟁점으로 끌고 간다. 그는 반대 의견의 존재 자체가 진리를 더욱 견고하게 만든다고 보았다. 그러므로 표현의 자유는 단순한 권리가 아니라 진리를 유지하고 발견하는 유일한 통로인 것이다.

의견의 침묵은 진리의 죽음이다

밀은 "침묵당한 의견이 거짓이라고 확신할지라도, 그 의견을 억누르는 것은 진리를 억압하는 것이다"라고 이야기한다. 이 문장은 단순한 이상주의적 호소가 아니다. 밀은 진리란 고정불변한 것이 아니라, 다양한 의견과 충돌 속에서 비로소 생명력을 얻게 된다고 본다. 그는 소크라테스와 예수를 예로 든다. 당시 그들의 사상은 체제를 위협하는 것으로 간주되었으나, 역사는 그들이 진리에 가까웠음을 증명했다. 그러나 밀의 논지는 단순히 과거의 성인을 찬양하는 것이 아니다. 그는 우리 모두가 언제든 다수의 횡포 앞에 침묵당할 수 있음을 경고한다.

특히 그는 사회적 여론의 억압을 더욱 위험하게 보았다. 법에 의한 강제보다 무서운 것은 사회의 따가운 시선, 정서적 집단 폭력이다. 밀은 민주주의 사회조차도 다수의 횡포에 취약하다고 지적했다. 다수가 옳다고 믿는 의견이 반드시 진리일 수 없으며, 소수의 목소리야말로 사회를 각성시키는 창조적 자극이라는 것이다. 따라서 그에 따르면, 표현의 자유를 억압하는 것은 단지 한 개인의 권리를 침해하는 것이 아니라, 사회 전체가 스스로의 미래를 어둡게 만드는 행위이다.

자유는 방종이 아니라 자기규율이다

밀은 자유에 대한 이론적 정당화에 머무르지 않는다. 그는 자유의 본질을 '개인의 정신적 성장'과 연결시킨다. 즉, 인간은 자율적으로 사고하고 행동할 때 가장 고귀해지며, 이러한 자율성은 그 자체로 인간 존엄의 표현이라는 것이다. 그러나 이는 자유를 무조건적으로 허용하자는 말이 아니다. 그는 자유를 누리는 사람일수록 타인에게 더 신중하고 조심스러워야 한다고 강조한다.

그가 말하는 진정한 자유는 자기 욕망에 휘둘리는 삶이 아니라, 내면의 원칙에 따라 스스로를 이끌어가는 삶이다. 이러한 점에서 자유는 결국 자기규율이며, 무책임한 발언이나 행동은 진정한 자유와는 거리가 멀다. 밀의 자유론은 단순히 사회적 통제를 비판하는 선언문이 아니다. 그것은 인간이 자기 존재의 주인이 되는 길을 철학적으로 조명하는 사유의 기록이다.

밀은 획일화된 사회를 경계한다. 그는 인간의 삶이 천편일률적인 방식으로 규정될 때, 문명은 쇠락의 길로 접어든다고 보았다. 따라서 그는 '개성의 자유'를 적극적으로 옹호했다. 그는 "인간 정신은 모방보다는 실험을 통해 진보한다"고 말한다. 이는 단지 예술가나 사상가의 자유를 뜻하는 것이 아니다. 부모가 자녀를 키우는 방식, 청년이 직업을 선택하는 방식, 노인이 죽음을 맞는 방식까지 포함하여, 인간은 스스로의 방식으로 살아갈 권리가 있다는 것이다.

그러므로 사회는 다양한 삶의 양식이 실험될 수 있도록 관용적이어야 하며, 이러한 다양성 속에서 사회는 더욱 창조적인 방향으로 발전할 수 있다. 가장 좋은 삶의 방식이 무엇인지를 결정할 권리는 오직 그 개인 자신에게 있다. 이 말은 민주주의의 가장 본질적인 신념을 대변하는 말이며, 인간을 주체로 바라보는 인문정신의 뿌리이기도 하다.

지금까지 밀의 자유론은 수많은 세대에 영감을 주어왔다. 그러나 그 사상의 현재성은 단순히 고전이라는 이유에서 비롯된 것이 아니다. 우리가 여전히 타인의 시선에 갇혀 살아가고, 다수의 의견에 침묵하며, 자신의 삶을 결정할 용기를 내지 못하는 한, 『자유론』은 매 순간 다시 읽혀야 할 책이다. 자유란 결국 우리가 우리 자신이 되는 용기이기 때문이다.

자유는 끊임없는 자기성찰이다

진정한 자유는 외부의 통제에서 벗어나는 것만으로 완성되지 않는다. 밀은 사회적 억압과 법적 간섭으로부터 벗어나는 자유를 말하지만, 궁극적으로는 인간이 스스로에 대해 얼마나 깊이 사고하고 선택할 수 있는가를 더 중요하게 여긴다. 자기 인식 없이 허용된 자유는 오히려 인간을 방황하게 만들 수 있다. 자신의 삶을 가장 잘 결정할 수 있는 사람은 본인이다. 하지만 이는 전제 조건이 있다. 자기 성찰 없는 선택은 자유의 탈을 쓴 방황에 불과하기 때문이다.

밀은 단순한 방임을 자유로 혼동하지 않는다. 자유란 책임의식과 성찰을 동반한 선택이어야 한다. 그는 인간이 자율적으로 삶을 구성하고 결정할 수 있도록 돕는 것이야말로 진정한 사회의 역할이라 말한다. 따라서 교육은 단순한 지식 전달이 아니라, 개인이 독립적인 정신을 키우고 다양한 관점을 수용할 수 있도록 도와주는 수단이 되어야 한다. 자율적인 정신이란 다름 아닌, 의심할 줄 알고, 반대할 줄 아는 훈련을 거친 정신이다.

현대 사회에서의 자유는 오히려 넘치는 선택지 속에서 길을 잃기 쉽다. 무수한 정보와 의견이 동시에 쏟아지는 시대에 개인은 자기 결정권을 가진 존재로 보이지만, 실상은 다수의 기호에 끌려가는 경우가 많다. 밀은 이 지점을 정확히 예견했다. 사회적 압력은 법보다 더 교묘하고 무서운 억압이 될 수 있다. 모든 이가 똑같은 방식으로 생각하고 말하며 살아가는 사회에서, 진정한 자유란 단지 선택의 권한이 아니라, 자기 내면의 목소리에 귀 기울이는 훈련이다.

진리의 완성과 인간 존엄의 경계

밀은 인간 사회가 진리를 완성해 나가는 방식에 대해서도 독특한 관점을 제시한다. 그는 진리를 단일하고 불변하는 것이 아니라, 다양한 의견들이 상호 충돌하고 교차하는 과정에서 더 단단해지는 것으로 보았다. 그러므로 반대 의견은 단순한 노이즈가 아니라, 진리를 향한 과정의 필수적 요소다. 우리가 흔히 '틀렸다'고 여기는 의견조차도, 진리를 더욱 빛나게 하는 거울이 될 수 있다.

이러한 철학은 밀의 인간관과 연결된다. 그는 인간을 사고하는 존재, 성장하는 존재로 보았다. 타인의 목소리를 듣고, 다름을 수용하며, 반론에 귀 기울이는 태도는 인간이 존엄하다는 전제 위에서만 가능하다. 즉, 자유는 인간의 존엄을 전제로 하며, 존엄은 다시 타인의 자유를 인정하는 데서 비롯된다. 밀은 이 순환적인 관계를 통찰력 있게 짚어낸다. 내가 나 자신을 위해 주장하는 자유는 결국 타인을 위한 자유의 공간을 넓히는 일이기도 하다.

여기에서 우리는 중요한 실천적 질문과 마주한다. 과연 나는 타인의 다름을 얼마만큼 포용할 수 있는가. 나와 다른 정치적 견해, 신념, 감수성에 대해 침묵하거나 제거하려 하지는 않는가. 밀의 자유론은 이 질문을 우리 삶 한가운데 던진다. 그것은 단지 이념의 문제가 아니라, 실존의 문제이다. 타인을 존중하지 않으면, 결국 나의 존엄도 지킬 수 없다는 사실을 우리는 얼마나 깊이 이해하고 있는가.

밀은 이성과 감정, 자유와 책임, 다수와 소수, 개인과 사회 사이에서 끊임없이 경계를 탐색하고 균형을 모색한다. 『자유론』은 그가 남긴 철학적 유산이자, 우리가 여전히 반복해서 읽어야 할 인간 정신의 선언이다. 단지 자유를 허락받는 것이 아니라, 자유를 살아내는 방법에 대한 지적 연대의 기록이다. 우리는 이 책을 통해 단지 권리를 배우는 것이 아니라, 더 좋은 인간이 되는 길을 묻게 된다. 밀의 글은 오래된 텍스트가 아니라, 여전히 살아 있는 질문이다.

저자 소개 _____

존 스튜어트 밀은 영국의 철학자이자 정치경제학자, 사상가이다. 벤담과 아버지 제임스 밀의 공리주의 전통을 잇되, 인간의 정신적 자유와 다양성, 그리고 진리 탐구의 과정을 강조하는 독창적 철학으로 발전시켰다. 1859년에 발표한 『자유론』은 표현의 자유, 개인의 권리, 다수의 폭정에 대한 경고 등 근대 자유주의의 정수를 담은 고전으로 평가받는다. 그는 여성 참정권, 교육 평등, 종교의 자유 등 당대의 급진적 사상을 지지하며 사회 개혁에 적극 나선 인물이며, 인간 정신의 존엄과 자유의 철학적 기반을 정립한 사상가로서 오늘날에도 널리 읽히고 있다.

김수현
나는 나로 살기로 했다
나를 지키는 마음의 독립 선언

키워드: 자기존중, 감정회복, 자아정체성, 내면여행, 일상치유

혼자라는 말은 가끔 온기를 품는다. 세상이 나를 알아주지 않아도 괜찮다고 말하는 용기를 담고 있다. 김수현의 『나는 나로 살기로 했다』는 바로 이 혼자라는 말에서 출발한다. 누구의 기준도 아닌, 내 마음이 편안한 선택, 내 안에서 싹트는 질문에 충실하게 살아가려는 사람을 위한 책이다. 그러나 이 책은 흔히 말하는 '자기 위로'의 언어에 머물지 않는다. 그것은 오히려 혼란스럽고 애매한 인간의 감정을 이해하는 데서 시작한다. 우리의 삶은 선명한 빛의 연속이 아니다. 회색의 시간들, 설명되지 않는 감정, 조용히 사라지는 관계들 속에서도 자신을 놓지 않으려는 마음이 있다. 김수현은 그 마음에 천천히 말을 건넨다.

이 책은 '나를 지키는' 것과 '나를 사랑하는' 것이 다르다는 사실을 우리에게 일깨운다. 자신을 사랑하기 이전에 자신을 지켜내야 하는

시간들이 있다. 흔히 삶을 온전히 살아낸다는 말은 무언가를 이룬 상태를 떠올리지만, 이 책은 오히려 아무것도 이룬 것 없이 그저 하루하루를 살아내는 사람들에게 손을 내민다. 고독을 채택하고, 관계에 집착하지 않으며, 내면의 울림에 귀 기울이는 사람을 위한 작은 등불 같은 책이다.

우리는 어느 순간부터 '성공한 삶'이라는 이름 아래에서 자신의 감정을 조정하고 감춘다. 그러나 감정은 억압된 채 사라지지 않는다. 언젠가는 다른 방식으로 고통의 형태로 튀어나온다. 김수현은 삶을 회복하는 길은 성공의 외피가 아니라 감정의 회복에서 시작한다고 말한다. 그 감정을 세심히 들여다보고, 스스로에게 정직한 질문을 던질 때 우리는 비로소 자기 자신을 만날 수 있다.

사소한 감정을 껴안는 기술

사람들은 흔히 말한다. 그건 별일 아니라고, 다 그런 거라고. 그러나 그 말들이 어떤 감정을 지우는 힘으로 작동할 수 있다는 사실은 간과된다. 김수현은 그러한 사소한 감정들, 쉽게 흘려보내버릴 수 있는 감정들에 주목한다. 외로움, 서운함, 지루함, 부끄러움 같은 감정들은 우리 삶의 바닥에서 계속적으로 파동을 일으킨다. 그러나 그 감정들은 나약함이 아니라 정직함이다.

누군가의 말에 상처를 받고도 아무렇지 않은 척 웃는 일, 혼자 있고 싶으면서도 외로움이 두려워 누군가에게 억지로 다가가는 일, 이런 일들은 모두 자기 자신에게 솔직하지 못한 삶에서 비롯된다. 감정의 회복은 단지 기분이 좋아지는 일이 아니다. 그것은 삶의 진실을 회복하는 일이며, 자신을 이해하고 수용하는 능력이다. 김수현의 글에는 따뜻함과 냉정함이 동시에 있다. 그는 감정을 끌어안으라고 말하지만, 그 감정에 눌리지 않도록 선을 긋는 법도 알려준다.

감정을 단순히 분류하지 않고, 그것을 있는 그대로 바라보는 일. 그것이 어쩌면 우리가 어른이 되어가는 길이라는 사실을 그는 조용히 말하고 있다. 상처받지 않고 사는 법이 중요한 것이 아니라, 상처를 인정하고도 무너지지 않는 법이 중요한 것이다. 그 길에서 김수현의 문장은 부드럽게, 그러나 결코 흐물흐물하지 않게 독자를 붙잡는다.

무너지지 않으려는 사람에게 필요한 말

우리는 늘 무너지지 않기 위해 안간힘을 쓴다. 삶은 무너지지 않기 위한 고집스러운 버티기의 연속처럼 느껴질 때가 있다. 그러나 김수현은 때로는 부서져도 괜찮다고 말한다. 자기 삶의 폐허 위에 다시 서는 것은 부끄러운 일이 아니라 용기 있는 선택이라고. 무너지는 순간에도 여전히 나를 응시할 수 있다면, 그 삶은 실패한 것이 아니라고.

이 책에서 감동적인 부분은 김수현이 삶을 다 안다고 말하지 않는다는 점이다. 그는 자신도 여전히 서툴고, 때로는 두렵고, 때로는 흔들린다고 고백한다. 이 솔직함이 독자에게 도달하는 순간, 우리는 더 이상 혼자가 아님을 느낀다. 어떤 이의 삶은 여전히 살아가는 중이며, 그 과정을 기록하는 일이 누군가에게는 쉼이 될 수 있다는 것. 그 사실이 이 책의 가장 큰 위로다.

  진짜 강함은 불굴의 의지가 아니다. 오히려 흔들려도 돌아올 자리를 안다는 것, 울어도 자기 자리를 다시 찾아가는 능력이다. 김수현은 그렇게 말 없는 위로를 건넨다. 당신은 지금 이 자리에서도 충분히 잘 살고 있다고. 누군가의 기준으로가 아니라, 스스로에게 진실한 방식으로 살아가고 있다고. 그것이면 된다고.

상처의 언어를 바꾸는 법

  어떤 상처는 견딜 수 없을 정도로 오래 남는다. 말로 설명되지 않는 감정의 잔해가 마음속 깊은 곳에 남아 무언의 울음을 만든다. 우리는 그 침묵을 응시하는 사람이 되어야 한다. 우리가 해야 할 것은 상처를 지우는 것이 아니라, 상처를 말하는 언어를 바꾸는 일이다. 상처를 감추는 대신, 그 상처에 다른 이름을 붙여주는 것. 그것은 고통의 재명명이며, 자기 서사의 재구성이다. 우리는 살아가며 모두 어떤 식으로든 부서지고, 그 부서진 조각들을 쓸어모아 다시 길을 만든다. 이때 필요한 것은 남보다 빠르게 나아가는 것이 아니라, 자신의 속도로 가는 일이다.

  그가 반복해서 강조하는 것은 속도의 문제가 아니다. 관계에서도, 감정에서도, 나를 이해하는 데도, 속도보다는 방향이 중요하고, 방향보다는 중심이 중요하다. 나의 중심이 어떤 것인가. 나는 지금 누구의 목소리를 따라 살아가고 있는가. 이 질문 앞에서 독자는 침묵하게 된다. 김수현은 정답을 주지 않는다. 그 대신, 질문을 계속 던진다. 그 질문을 통해 독자는 자기만의 삶의 좌표를 조금씩 그려나간다. 그리고 그 좌표는 다른 사람의 눈에 보이지 않아도 된다.

"나로 살아간다는 건, 내 속도가 느리더라도 내 길을 걷는다는 것"이다. 그것은 자기 고립이 아니라 자기 이해다. 이는 단순한 위로가 아니라, 삶의 원리를 다시 생각하게 하는 철학적 명제이다.

이처럼 글을 읽으며 우리는 상처를 받아들이는 새로운 언어를 배운다. 그 언어는 말 대신 눈빛일 수 있고, 침묵 속의 온기일 수도 있다. 김수현은 상처 입은 사람에게 그 상처를 증명하려 하지 말라고 말한다. 사람의 아픔은 타인에게 설득당할 수 있는 것이 아니라, 자신의 내면에서 끝내 어루만질 수밖에 없는 고유한 감정이기 때문이다. 이 말은 어쩌면 세상을 살아가면서 받을 수 있는 가장 단단한 위로다. '이해받지 못해도 괜찮다'는 수용의 언어는 인간 존재를 해방시킨다. 존재의 불완전함은 부끄러움이 아니라, 인간됨의 표식이라는 깨달음이 여기에 담겨 있다.

좋은 사람이 아닌 '정직한 사람'이 되기까지

우리는 흔히 좋은 사람이 되기를 꿈꾼다. 그러나 그 '좋음'의 기준이 타인의 시선에서 비롯되었을 때, 우리는 스스로를 잃는다. 좋은 사람이 되기보다, 정직한 사람이 되기를 선택해야 한다. 그것은 더 어려운 길이지만, 더 깊이 있는 길이다. 정직함은 나의 감정을 숨기지 않고 말하는 것이며, 나의 취약함을 부끄러워하지 않는 것이다.

　인간관계에 있어서도 과도한 배려나 위장이 오히려 자신을 지치게 한다. 누군가의 기대에 맞추어 살아가는 삶은 결국 진짜 나를 지워버리게 만든다. 이 책은 그렇게 지워진 자신을 되찾는 여정이다. 불편한 감정을 외면하지 않고, 불완전한 자기 자신을 그대로 껴안는 것, 그것이 자존감의 시작이다.

　정직함은 타인을 향한 무례함과는 다르다. 오히려 나를 솔직하게 드러낼 때, 관계는 더 단단해진다. 가식으로 꾸며진 친절은 오래 가지 못한다. 우리가 바라는 것은 완벽한 사람이 아니라, 진심을 나눌 수 있는 사람이다. 저자는 당신은 그렇게 정직한 사람으로 살아도 괜찮다고 이렇게 말없이 말한다. 오히려 그것이 사람답게 사는 길이라고.

　그의 글은 삶에서 마주하는 모순을 회피하지 않는다. 착하게 살아야 한다는 명제와 자신을 지켜야 한다는 요구 사이에서, 그는 단순한 선택이 아니라 끊임없는 조율과 사유를 제안한다. 그것은 '회피'가 아닌 '머무름'이며, '도피'가 아닌 '깊어짐'이다. 정직한 삶은 외롭고 때로는 불편하지만, 그 불편함이야말로 삶을 진실되게 만든다.

　김수현의 문장은 조용하지만 깊다. 그의 글은 독자의 가슴 속에 오래 남는다. 때로는 한 문장이 하루를 건디게 하고, 또 어떤 날은 한 단락이 생의 방향을 틀어놓는다. 그런 글을 쓰는 사람은 많지 않다. 그는 세상을 바꾸려 하지 않는다. 다만, 한 사람의 마음을 어루만지고

자 한다. 그리고 그 일은 결코 작지 않다. 왜냐하면 자기 자신으로 살아간다는 것은 이 세상에서 가장 용기 있는 일이기 때문이다.

저자 소개 ─────────────────────────
김수현은 작가이자 일러스트레이터로, 『나는 나로 살기로 했다』를 통해 수많은 독자에게 위로와 공감의 언어를 전한 베스트셀러 작가이다. 누구보다 섬세한 감정선과 사려 깊은 문장으로, 자기 자신을 지키며 살아가는 법에 대해 이야기한다. 그림과 글, 사유와 감성이 어우러진 작품 세계를 통해 타인의 마음에 닿고자 한다. 그의 글은 치유의 언어이자, 고요한 자기 발견의 여정으로 안내하는 지도이다. 상처에 무너지는 사람보다, 상처를 껴안고 살아가는 사람을 위해, 그는 여전히 묵묵히 글을 쓰고 있다.

고전 속에서 길어 올리는 인간의 본질

4부

제인 오스틴

오만과 편견

자존과 사랑 사이, 고결한 오해의 문장들

키워드: 자존심, 계급의식, 연애 심리, 인간 본성, 여성의 지성

    사랑은 자존심과 오해 사이에서 흔들리는 섬세한 감정이다. 『오만과 편견』은 바로 그 흔들림의 파동을 감지하는 문학적 지진계이자, 인간 관계의 오묘한 간극을 정교하게 포착하는 심리 소설이다. 제인 오스틴은 빅토리아 시대의 계급사회라는 틀 안에서, 엘리자베스와 다아시라는 인물을 통해 자존감, 오해, 변화, 이해, 사랑이라는 키워드를 엮어낸다. 이 소설은 단지 사랑이야기만이 아니라, 개인의 자아 형성과 성찰의 여정, 그리고 오해를 껴안고 자라나는 진실된 감정의 성숙 과정을 보여준다. 인간이 타인을 어떻게 평가하고, 또 얼마나 쉽게 오해하는지를 찬찬히 따라가며, 우리는 자신을 돌아보게 된다. 문장이 단정하고 품위 있으면서도 기지가 넘치는 이유는, 제인 오스틴이 삶의 아이러니를 품은 채 사람을 사랑하는 방식으로 글을 쓰기 때문이다.

욕망과 체면 사이의 전투

『오만과 편견』이 심리학적으로 흥미로운 이유는 인간의 내면에서 벌어지는 욕망과 체면의 충돌을 이야기로 풀어낸다는 점이다. 엘리자베스는 지적인 자존감이 강한 인물이다. 그녀는 아첨이나 외면적인 가식에 타협하지 않으며, 인간의 내면을 꿰뚫어 보려는 날카로운 통찰을 지녔다. 반면 다아시는 냉정하고 오만해 보이지만, 그 내면에는 자신의 감정을 억제하고 타인의 판단을 두려워하는 감성적 진실이 숨어 있다. 두 인물의 관계는 서로를 오해하면서도 점차 이해하게 되는 방향으로 전개되는데, 이는 실제 인간 관계가 오해에서 진실로 나아가는 과정과 유사하다.

이 소설에서 체면은 욕망을 억누르기도 하고, 반대로 더 강하게 자극하기도 한다. 다아시는 계급적 거리감으로 엘리자베스를 멀리하지만, 그 감정은 부인할 수 없는 열망으로 다시 되돌아온다. 엘리자베스 또한 다아시의 청혼을 자존심에 대한 모욕으로 받아들이다가, 점차 그의 진정성과 인간됨에 이끌린다. 그 사이에 있는 것은 체면과 감정 사이의 균열이고, 그 균열은 독자로 하여금 자신의 삶에서도 사랑과 자존, 진심과 허영의 경계를 돌아보게 만든다.

언어, 감정을 운반하는 가장 정교한 수단

제인 오스틴의 문체는 감정의 물결을 언어라는 다리 위로 정중하게 건너게 한다. 그녀는 절제된 표현 속에서도 풍성한 정서적 깊이를 담는다. 엘리자베스의 대사는 직설적이면서도 상냥하고, 다아시의 말은 무뚝뚝하지만 때로는 극도로 조심스럽다. 그 말들 사이에 감정이 숨어 있고, 우리는 그것을 읽어내며 인물의 변화 과정을 따라간다.

특히 오스틴은 언어를 통해 계급과 교육, 지성과 교양의 차이를 드러낸다. 같은 사랑을 이야기해도 어떤 인물은 그것을 시처럼 이야기하고, 어떤 인물은 조건으로 말하며, 어떤 인물은 조롱이나 편견의 말로 감춘다. 말은 감정의 탈을 쓰고, 말투는 그 사람의 세계관을 보여주는 창이 된다.『오만과 편견』은 그래서 단지 이야기만이 아니라, 대화의 방식과 말의 미학을 관찰하게 하는 소설이다.

지성의 미학, 감정의 성숙

제인 오스틴은 여성 인물이 스스로 판단하고 말하고 거절하고 후회할 수 있는 독립적 존재임을 당연하게 여긴다. 엘리자베스는 단순한 연애 서사의 주인공이 아니라, 자아를 성숙시켜 가는 인물이다. 그녀는 사랑의 감정에 매몰되지 않으며, 판단과 경험을 통해 점차 자기 자신을 이해하고, 타인을 포용할 수 있는 성숙한 인간으로 성장한다. 다아시 또한 변한다. 그는 고집스럽던 자기 확신을 꺾고, 진정으로 누군가를 존중하는 방법을 배운다. 두 사람은 결국 사랑을 통해 성장하고, 그 사랑은 허영이나 외모나 조건이 아니라, 진심과 이해에서 비롯된다는 것을 보여준다.

　이런 성장은 인간 관계에서 매우 중요한 교훈을 제공한다. 진심은 시간이 걸리더라도 전달되며, 자존감은 자만심이 아니라 타인의 진심을 들을 수 있는 열린 귀에서 자라난다. 『오만과 편견』은 독자에게 사랑이란 감정이 단순한 끌림이나 환상이 아니라, 타인과의 관계 속에서 자신을 돌아보고 자라나는 내적 여행이라는 것을 보여주는 정교한 성찰의 지도다.

오해의 미로에서 피어나는 진실한 이해

　『오만과 편견』의 가장 인상적인 미덕은 인간의 오해와 이해 사이에서 벌어지는 감정의 미묘한 진동을 섬세하게 그려낸다는 점이다. 사랑은 직선이 아니라 굽이치는 곡선이다. 우리는 사랑 앞에서 종종 감정을 숨기고, 진심을 왜곡하며, 자존심을 내세운다. 그리고 그 자존심은 때때로 가장 가까이 있는 사람과의 거리를 끝없이 멀게 만든다. 엘리자베스와 다아시는 서로의 외면에 감정을 가리고, 서로를 있는 그대로 보기보다는 판단과 해석으로 덧칠한다. 하지만 이야기는 오해의 반복이 아니라 이해의 가능성을 향해 나아간다. 다아시의 첫 청혼을 거절하고 나서야 엘리자베스는 그가 가진 선함을 알아보고, 다아시는 자신의 우월감이 상대에게 어떤 상처를 주었는지를 자각한다.

　이 변화는 감정의 깊이에서 시작되었다기보다, 상대를 새롭게 보는 시선에서 비롯된다. 즉 사랑은 감정보다 먼저 이해로 나아가야 하는 것이다. 오스틴은 이것을 교훈처럼 강조하지 않는다. 오히려 엘리자베스의 갈등과 혼란을 따라가며 독자가 자연스럽게 자문하게 만든다. "나는 얼마나 많은 오해 속에서 타인을 판단하고 있는가?" 이 질문이야말로 『오만과 편견』이 오늘날까지도 독자의 마음을 흔드는 이유다.

진실한 관계를 향한 심리적 성장

『오만과 편견』은 겉으로는 연애담이지만 본질적으로는 '인간 관계의 성숙'에 관한 이야기다. 사랑은 관계의 완성형이 아니라, 서로를 더 나은 사람으로 바꾸는 성장의 길목이다. 엘리자베스는 자존심이 강하지만, 그것이 때때로 편견으로 작용하고 있음을 알게 된다. 다아시 또한 오만한 태도 뒤에 가려진 진심이 상대에게 어떻게 왜곡되는지를 깨닫는다. 이 깨달음은 단순한 감정의 변화가 아니라, 자아의 확장이다.

특히 다아시의 두 번째 청혼 장면은 이런 성장의 정점을 보여준다. 그는 상대의 자율성과 감정을 존중하며, 처음보다 훨씬 조심스럽고 겸손하게 자신의 마음을 표현한다. 이는 단지 관계를 위한 전략이 아니라, 자신이 어떤 인간으로 변화했는가를 보여주는 심리적 증거이다. 엘리자베스도 다아시의 진심을 수용하는 과정에서 자신의 판단을 되돌아보고, 오해 속에서도 진실을 발견하려는 내면의 성숙을 드러낸다.

이러한 서사는 단순한 로맨스를 넘어선다. 그것은 독자에게 묻는다. "당신은 진심을 말할 준비가 되어 있는가?", "당신은 상대의 침묵에서 무엇을 읽는가?" 『오만과 편견』은 그 질문에 명확한 답을 주기보다, 묵직한 울림을 남긴다.

감정의 교환과 계급의 균열

당대 영국 사회의 계급 질서 속에서, 엘리자베스와 다아시의 관계는 일종의 위반이다. 다아시는 상류층으로서 중산층 여성에게 마음을 열고, 엘리자베스는 그런 권위에 휘둘리지 않고 스스로의 판단으로 사랑을 선택한다. 이 균열은 단지 연애의 방식만이 아니라, 사회 구조 전체를 향한 미묘한 저항의 기미를 드러낸다. 물론 오스틴은 이 소설을 혁명적으로 쓰지 않았다. 하지만 그녀는 분명히 인간의 감정과 지성이 계급의 위계를 넘어설 수 있음을 조용하게 설득한다.

감정의 교환은 어떤 조건도 무너뜨릴 수 있는 힘이 있다. 다아시는 엘리자베스의 솔직함과 자존감에 감동하고, 엘리자베스는 다아시의 진심과 배려에 마음을 연다. 이 감정은 금전이나 가문보다 더 깊은 결합을 만든다. 그래서 오스틴의 소설은 '감정의 민주주의'를 실현한 문학이라 할 수 있다. 『오만과 편견』은 결국, 사람이 사람을 만나는 이야기다. 격식과 체면이 무너질 때 진심은 비로소 닿는다. 그 교환은 더딜지라도 진실하다.

여성의 시선, 타인을 이해하는 방식

엘리자베스는 단지 '현명한 여성'이 아니라, 당대 문학에서 보기 드물게 자율적으로 세계를 판단하고 반응하는 주체적 인물이다. 그녀의 시선은 남성 중심의 세계를 해석하고 저항하며, 동시에 감정에 휘둘리지 않고 판단하려는 지성의 힘을 보여준다. 오스틴은 그녀를 통해 여성의 감정이 얼마나 복합적이며 사유적인지를 드러낸다.

특히 엘리자베스는 타인을 쉽게 단정하지 않으려는 태도를 배운다. 그녀는 자신이 다아시에 대해 품었던 오해를 고백하고, 다시 보려는 용기를 낸다. 이는 단지 다아시라는 한 인물을 넘어서, 사람을 진실하게 이해하기 위해서는 선입견을 벗고, 열린 마음으로 세계를 대해야 함을 일깨운다. 그것이 사랑이든 우정이든, 이해는 곧 용기이며, 그 용기는 여성적 섬세함의 품격과 만날 때 비로소 완전해진다.

저자 소개

제인 오스틴은 영국의 대표적인 소설가로, 인간 내면의 섬세한 감정과 사회적 위선을 날카롭게 포착한 작품들을 남겼다. 절제된 문장과 기지 넘치는 대화, 현실을 꿰뚫는 시선으로 근대 영문학의 고전적 감수성을 이끈 작가이며, 『이성과 감성』, 『엠마』, 『설득』 등으로도 널리 사랑받고 있다. 『오만과 편견』은 그녀의 대표작으로, 여성의 지성과 인간 관계에 대한 통찰이 돋보이는 심리적 걸작이다.

빅토르 위고

레 미제라블
구원은 어떻게 인간을 완성하는가

키워드: 구속과 해방, 양심의 각성, 사회적 정의, 인간 존엄, 사랑의 혁명

세상은 종종 단죄하는 일에 능숙하다. 누군가의 죄를 기억하는 일은 쉽고, 그 죄의 이름으로 한 사람의 인생을 요약해버리는 데 망설임이 없다. 그러나 빅토르 위고의 『레 미제라블』은 그 죄의 기억을 넘어선 어떤 눈길을 우리에게 가르쳐준다. 그것은 죄를 지은 인간이 다시 태어날 수 있는가, 혹은 구원이 실제로 가능한가에 대한 심오한 질문이자, 인간 존재의 가능성에 대한 문학적 증언이다. 장발장의 이야기는 단순히 감옥에서 벗어난 한 죄수의 탈출기가 아니라, 인간의 내면에 잠재된 회복력과 존엄성, 그리고 사랑이 이루어낸 기적에 관한 서사다. 이 작품은 인간이 얼마나 깊이 추락할 수 있는지를 보여주는 동시에, 얼마나 높이 다시 솟아오를 수 있는지도 증명해 보인다.

레 미제라블은 인간의 고통을 외면하지 않는다. 오히려 그것을 바라보게 한다. 작가는 궁핍, 차별, 범죄, 형벌, 전쟁, 사랑, 죽음 등 인

간 존재를 둘러싼 가장 절박한 상황들을 정면에서 마주하게 만든다. 그러나 그것은 고통을 위한 고통이 아니다. 위고는 인간이 고통 속에서도 얼마나 고귀한 선택을 할 수 있는지를 증명하고자 한다. 그리고 그 모든 중심에 선 인물이 장발장이다. 그는 빵 한 조각을 훔쳐 19년 동안 감옥에 갇힌 죄인이며, 동시에 용서받음으로 인해 완전히 다른 삶을 살아가는 '거룩한 인간'이기도 하다.

  이 작품에서 빛나는 것은 구원의 순간이다. 미리엘 주교는 장발장의 인생을 바꾸는 존재로 등장한다. 장발장이 훔친 은촛대를 선물로 내어주며 그를 단죄하기보다 용서와 희망의 문으로 이끈다. 이 장면은 문학사에서 가장 감동적인 구원의 순간 중 하나로 꼽힌다. "형제여, 당신은 이제 악이 아닌 선의 사람이오." 주교의 말은 단지 용서의 말이 아니라, 장발장 내면의 양심을 일깨우는 선언이다. 그는 그 순간부터 과거의 죄인이 아닌, 타인을 위한 삶을 살아가는 존재로 변화한다.

구속의 사슬을 끊는 의지

『레 미제라블』은 법과 정의가 반드시 윤리를 담보하지 않는다는 점을 뚜렷하게 보여준다. 자베르 경감은 법의 질서를 삶의 최우선 가치로 여긴다. 그에게 있어 질서는 곧 정의이며, 죄인은 어떠한 경우에도 단죄받아야 한다. 그러나 장발장의 삶은 이 믿음을 철저히 흔들어 놓는다. 그는 죄인이었지만 이제 고아를 돌보고 가난한 이웃을 위해 자신을 바치는 사람이다. 자베르는 혼란에 빠진다. 법을 집행하는 자로서 그는 장발장을 붙잡아야 하지만, 양심은 그것을 부정한다. 결국 그는 이 딜레마를 해결하지 못한 채 생을 마감한다.

  자베르의 파멸은 장발장의 승리를 뜻하지 않는다. 오히려 그 대비를 통해 인간이 고정된 관념을 뛰어넘는 일이 얼마나 고통스럽고 위대한 일인지를 보여준다. 위고는 단순히 장발장을 미화하지 않는다. 그는 끊임없이 스스로의 죄를 되새기며, 고통을 피하지 않고 직면함으로써 자신을 변화시킨다. 이 작품이 감동을 주는 이유는 그 변화가 억지스러운 각본이 아니라, 인간 안에 실재하는 힘이라는 점에서다.

  장발장의 변화는 법적인 사면이나 제도적 구제가 아니라, 내면의 선택과 도덕적 결단에서 비롯된다. 그는 사회가 주지 않은 두 번째 기회를, 미리엘 주교의 용서로부터 스스로 만든다. 이는 인간이 어떤 상황에서도 다시 시작할 수 있다는 믿음을 준다. 그러므로 레 미제라블은 인간의 가능성에 대한 가장 강력한 문학적 선언이다.

사랑이 이끄는 새로운 세계

  장발장은 코제트와의 만남을 통해 비로소 아버지가 된다. 그는 그녀를 돌보며 단순히 양육자가 아닌, 전 존재로서의 보호자가 된다. 코제트는 장발장의 구원 이후의 삶이 어떻게 확장되는지를 보여주는 인물이다. 그에게 있어 코제트는 희망이며, 사랑의 증거다. 이 사랑은 혈연을 넘어선 무조건적인 헌신이다. 위고는 인간의 구원이 관계 속에서 완성된다는 점을 강조한다. 고립된 회개가 아니라, 타인과의 사랑을 통해 비로소 인간은 구속에서 벗어날 수 있다.

장발장은 자신을 버리고 타인을 살리는 쪽을 선택한다. 그는 마리우스와 코제트를 위해 자신을 숨기고, 기억 속에서조차 사라진다. 그의 마지막은 누구에게도 찬사받지 않는 죽음이다. 그러나 그것은 가장 존귀한 죽음이다. 『레 미제라블』은 우리에게 묻는다. 진정한 사랑이란 무엇인가. 그것은 내가 옳음을 주장하는 것이 아니라, 상대의 생명을 먼저 생각하는 일이다. 사랑은 윤리의 완성이며, 구원의 실체다.

작품은 이처럼 종교적 은유와 윤리적 사유, 그리고 사회적 현실을 아우른다. 빅토르 위고는 고통 속에서도 위엄을 지키는 인간을 그린다. 그에게 있어 인간은 언제나 다시 시작할 수 있는 존재이며, 사랑은 그 문을 여는 열쇠다. 『레 미제라블』은 시대를 초월해 인간 존재의 본질을 묻는 작품이며, 절망의 시대를 건너는 이들에게 등불과도 같은 책이다.

진실은 언제나 침묵 속에서 피어난다

장발장의 생애를 따라가다 보면, 눈부신 정의의 승리나 환호의 결말은 좀처럼 찾아보기 어렵다. 그의 삶은 고요하고 은밀하게 전개되며, 대부분의 위대한 결단은 남몰래 이뤄진다. 그는 자신의 고통을 세상에 호소하지 않는다. 오히려 그는 남의 고통을 먼저 바라보고, 자신의 상처는 침묵 속에 덮는다. 이는 이 작품이 보여주는 진정한 위대함의 표상이다. 위고는 고통을 소리 높여 외치는 것이 아니라, 고요한 수용과 연민을 통해 인간이 얼마나 숭고해질 수 있는지를 보여준다. 그리고 이 진실은 결코 격렬한 감정이 아니라, 조용한 헌신

속에서 드러난다.

이 작품에는 수많은 인물이 등장하지만, 그 중심에서 조용히 세상을 움직이는 존재는 장발장이다. 그는 고아였던 코제트를 입양하여 새로운 삶을 만들어주고, 코제트의 연인이 되는 마리우스를 죽음에서 구해낸다. 그러나 그는 자신이 이뤄낸 모든 선행을 스스로 감춘다. 그는 기억 속에서조차 사라지기를 택한다. 이 결단은 그가 세상의 인정을 바라지 않는다는 사실을 말해준다. 그는 선을 행하면서도 그 대가를 요구하지 않는다. 이것이야말로 진정한 덕성의 완성이다. 위고는 이러한 장발장의 삶을 통해 진실은 말이 아니라 삶으로 증명되어야 한다는 메시지를 전한다.

장발장이 선택한 침묵은 무기력함이나 체념이 아니다. 그것은 자신을 내세우지 않음으로써 타인의 생을 돋보이게 하려는 의식적인 선택이다. 그는 존재하되 드러나지 않고, 사랑하되 소유하지 않으며, 도우되 주장하지 않는다. 이 침묵은 결국 자베르가 받아들이지 못한 역설적인 진실이다. 법의 이름으로 선을 행해온 자베르는 장발장의 덕성과 침묵이 법보다 더 위대한 질서임을 인정하지 못한 채 붕괴하고 만다. 이 장면은 침묵이 얼마나 강력한 윤리적 힘이 될 수 있는지를 역설적으로 증명해준다.

혁명과 사랑, 인간의 내면을 가르는 경계

『레 미제라블』의 무대는 격동의 프랑스 사회이다. 파리의 음침한

하수도와 바리케이드의 총성이 교차하는 이 세계는, 단순한 사회적 배경을 넘어 인간의 내면에 존재하는 선과 악, 사랑과 증오, 정의와 복수의 긴장 상태를 상징한다. 특히 청년 혁명가 마리우스와 그의 동지들이 등장하면서, 위고는 사회적 정의와 이상에 대한 논의를 극적으로 끌어올린다. 이 젊은이들은 기존의 체제에 저항하며 자유와 평등을 외친다. 그러나 이들의 이상은 현실의 벽 앞에서 좌절하고, 혁명의 열망은 피로 끝난다.

하지만 위고는 이 좌절을 실패로 그리지 않는다. 그는 이상이 현실에 부딪혀 깨지더라도, 그 잔해 속에서 다시 인간의 얼굴을 발견할 수 있다고 말한다. 마리우스는 전우들의 죽음을 겪으며 성장하고, 결국 사랑과 책임의 길을 택한다. 그는 혁명의 이념에서 인간에 대한 사랑으로 이행하며, 이것이야말로 진정한 성숙임을 보여준다. 이 변화는 장발장이 이미 보여준 삶의 태도와도 맞닿아 있다. 정의란 사람을 위해 존재해야 하며, 법과 제도는 인간의 생명을 지키기 위해 존재해야 한다는 점에서다.

장발장이 마리우스를 구하는 장면은 이 작품 전체의 윤리적 정점을 이룬다. 그는 과거의 적이었던 마리우스를 위해 자신의 생명을 던지며, 심지어 자신이 코제트와 함께할 권리마저 내려놓는다. 여기서 사랑은 선택이 아닌 헌신이며, 윤리는 논리가 아닌 존재의 태도다. 위고는 사랑이야말로 인간의 모든 이념을 넘어서는 유일한 구속력임을 강조한다. 혁명의 열망조차도 사랑 앞에서는 방향을 수정해야 한다. 사랑은 변화의 시작이자 구원의 마지막이다.

이 작품의 위대함은 단지 구조나 등장인물의 성격 묘사에 있는 것이 아니다. 그것은 인간이라는 존재가 어디까지 고결해질 수 있는가를 끝까지 밀어붙이는 데 있다. 우리는 장발장을 통해 인간이 얼마나 잔혹할 수 있는지를 보기도 하지만, 동시에 얼마나 숭고해질 수 있는지를 목격한다. 이 극단 사이를 오가는 이 작품의 감정의 진폭은 바로 인간성 그 자체의 무게를 반영한다. 위고는 그 감정을 독자의 가슴 깊은 곳까지 침투시키며, 독자로 하여금 '나는 어떤 인간이어야 하는가'를 묻게 만든다.

레 미제라블은 인간이 얼마나 부서지기 쉬운 존재인지 알려주면서도, 동시에 얼마나 단단한 내면을 가질 수 있는지를 증명한다. 고통 속에서 길어 올린 연민, 절망을 지나 피어난 책임, 그리고 자신의 생명을 나누며 완성되는 사랑. 이 모든 것이 바로 위고가 말하는 '인간'의 다른 이름이다. 그 이름은 더 이상 죄인이 아니라, 사랑하는 자이며, 용서받은 자이며, 세상을 다시 살게 하는 자다.

저자 소개

빅토르 위고는 프랑스를 대표하는 낭만주의 문호이자 정치인이었다. 시, 희곡, 소설 등 다양한 장르에서 활약했으며, 특히 사회 정의와 인간 존엄을 문학으로 구현한 작가로 평가받는다. 『레 미제라블』은 그의 문학적 정점이자, 인간에 대한 깊은 연민과 구원에 대한 신념이 응축된 대표작이다. 작가는 정치적 망명과 투옥을 겪으면서도 사회적 약자를 위한 목소리를 끊임없이 내며 19세기 프랑스 문학과 사회의 양심으로 살아갔다.

찰스 디킨스

데이비드 코퍼필드

눈물 위에서 피어나는 인생의 자화상

키워드: 성장, 기억, 상실, 자아, 운명

  어린 시절의 고통, 우연처럼 만난 인연, 그리고 그 속에서 피어난 작고 조용한 희망들은 한 사람의 내면을 서서히 빚어낸다.『데이비드 코퍼필드』는 단순한 소설이 아니다. 이 작품은 인간이란 존재가 어떻게 스스로를 발견하며, 실패와 절망을 넘어 인생의 의미를 찾아가는지를 끈기 있는 시선으로 보여주는, 깊은 인문학적 성찰의 기록이다. 디킨스는 소설 속 화자인 데이비드를 통해 한 개인의 내면을 천천히 파고들며, 인생의 가장 잔혹한 진실과 동시에 가장 다정한 가능성을 우리 앞에 펼쳐 보인다.

인간은 자신이 겪어온 모든 시간을 통해 만들어진다.

  데이비드는 불행한 어린 시절을 보냈다. 아버지가 일찍 세상을 떠난 후, 어머니는 새롭게 찾아온 폭력적인 의붓아버지 밑에서 점차 쇠약해져간다. 소년은 학대와 무관심 속에서 방치되고, 그 어린 존재는 생존을 위한 감각만을 키우며 자란다. 그러나 그는 절망의 시간을 고스란히 내면에 묻어둔 채, 조용히 자신의 삶을 받아들인다. 이때부터 이 소설은 우리가 흔히 지나치기 쉬운 '기억의 무게'를 조명한다. 기억은 단지 과거의 흔적이 아니라, 미래를 향해 가는 인간의 방향타이며, 깊은 상처 속에서도 인간성을 지키려는 노력의 시작점이다.

사람들은 흔히 삶이란 경험의 축적이라고 말한다. 그러나 디킨스는 그보다 더 섬세한 방식으로, '경험된 감정의 층위'를 이야기한다. 어떤 이들은 가장 고통스러운 순간을 껍질처럼 벗어버리고, 어떤 이들은 그 기억을 자신만의 방식으로 해석하며 살아간다. 데이비드는 후자의 인물이다. 그는 과거의 상처를 지우는 대신, 그것을 품고 살아가며 그 안에서 의미를 찾으려 한다. 그가 지나온 삶은 단순히 서술되는 것이 아니라, 읽는 이에게 '공명'으로 다가온다. 그것은 삶의 언저리에서 흔히 놓쳐버리는 감정들, 말하지 못한 내면의 소용돌이들에 대한 깊은 이해에서 비롯된다.

우리는 데이비드의 이야기를 따라가며, 인간이 삶의 상처를 대면하고 그것을 말로 꺼내는 일이 얼마나 중요한지를 알게 된다. 소설은 화려한 서사보다 '고백'의 구조를 따른다. 고백은 진실을 드러내는 방식인 동시에, 자아를 치유하는 시작이다. 고백 없는 삶은 타인의 말로 채워진 삶이며, 자신을 살아내지 못하는 시간이다. 디킨스는 데이비드를 통해 진정한 자서전은 외형적 성공이 아니라, 고백의 깊이에서 비롯된다고 말한다.

  인생은 계획대로 흘러가지 않는다. 데이비드는 여러 번 무너지고, 사랑에 실패하며, 신뢰했던 사람들에게 상처를 입는다. 그러나 그는 포기하지 않는다. 그의 삶을 이끄는 것은 의지라기보다는 '순결한 시선'이다. 세상이 아무리 거칠어도, 그는 타인 안에서 따뜻한 가능성을 본다. 이 지점에서 우리는 '도덕'이라는 단어의 본질을 되새기게 된다. 디킨스에게 도덕이란 윤리적 규칙이 아니라, 타인 안의 선함을 기꺼이 믿는 태도이며, 그것은 희망이라는 이름의 다른 얼굴이다.

삶이란, 결국 관계로 이루어진다.

  데이비드가 만난 수많은 인물들은 모두 그가 내면을 길어 올리는 데 거울이 된다. 이들의 성격은 선과 악으로 단순히 구분되지 않는다. 각 인물은 삶의 복잡성과 감정의 모순을 지닌 채, 데이비드의 세계를 구성해간다. 디킨스는 이 소설을 통해 인간이란 존재의 다층성과 그 속에서 피어나는 이해의 가능성을 보여준다. 결국 진실한 이해는 관찰에서 비롯되지 않는다. 그것은 공감, 그리고 시간의 축적 속에서만 가능해진다.

  이 작품이 오늘날 우리에게 여전히 깊은 울림을 주는 이유는, 단순히 시대의 풍속을 그려냈기 때문이 아니다. 『데이비드 코퍼필드』는 한 개인이 사회적 제약, 빈곤, 고독, 사랑의 부재 속에서 어떻게 자신의 삶을 찾아가며, 궁극적으로 '자기 자신이 되는가'에 관한 이야기이다. 그것은 문학이 줄 수 있는 가장 숭고한 질문이자, 우리 모두가 평생을 통해 던지는 질문이기도 하다.

디킨스는 결코 독자를 설득하려 하지 않는다. 그는 한 인간의 이야기를 조용히 들려줄 뿐이다. 그러나 그 정직하고 고요한 목소리는, 독자가 자신만의 상처와 대면하게 만든다. 이처럼 진정한 문학은 외치는 것이 아니라, 속삭이는 것이다. 데이비드의 여정은 그 속삭임을 통해 우리를 더 깊은 곳으로 이끈다. 삶이란 결국 자신이 무엇을 기억하고, 어떻게 해석하고, 어떤 관계를 품으며 살아가는가에 따라 결정된다. 『데이비드 코퍼필드』는 그 모든 것을 조용히 가르쳐주는 이야기다.

삶이란 무엇인가를 증명하는 것이 아니라, 살아냈다는 사실 그 자체로 말해지는 이야기이다. 『데이비드 코퍼필드』의 후반부는 바로 그 사실을 조용히 깨닫게 해준다. 데이비드는 더 이상 불행한 어린아이가 아니다. 수많은 상실과 만남을 겪고, 때로는 실패와 죄책감 속에서 휘청이며, 그는 마침내 자신만의 목소리를 얻는다. 그리고 그 목소리는 문학을 통해 세상에 새겨진다. 찰스 디킨스는 그 여정을 따라가며, 한 인간이 어떻게 자기 삶의 작가가 되어가는지를 보여준다.

데이비드는 단순히 자서전을 쓰는 것이 아니다. 그는 자신이 지나온 시간에 대해 '이해하려는 시도'를 하고 있다. 그것은 회고가 아니라 해석이며, 해석은 곧 성장이다. 그는 과거를 찬란하게 미화하지 않고, 상처를 회피하지도 않는다. 삶이 자신에게 준 고통스러운 파편들을 하나하나 마주하며, 그것을 조용히 글로 옮긴다. 이는 글을 통해 삶을 정리하는 것이 아니라, 삶 그 자체가 하나의 문장이 되어가는 과정이다. 디킨스는 이 소설을 통해 말한다. 가장 진실한 글은 쓰는 이의 삶을 닮는다고.

이쯤에서 우리는 데이비드가 발견한 '소명'이라는 개념에 주목하게 된다. 그는 더 이상 타인의 시선을 좇지 않는다. 그는 자신이 사랑하는 것을 택하고, 그 사랑의 중심에 문학이 있다. 문학은 데이비드에게 도피처가 아니라, 세계와 다시 연결되는 다리다. 그가 글을 쓰는 이유는 단지 자신을 드러내기 위해서가 아니라, 인간이라는 존재가 가진 고통과 연민, 회복의 가능성을 기록하기 위함이다. 문학이란 자신만을 위한 작업이 아니라, 타인을 이해하고 함께 숨 쉬기 위한 행위다. 데이비드는 그렇게 세상과 연결된다.

삶에서 만나는 사람들 또한 그에게 깊은 영향을 준다. 도라는 그에게 순수한 사랑의 상징이자, 삶의 덧없음을 일깨운다. 아그네스는 인내와 진실의 거울이 되어준다. 이 둘은 단지 여성 인물이 아니라, 데이비드 내면의 이중성, 이상과 현실 사이의 갈등을 형상화한 존재들이다. 도라가 떠난 후 그는 자신이 사랑한 것이 사랑 그 자체가 아니라 '사랑하고 싶은 감정'이었다는 사실을 깨닫는다. 이는 데이비드가 성숙해가는 중요한 전환점이다. 그는 이상을 꿈꾸던 소년에서, 현실을 품는 어른으로 성장해간다.

성숙이란 무엇일까

성숙이란 삶을 견뎌내는 법을 배우는 것이 아니라, 삶을 이해하고 품는 태도를 기르는 것이다. 데이비드는 인생이 가르쳐준 모순과 모멸, 실망을 부정하지 않는다. 오히려 그는 그것을 글로 남김으로써 의미를 부여한다. 의미 없는 고통은 절망이 되지만, 의미를 부여한 고통은 삶의 일부로 승화된다. 디킨스는 바로 그 지점을 놓치지 않는다. 데이비드가 계속해서 자기 이야기를 써나가는 이유는, 그 고통이 단지 개인의 것이 아니기 때문이다. 그것은 인간이라면 누구나 겪는, 존재의 깊은 층위에서 오는 공통된 상처다.

그는 실패했기 때문에 위대한 것이 아니라, 실패한 후에도 계속 살아냈기 때문에 위대한 것이다. 데이비드는 고통을 말하는 법을 알고, 용서를 구하는 법을 알고, 자기 자신을 다시 사랑하는 법을 배운다. 성숙은 실수를 완전히 극복한 상태가 아니라, 실수를 품고 살아가는 힘에서 비롯된다. 그러므로 데이비드의 여정은 우리 각자의 여정과 닮아 있다. 누구든 자기만의 실수와 고통을 안고 살아간다. 그러나 그 안에서도 자신의 목소리를 발견할 수 있다면, 우리는 모두 데이비드 코퍼필드다.

구원은 타인으로부터 오지 않는다

데이비드는 그 어떤 구원자도 기다리지 않는다. 그는 어릴 적부터 늘 누군가가 자신을 구해주길 바랐지만, 결국 자신의 삶을 이끌어가는 것은 자기 자신이라는 사실을 깨닫는다. 이는 단지 개인주의의 외침이 아니다. 그것은 인간이 스스로를 어떻게 발견하고, 책임지고, 품는가에 대한 깊은 통찰이다. 진정한 구원은 타인이 주는 보상이 아니라, 자기 자신을 받아들이는 순간, 자기 목소리를 낼 수 있게 되었을 때 비로소 다가오는 은총이다.

이 구원의 형태는 우리 사회가 요구하는 구원과는 다르다. 사회는 우리에게 완벽한 성공, 명확한 결과, 가시적인 보상을 요구한다. 그러나 데이비드의 이야기는 그와는 다른 언어로 말한다. 그는 눈에 보이는 성공보다, 눈에 보이지 않는 내면의 회복을 선택한다. 그는 글을 통해 자신을 다시 일으켜 세우고, 사랑을 통해 자신을 치유하며, 삶 전체를 통해 인간의 가능성을 말한다. 디킨스는 이 점에서 문학이 줄 수 있는 가장 깊은 치유의 방식, 가장 고요한 구원의 형태를 그려내고 있다.

이제 우리는 『데이비드 코퍼필드』라는 작품을 통해 묻는다. 나에게도 내 인생을 말할 수 있는 목소리가 있는가. 나는 내 기억을 피하지 않고 마주할 수 있는가. 나는 실패 속에서 다시 의미를 찾을 수 있는가. 이 작품은 그 어떤 거대한 메시지를 외치지 않는다. 그저 한 사람의 조용한 삶을 따라가며, 삶이라는 것이 얼마나 다정하게, 또 잔인하게 우리를 조각내고, 다시 이어붙이는지를 보여준다. 그 점에서 이 작품은 단지 성장소설이 아니라, '존재의 기술'에 관한 위대한 안내서다.

그리고 우리는 알게 된다. 삶이 우리를 어떻게 흔들든, 결국 우리는 스스로를 다시 꿰매며 살아간다는 것을. 그리고 그 조용한 봉합의 순간에, 문학은 늘 그 곁에 있었다는 것을.

저자 소개 _____
찰스 디킨스는 영국 빅토리아 시대를 대표하는 소설가로, 가난과 사회적 불의, 계급 간의 갈등을 탁월하게 묘사한 작품들을 남겼다. 어린 시절 가족의 파산과 노동 경험은 그의 문학 세계에 깊은 영향을 주었으며, 인간 내면의 연민과 사회 개혁에 대한 열망이 작품 전반을 관통한다. 대표작으로는 『올리버 트위스트』, 『위대한 유산』, 『크리스마스 캐럴』 등이 있으며, 『데이비드 코퍼필드』는 그의 자전적 경험이 가장 진하게 담긴 작품으로 평가받는다.

귀스타브 플로베르

마담 보바리

욕망의 거울 속에서 흐려진 얼굴

키워드: 환상, 현실, 여성, 소외, 자아

엠마는 지루한 일상 속에서 사랑을 기다린다. 그러나 그녀가 갈망하는 사랑은 현실 속 인간이 아니라 소설 속 환상이다. 그녀는 시골 의사와의 결혼이라는 안정적인 삶을 살아가면서도 내면 깊은 곳에서는 끊임없이 격정과 낭만을 추구한다. 그 열망은 단지 육체적 쾌락이나 물질적 풍요를 넘어서, 삶 자체가 변화되기를 바라는 전복적 기대에 가깝다. 『마담 보바리』는 그러한 기대가 현실의 벽에 부딪힐 때 벌어지는 감정의 파편들을 정밀하게 묘사한 소설이다.

귀스타브 플로베르는 엠마라는 인물을 통해 19세기 중엽 프랑스 사회의 중산층 여성이 감내해야 했던 구조적 제약과 내면의 균열을 동시에 비춘다. 엠마는 자신의 삶을 소설처럼 쓰고 싶어하지만, 현실은 그녀의 낭만을 허락하지 않는다. 그녀는 화려한 파리의 무도회, 정열적인 연애, 감미로운 이탈리아의 밤 같은 환상을 꿈꾸지만, 결국 주어진 삶은 지루한 시골, 무기력한 남편, 권태로운 시간일 뿐이다. 그녀는 사랑받기 위해 자신을 내던지고, 그 대가로 점점 자아를 잃어간다.

플로베르는 문장 하나하나를 조각하듯이 깎아내어 인간 욕망의 결을 보여준다. 엠마는 단순히 불륜을 저지른 여성이 아니다. 그녀는 시대가 강요한 여성의 역할에 길들여지지 않으려는 반항의 화신이다. 그러나 그녀의 반항은 체계적인 혁명이 아니라 감정에 휘둘린 충동이었기에 파멸로 귀결된다. 독자는 그녀의 행동을 도덕적으로 단죄하기보다, 왜 그녀가 그런 선택을 했는지를 묻게 된다. 그것이 이 작품이 한 세기를 넘어선 지금도 여전히 현대적 공감을 불러일으키는 이유다.

욕망은 인간의 본능이지만, 그것이 현실과 충돌할 때 그 균열은 개인의 내면을 무너뜨린다. 엠마는 자신이 바라는 세계와 자신이 놓인 세계 사이의 간극을 이해하지 못한다. 그녀는 사랑을 통해 구원받으려 하지만, 사실 그녀가 필요로 했던 것은 사랑이 아니라 자존감이었다. 엠마는 사랑이라는 이름의 숭고한 감정을 좇지만, 실상은 자신이 무가치하지 않다는 확신을 확인받고 싶었던 것이다. 그러나 현실은 그런 확인을 쉽게 주지 않는다. 그녀의 사랑은 끝없이 요구하지만 끝내 채워지지 않는 결핍의 회로 속에서 반복된다.

엠마의 파멸은 사회적 구조와 개인의 심리가 맞물린 비극이다. 그녀의 남편 보바리는 착하지만 무능하고, 사회는 여전히 남성 중심적 질서에 갇혀 있으며, 그녀의 선택지는 제한적이다. 그러나 플로베르는 그러한 외적 조건만을 비난하지 않는다. 그는 엠마 스스로가 자기 환상에 중독되었고, 그 환상을 현실보다 더 진실하게 여겼다는 점을 조용히 강조한다. 그녀는 현실과 타협하지 못하고, 환상 속으로 도피하면서, 결국 현실에서도 환상에서도 자리를 잃는다.

이 소설이 독자를 사로잡는 또 하나의 이유는 '문체'에 있다. 플로베르는 감정적 과잉이나 윤리적 개입 없이, 정제된 문장과 냉철한 시선으로 인간의 나약함과 무의식적 자기기만을 서술한다. 그는 엠마를 동정하거나 정죄하지 않는다. 그는 단지 그녀를 따라가며, 그녀가 걸어가는 길을 그려낸다. 이러한 '무심함 속의 정직함'이 오히려 독자의 내면 깊은 곳을 흔들고, 우리 자신의 욕망과 현실 사이의 모순을 되돌아보게 만든다.

욕망의 경계에서

엠마의 욕망은 단지 애정의 결핍 때문이 아니다. 그것은 존재의 허기를 메우려는 의식 없는 몸부림이다. 그녀는 사랑을 추구하면서도 사실은 자신이 '누군가에게 특별한 존재'가 되기를 원한다. 그러나 그녀가 만나는 남성들은 모두 자신을 사랑하기보다 욕망의 대상으로만 소비할 뿐이다. 엠마는 그 사실을 알면서도 외면한다. 그녀는 사랑받고 싶어하면서도, 사실은 누군가의 시선 속에서 '자신을 사랑하고 싶은 것'일 수도 있다. 이처럼 『마담 보바리』는 인간이 욕망을 통해 자기 정체성을 구성하려는 심리적 작용을 날카롭게 포착한다.

그녀의 파멸은 욕망의 본질을 폭로한다. 욕망은 충족을 목표로 하지만, 그 자체가 끝없이 생성되는 과정이기도 하다. 엠마는 끝없이 더 큰 사랑, 더 극적인 감정, 더 아름다운 삶을 원한다. 하지만 삶은 그러한 절정을 지속시키지 않는다. 그 간극이 바로 그녀를 무너뜨린다. 인간은 종종 '더 나은 삶'을 바란다는 이유로 현재의 삶을 부정하게 되고, 그러는 사이에 지금 누릴 수 있는 소중한 것들을 잃는다. 엠마는 삶을 소유하고 싶었으나, 결국 삶에 의해 파괴된다.

일상의 감옥과 자유의 환상

『마담 보바리』는 여성의 자유에 대한 가장 냉정한 질문이기도 하다. 엠마는 자유를 꿈꿨지만, 그것이 무엇인지 제대로 이해하지 못했다. 그녀는 사랑에 빠지면 자유로워질 수 있을 거라고 믿었고, 도시로 가면 삶이 달라질 것이라 생각했다. 그러나 그녀가 찾은 것은 더 깊은 고립이었다. 자유란 단지 조건의 해방이 아니라, 자신의 욕망을 스스로 다루는 능력이다. 엠마는 외부의 제약을 깨뜨릴 수 있었지만, 자신의 내면을 넘어서지는 못했다. 플로베르는 이 점을 통해, 진정한 자유는 욕망의 실현이 아니라, 욕망의 성찰에서 비롯된다는 점을 역설한다.

그녀는 한때 수도원을 그리워하고, 어느 순간에는 사치품에 탐닉하며, 또 다른 순간에는 자살을 결심한다. 그녀의 감정은 일정한 방향을 갖지 않으며, 극단과 극단 사이를 진동한다. 플로베르는 그 감정의 파동 속에 인간 본성의 복잡함을 묘사한다. 엠마는 죄인도, 순결한 여인도 아니다. 그녀는 단지 살아 있는 인간이며, 이중성과 모순을 품은 채 흔들리는 존재일 뿐이다. 그리고 바로 그 점에서, 그녀는 모든 인간의 얼굴을 닮아 있다.

  엠마의 삶을 되짚어보면, 그녀가 진정으로 사랑한 것은 누군가가 아니라, '사랑이라는 감정' 그 자체였다고 할 수 있다. 그녀는 매혹을 느끼면 상대방의 실체를 보기보다, 그 사람을 통해 투사된 자신을 바라보았고, 그렇게 타인을 사랑하는 일이 결국 자기애의 또 다른 형태로 전환되는 순간들을 무수히 겪는다. 플로베르는 이처럼 인간이 감정의 진정성과 자아의 기만 사이를 오가며, 사랑이라는 이름으로 결국 자기 자신을 소비하는 방식을 날카롭게 포착한다.

  사랑에 빠졌을 때, 우리는 타인 안에서 새로운 삶을 보게 된다. 그러나 그것은 대개 타인의 삶이 아니라, 내가 그 안에 기대하는 나의 모습이다. 엠마가 로돌프와의 연애에서, 레옹과의 도피에서, 그리고 남편에게조차 느꼈던 허무는, 결국 타인이 자신의 기대를 충족시켜주지 못할 때 생긴 실망이었다. 그러나 그런 실망은 단순히 관계의 파탄이 아니라, 자신이 꿈꿨던 삶이 붕괴되는 절망이었다. 이처럼 그녀의 파국은 단지 정념의 좌절이 아니라, 자아의 균열이었다.

  엠마는 자신의 욕망을 향해 돌진하면서도 그것을 조절할 힘이 없었다. 그녀는 끊임없이 소비하며 채워지지 않는 허기를 달래지만, 그것은 상실을 더 깊게 할 뿐이다. 물건을 사고, 감정에 휩싸이고, 허영에 빠져드는 그녀의 삶은 점차 현실에서 괴리되어 간다. 그러나 플로베르는 단지 그녀의 낭비벽을 희화화하지 않는다. 그는 인간이 충족되지 않는 내면의 공허를 메우기 위해 외부의 것을 얼마나 절박하게 끌어들이는지를, 비판이 아니라 연민의 시선으로 그려낸다. 인간은 결국 어떤 형태로든 '사랑받고 싶다'는 욕망을 가지고 산다. 엠마도 마찬가지였다.

마지막 순간, 그녀는 절망 속에서 독약을 마시고 쓰러진다. 그것은 단지 선택의 결과가 아니라, 오랜 시간에 걸쳐 축적된 자기기만의 파국이었다. 그러나 그녀의 죽음이 이 소설의 진정한 결말일까? 오히려 진짜 이야기는 그녀의 부재 속에서 이어지는 삶들—보바리의 무너진 일상, 남겨진 아이의 삶, 사회의 냉담한 반응들—속에 있다. 플로베르는 엠마라는 개인의 삶을 통해, 당시 프랑스 사회의 도덕적 이중성과 여성에 대한 편견, 그리고 욕망을 억압하면서도 동시에 부추기는 문화의 구조를 정면으로 드러낸다.

욕망의 윤리학

『마담 보바리』는 단순한 불륜소설이 아니다. 이 작품은 욕망의 윤리를 묻는다. 즉, 인간은 자신의 욕망을 어디까지 추구할 수 있으며, 그 욕망이 사회적 책임이나 타인의 권리와 충돌할 때 어떤 선택을 해야 하는가라는 근본적 질문을 던진다. 플로베르는 이 질문에 대해 어느 한쪽의 입장을 취하지 않는다. 그는 엠마를 변호하지도 않고, 단죄하지도 않는다. 그는 단지 '욕망의 결과'를 보여준다. 그리고 그 결과가 어떤 식으로든 주변 인물들의 삶까지 뒤흔든다는 사실을 조용히 서술한다.

우리는 욕망을 부정할 수 없다. 그것은 인간 존재의 본질 중 하나이기 때문이다. 그러나 플로베르는 욕망이 자기 자신만을 위한 것이 될 때, 그것이 얼마나 쉽게 타인을 소외시키고 파괴하는지를 경고한다. 엠마의 삶은 외롭지만, 동시에 자기중심적이었다. 그녀는 타인의 감정을 헤아리는 법을 배우지 못했고, 결국 자기 파괴적 선택을 할 때조차 남겨질 이들을 생각하지 않았다. 그래서 그녀의 죽음은 안타깝지만, 결코 아름답지 않다.

문학과 현실의 경계에서

『마담 보바리』는 문학이 인간을 어떻게 속일 수 있는지를 묻는다. 엠마는 소설을 읽으며 현실을 잊는다. 그녀는 문학 속 세계를 동경하고, 그 감정의 높이를 자신의 삶에서 실현하고자 한다. 그러나 문학은 본질적으로 허구이며, 그 허구는 현실을 반영하는 동시에 왜곡한다. 플로베르는 문학의 이중성을 인식하고 있었다. 그는 이 작품을 통해 독자들에게 문학이 삶에 영감을 줄 수 있지만, 동시에 환상을 줄 수도 있다는 점을 고백한다. 엠마는 문학을 사랑했지만, 그것이 현실을 살아가는 데 필요한 자원은 아니었다.

이 지점에서 우리는 현대 사회에서도 여전히 유효한 질문에 다다른다. 인간은 어떻게 환상을 가지고 살아야 하는가? 환상 없는 삶은 메마르지만, 환상에 중독된 삶은 위험하다. 플로베르는 우리에게 그 경계의 중요성을 일깨운다. 엠마가 실패한 것은 단지 욕망 때문이 아니라, 그 욕망을 검토하지 않은 채 삶에 투사했기 때문이다. 성찰 없는 열망은 방향 없는 항해와 같으며, 그것은 때로 자신뿐 아니라 타인의 인생까지 침몰시킨다.

『마담 보바리』는 인간 존재에 대한 심연의 기록이다. 이 작품은 여성이라는 정체성, 사회적 역할, 개인적 욕망이 얽힌 복잡한 삶의 구조를 하나의 인물 안에 응축해낸다. 플로베르는 '도덕적 소설'을 쓰고자 하지 않았지만, 결과적으로 그의 작품은 우리에게 삶의 윤리적 질문을 던진다. 우리는 엠마를 비난할 수도, 감쌀 수도 없다. 우리는 그저 그녀를 보며, 우리 자신의 내면에 있는 '보바리즘'의 흔적을 느끼게 된다.

우리는 모두 어떤 방식으로든 더 나은 삶을 꿈꾼다. 그리고 그 꿈이 현실과 충돌할 때, 어떤 이는 엠마처럼 무너지기도 한다. 그러나 문학은 그런 무너짐 속에서도 인간의 고귀함을 발견하게 한다. 플로베르는 인간은 약하지만, 그 약함을 직면할 때 비로소 진실에 다가설 수 있다고 말한다. 『마담 보바리』는 그 약함에 대한 가장 정직한 기록이며, 문학이 인간을 구원하지는 못할지라도 이해하게 할 수는 있다는 가능성을 보여준다.

저자 소개 _____

귀스타브 플로베르는 프랑스의 대표적인 사실주의 작가로, 섬세하고 치밀한 문체로 유명하다. 그는 특히 『마담 보바리』를 통해 낭만주의적 허상을 해체하며 사실주의 문학의 기초를 다졌다. 문장 하나하나에 집요하게 매달렸던 그는, 작가의 개입을 배제한 무감각한 서술로 인간 내면의 깊이를 드러냈다. 평생 독신으로 문학에 헌신했으며, 냉정한 시선 속에 인간에 대한 날카로운 통찰을 담아냈다.

메리 셸리

프랑켄슈타인

피조물의 고독, 창조자의 죄

키워드: 창조, 고독, 윤리, 인간성, 책임

  한 젊은 과학자의 호기심은 곧 신의 영역을 침범한다. 인간이 생명의 비밀을 알고자 했던 그 순간, 과학은 신화가 되었다. 메리 셸리의 『프랑켄슈타인』은 낭만주의와 과학혁명의 시대, 인간 이성이 그 가능성의 정점에서 스스로의 그림자를 마주하게 되는 문학적 실험이다. 이 소설은 괴물 이야기로 알려져 있지만, 실상은 인간 존재의 본질과 책임, 창조와 배신, 연민과 복수에 대한 심오한 철학적 사유로 가득하다.

  빅터 프랑켄슈타인은 생명 창조라는 전례 없는 시도를 통해 과학적 야망을 실현한다. 그러나 그 창조물은 빛이 아닌 어둠으로 탄생하고, 세상은 그에게 '괴물'이라는 낙인을 찍는다. 창조자는 피조물을 두려워하고, 피조물은 자신을 부정한 세상을 증오한다. 이처럼 셸리는 창조의 찬란함과 그로부터 파생되는 윤리적 책임을 분리하지 않는다. 『프랑켄슈타인』은 과학기술의 진보보다 더 중요한 것은 그로 인해 파생되는 도덕적 숙고임을 끈질기게 묻는다.

이 소설의 위대함은 '괴물'의 외모에 있지 않다. 그 존재는 우리가 두려워하는 외적인 흉측함이 아니라, 외면당한 자의 슬픔과 복수심의 결정체로 탄생한다. 그는 "나는 악하게 태어난 것이 아니라, 버림받은 후에 악해졌다."고 말한다. 이 한 마디는 모든 독자에게 묵직한 질문을 던진다. 도대체 누가 괴물인가? 빅터가 피조물을 만들고 책임지지 않은 순간, 괴물은 이미 인간 사회의 거울로 존재하게 된다. 그 거울 속에 비친 것은 과연 창조된 존재의 흉함인가, 아니면 그를 만든 자의 도피와 무책임인가?

셸리는 인간이 자기 욕망에 의해 피조물을 만들고도, 그것을 감당하지 못하는 아이러니한 상황을 통해 인간 내면의 이중성을 해부한다. 욕망은 언제나 고귀한 이상을 내세우지만, 그것이 현실과 마주할 때 드러나는 허약함은 어쩔 수 없는 인간의 한계다. 그리고 그 한계는 고스란히 피조물에게 전가된다. 이처럼 『프랑켄슈타인』은 인간의 윤리적 태만이 만들어낸 고독한 비극의 연대기이며, 동시에 창조와 파괴가 얼마나 가까이 있는지를 섬세히 그려낸 철학적 알레고리다.

사랑받지 못한 존재의 목소리

이 소설이 내는 가장 슬픈 울림은 피조물의 절규에 있다. 그는 인간의 언어를 배워 시를 암송하고, 책을 읽고, 공동체의 따뜻함을 동경한다. 그러나 세상은 그가 누구인지를 묻기 전에, 그의 외모로 판단한다. 결국 그는 스스로를 괴물로 인식하게 되고, 그에 걸맞는 행동을 한다. 이것은 단지 한 인물의 심리적 전이의 문제가 아니다. 이는 사회적 배제와 낙인이 인간 존재를 어떻게 파괴해 나가는지를 보여주는 서사다. 사랑받지 못한 자는 결국 사랑을 증오하게 된다. 피조물의 복수는 자신이 원래부터 악해서가 아니라, 세상으로부터 받은 혐오의 연쇄작용이다.

피조물의 유일한 바람은 동료, 즉 자신과 닮은 존재와 함께 살 수 있는 공간이었다. 그는 외롭지 않기를 바랐고, 인간에게 해를 끼치지 않겠다고 약속했다. 그러나 빅터는 그 바람조차 무시한다. 이는 또 하나의 배신이다. 셸리는 인간이 타인에게 품을 수 있는 연민의 가능성을 상실한 순간, 그 관계는 불가역적 파탄으로 향하게 된다는 사실을 피조물의 고독을 통해 조명한다. 인간은 타인의 존엄을 무시하면서도, 자신의 고통에 대해서는 관용을 기대하는 모순된 존재다.

과학과 윤리의 간극

『프랑켄슈타인』은 단지 문학 작품이 아니다. 그것은 과학과 인간성, 창조와 도덕이라는 갈등이 서사 안에 집약된 문명비판의 선언문이다. 셸리는 자연과학이 급속히 발전하던 시대에 살았으며, 그녀는 그 과학이 인간을 어디로 이끌 것인가에 대한 예리한 통찰을 담았다. 과학은 세상을 밝히지만, 인간이 그 빛을 감당하지 못할 때, 그것은 곧 파괴의 도구로 전락한다. 빅터는 자연의 신비를 파헤치려 했고, 그 결과 자연의 복수는 인간 내부로 향했다. 이 소설은 인간이 기술의 속도에 도덕의 보폭을 맞추지 않을 때, 스스로를 파괴할 수밖에 없음을 시사한다.

이처럼 『프랑켄슈타인』은 인간 존재가 갖는 무한한 잠재력과, 그 잠재력의 오용이 불러올 수 있는 파국 사이에서 끊임없이 사유하게 만드는 작품이다. 그것은 단지 '무서운 이야기'가 아니라, 오히려 인간이 스스로에게 두려움을 주는 존재가 될 수 있다는 성찰의 서사다. 셸리는 인간의 창조 욕망이 결국 자기 자신을 위협하게 되는 자기모순의 구조를 섬세하게 묘사함으로써, 독자에게 깊은 책임의식과 공감의 가능성을 일깨운다.

『프랑켄슈타인』은 지금 이 시대에도 여전히 살아 있는 텍스트다. 인간은 끊임없이 새로운 것을 만들고, 세상을 바꾸려 하지만, 그 과정에서 타인에게 어떤 상처를 남기는지를 잊지 않아야 한다. 피조물은 우리 모두가 될 수 있다. 그리고 때로 우리는, 빅터 프랑켄슈타인처럼 타인을 만든 뒤 돌아서버리는 존재일 수도 있다. 이 작품이 고전으로 남은 이유는, 그것이 결국 인간에 대한 가장 근원적인 질문을 던지고 있기 때문이다.

이야기의 중심에 있는 괴물은 단지 공포의 대상이 아니다. 오히려 그는 인간보다 더 인간적인 내면을 지닌 존재로 그려진다. 그는 외모로 인해 배척당하고, 존재 자체를 부정당한 채 세상에 내던져졌다. 그러나 그는 끊임없이 사랑을 갈구하고, 인간 세계의 언어를 배우며,

문학을 통해 자신의 정체성을 탐색한다. 메리 셸리는 이 괴물의 눈을 통해 인간 사회의 잔혹한 배타성을 고발한다. 인간은 자신의 외부 조건에 부합하지 않는 존재에게 얼마나 쉽게 혐오와 폭력을 정당화하는가. 이 괴물은 인간이 만들어낸 존재이지만, 그를 외면하고 박해하는 것도 바로 인간이다. 이 작품이 던지는 역설은 분명하다. 가장 덜 인간적인 모습으로 태어난 존재가 가장 인간적인 감정을 품고 살아간다는 사실이다.

  괴물이 느끼는 고독과 소외는 단지 픽션 속의 감정이 아니다. 그것은 오늘날까지도 우리 안에 살아 있는 실존적 불안이다. 현대 사회는 표준화된 정상성의 잣대를 통해 사람들을 구분하고, 소수자와 비규범적 존재들을 '괴물화'한다. 메리 셸리는 19세기 초, 이 사회적 폭력을 이미 통찰하고 있었다. 그녀는 이 괴물의 시선을 빌려 인간의 오만, 과학의 윤리 부재, 그리고 공동체의 실패를 비판한다. 괴물은 악하지 않다. 오히려 거듭된 거절과 박해 속에서 비로소 복수의 결심을 품게 된다. 이는 악의 본성이 아닌, 환경과 사회적 고립에 의해 생성된 결과다. 이 점에서『프랑켄슈타인』은 범죄와 악의 기원에 대한 심오한 철학적 탐구이기도 하다.

모든 창조는 책임을 동반한다

  현대 사회는 기술의 발전과 함께 새로운 형태의 '창조'를 이어가고 있다. 인공지능, 유전자 조작, 로봇 윤리 등의 문제는 모두『프랑켄슈타인』의 주제를 현재형으로 되살린다. 우리는 무엇을 만들 것인가보다, 만든 이후에 그것과 어떻게 관계 맺을 것인가를 더 깊이 고민해야 한다. 셸리의 작품은 과학기술의 발전이 인간 존재의 존엄성과 윤리를 어떻게 위협할 수 있는지를 경고한다. 과학은 진보와 혁신의 이름으로 인간을 넘어서는 존재를 창조할 수 있으나, 그 존재와 어떻게 함께 살아갈지를 준비하지 않는다면 결국 우리는 우리의 창조물로 인해 파멸에 이르게 된다.

사랑받지 못한 존재가 사랑을 말할 수 있을까

괴물은 자신이 사랑받지 못한 존재임을 뼈저리게 깨닫는다. 인간 사회의 거울은 그의 모습을 반사하며 끊임없이 '너는 아니야'라고 말한다. 그러나 그는 사랑에 대해 이야기한다. 가족을 원하고, 공동체 안에 머무르고 싶어 하며, 타인에게 선의를 보이려 한다. 괴물의 슬픔은 단지 외로움 때문이 아니라, 자신이 아무리 애써도 타인의 세계 안으로 들어갈 수 없다는 절망 때문이다. 결국 그는 프랑켄슈타인에게 자신의 짝을 만들어 달라고 간청한다. 그것은 단순히 짝을 원하는 욕망이 아니라, 자신을 있는 그대로 받아들여줄 존재, 다른 거울을 통한 자기 이해의 요청이었다.

이 요청이 거절되는 순간, 괴물은 복수와 파괴의 길로 나아간다. 이 장면은 인간 존재가 타인의 인정 없이는 얼마나 쉽게 절망하고 무너질 수 있는지를 보여준다. 인간이 인간이기 위한 조건은 결국 타인의 시선 안에서, 타인의 언어를 통해 자신이 이해될 수 있다는 희망이다. 괴물은 그 희망마저 빼앗긴 존재이며, 이 세상에 들어올 문을 갖지 못한 채 방황하는 이방인이다. 셸리는 이 괴물을 통해 사랑이 단지 주는 감정이 아니라, 받아들여짐의 가능성이라는 철학적 메시지를 남긴다. 사랑은 타인을 향한 정서적 개방일 뿐 아니라, 존재 자체를 승인하는 윤리적 행위이다.

『프랑켄슈타인』은 공포 소설이라기보다는 외로운 존재에 대한 문학적 헌사다. 메리 셸리는 19세의 나이에 이 작품을 집필하며 인간이 감당해야 할 가장 심오한 질문들을 던졌다. 인간이란 무엇인가? 존재는 어떻게 윤리를 요구하는가? 사랑은 어디서 비롯되는가? 그리고 책임 없는 창조는 어디까지 파괴적인가? 이런 질문들은 오늘날에도 여전히 유효하다. 『프랑켄슈타인』은 어둡고 추운 밤을 배경으로 쓰였지만, 그 안에는 인간 존재에 대한 가장 뜨겁고 정직한 고백이 담겨 있다. 우리는 이 작품을 통해 괴물을 보는 것이 아니라, 괴물을 통해 우리 자신을 보게 된다.

저자 소개

메리 셸리는 영국의 소설가이자 사상가로, 낭만주의 문학의 중심에서 독창적이고 도발적인 주제를 다루었다. 『프랑켄슈타인』은 1818년 익명으로 출간된 그녀의 대표작이며, 세계 최초의 SF 소설로 평가받는다. 어머니 메리 울스턴크래프트는 페미니즘의 선구자였고, 남편 퍼시 셸리 또한 유명한 낭만주의 시인이었다. 메리 셸리는 문학, 철학, 과학이 교차하는 지점에서 인간 존재와 윤리, 책임의 문제를 통찰력 있게 제시한 작가로, 오늘날까지도 강한 영향력을 지닌 사상가이자 문학가로 평가받는다.

표도르 도스토예프스키

카라마조프가의 형제들

믿음과 이성 사이, 영혼의 재판

키워드: 죄, 자유의지, 신앙, 분열된 자아, 인간 존재

삶의 가장 깊은 영역은 논리나 이성으로 설명되지 않는다. 도스토예프스키는 그 누구보다도 인간이라는 존재의 본질을 뚫어보려 했던 작가였다. 그의 마지막 소설인 『카라마조프가의 형제들』은 인간 내면의 윤리, 신앙, 죄, 그리고 구원에 대한 최종적 고뇌가 집약된 대작이다. 이 소설은 단순한 가정사나 범죄소설의 외피를 두르고 있지만, 그 심층에는 인간이란 무엇인가에 대한 근원적인 질문이 숨어 있다. 도스토예프스키는 '카라마조프'라는 이름을 빌려 인간의 분열된 자아와 그 속에서의 신과 악마의 갈등을 문학적으로 구현해냈다. 그리고 이 복잡한 사유의 도식을 인격화시켜, 세 명의 형제를 통해 각각 다른 인간 유형과 영혼의 상태를 묘사한다.

이반, 알료샤, 드미트리는 단순히 한 가족의 구성원이 아니다. 그들은 각각 이성적 냉소, 신앙적 헌신, 본능적 욕망이라는 세 축을 상징

한다. 이들은 각자 다른 길을 걷지만 결국 하나의 인간 내면에 존재하는 상반된 갈망들이다. 이반은 신 없는 세계를 사고하며, 신이 없다면 모든 것이 허용된다는 위험한 결론에 다다른다. 그의 철학은 고통받는 어린아이 하나를 구할 수 없다면 신의 정의는 무의미하다는 강력한 윤리적 회의로 표출된다. 알료샤는 세상의 불합리함 속에서도 신의 사랑을 끝까지 신뢰하려는 순결한 영혼이다. 그는 사랑을 통해 세상과 화해하려 하지만, 현실의 고통은 그조차 흔들리게 만든다. 드미트리는 가장 원초적인 감정에 충실한 인물로, 사랑과 증오, 욕망과 죄책감 사이에서 번민하며 자신의 인간됨을 확인받고 싶어한다.

  이 세 인물은 결국 한 인간의 내부에 존재할 수 있는 가능성들이다. 도스토예프스키는 우리 각자가 이반의 이성과 알료샤의 영성, 드미트리의 본능을 동시에 품고 있다는 사실을 직시하게 만든다. 그리고 그들 사이의 긴장과 갈등은 곧 인간이 자신을 이해하고 해석해나가는 과정을 상징한다. 인간이란 결국 자기 안의 여러 목소리 사이에서 균형을 모색하는 존재이며, 이 소설은 그 균형의 불가능성과 그럼에도 불구하고 시도해야 하는 이유를 동시에 드러낸다.

영혼의 법정, 고통의 증거

『카라마조프가의 형제들』은 이야기의 절정을 한 아버지의 살인과 그에 대한 재판으로 이끈다. 드미트리는 살인의 주범으로 몰리지만, 진실은 그보다 더 복잡하고 역설적이다. 도스토예프스키는 이 재판을 단순한 사실 확인의 장이 아닌, 인간 존재 전체를 재단하는 상징적 법정으로 설정한다. 이 재판은 '누가 아버지를 죽였는가'라는 질문 이상으로, '죄란 무엇인가', '인간은 어떤 존재인가'라는 도덕적 논쟁을 불러일으킨다. 드미트리는 자신의 죄를 부인하면서도 죄책감을 느끼고, 이반은 범죄를 설계한 자신을 정신적으로 붕괴시키며, 알료샤는 그들의 고통과 비참함 속에서 신의 자비를 갈망한다.

이 세 인물은 법정 밖에서도 끊임없이 스스로를 심판하고 변호한다. 이 과정은 단지 문학적 장치가 아니라, 인간이 살아가는 모든 순간이 바로 그 자신에 대한 심판이라는 진실을 상기시킨다. 우리는 날마다 선택을 하고, 그 선택에 대한 책임을 지며 살아간다. 도스토예프스키는 법정의 장면을 통해 인간이 어떻게 죄를 부정하고 동시에 내면에서 인정하는 이중적 존재인지, 그리고 인간이란 존재가 진리를 마주할 때 얼마나 취약한지를 통렬히 보여준다.

죄의 본질은 행위만으로 규정되지 않는다. 이반이 고뇌하는 지점이 바로 여기에 있다. 그는 신이 없다면 죄란 개념도 무의미해진다고 말하지만, 동시에 인간이 죄책감이라는 감정에서 결코 자유로울 수 없다는 사실에 사로잡힌다. 이반은 이율배반적인 인간 이성을 구현하며, 그의 고뇌는 신앙의 부재에서 오는 공허함을 냉혹하게 드러낸다. 그에게는 신의 침묵이 가장 큰 형벌이며, 그 침묵 앞에서 인간은 끝없이 무너진다.

반면, 알료샤는 신의 부재라는 이반의 논리를 반박하기보다는, 사랑이라는 실천적 신앙으로 답하려 한다. 그는 도그마나 교리에 의존하기보다, 고통받는 이웃을 품으려는 내면의 신을 따른다. 이와 같은 알료샤의 모습은, 신앙이란 논쟁의 무기가 아니라, 존재의 태도라는 사실을 일깨운다. 신을 믿는다는 것은 어떤 이론을 따르는 것이 아니라, 비이성적인 고통 속에서도 타인을 향한 자비를 잃지 않는 것임을 도스토예프스키는 조용히 말한다.

『카라마조프가의 형제들』은 그래서 단순히 인간의 죄를 묻는 소설이 아니다. 그것은 죄와 구원, 신과 인간 사이에 존재하는 무한한 틈과 그 틈을 메우려는 인간의 절박한 시도에 관한 이야기다. 도스토예프스키는 이 소설을 통해 우리가 늘 불완전한 존재임에도 불구하고, 사랑하고, 이해하고, 용서하려는 노력 자체가 인간의 위대함이라고 말한다. 결국 인간은 완전함이 아니라, 자기 내면의 분열을 끝까지 직면하고 포기하지 않는 자세 속에서 신성을 닮아간다.

고통은 어떻게 인간을 구원하는가

삶의 의미를 묻는 여정은 언제나 고통과 함께 시작된다. 도스토예프스키는 『카라마조프가의 형제들』에서 이 단순하지만 심오한 사실을 정면으로 응시한다. 제1부에서 우리가 만났던 카라마조프 집안의 세 형제—신비주의와 신앙의 알료샤, 냉소와 지성의 이반, 본능과 열정의 드미트리—는 이제 각자의 운명 속에서 본격적으로 고통과 대면하기 시작한다. 이 고통은 단순한 시련이 아니라, 인간 존재의 밑바닥까지 파고드는 거대한 질문이며, 신과 인간, 자유와 책임, 죄와 용서에 대한 실존적 탐색이다.

알료샤는 고결한 수도사 조시마 장로의 죽음을 맞닥뜨리며 신앙의 길에서 잠시 방향을 잃는다. 그가 받았던 신앙의 위안은, 현실 세계의 고통 앞에서는 너무도 무력해 보인다. 그러나 알료샤는 좌절 속에서 신을 떠나는 대신, 오히려 더 깊이 인간에게 다가가려 한다. 그는 고통받는 자들 속으로 걸어 들어가고, 타인의 눈물을 닦아주며 자신의 영혼을 키워간다. 도스토예프스키는 알료샤를 통해 말한다. 신앙이란 고통을 없애는 힘이 아니라, 고통과 함께 살아가는 법을 배우는 과정이라는 것을.

반면 이반은 전혀 다른 길을 걷는다. 그는 신의 존재를 이성적으로 거부하며, '죄 없는 아이가 고통받는 세계를 나는 원하지 않는다'는 유명한 선언을 통해 신정론의 한계를 극명하게 드러낸다. 이반은 신을 부정함으로써 인간의 자유를 주장하지만, 그 자유는 곧 파멸로 이어진다. 그의 내부에서 피어난 '대심문관'의 환상은, 인간이 얼마나 쉽게 자유를 포기하고 안락한 노예 상태에 만족하는지를 고발한다. 결국 이반은 자신의 이성에 의해 고립되고, 그로 인해 광기의 가장자리를 걷게 된다. 도스토예프스키는 이반의 파국을 통해, 신 없이 완전한 이성의 세계가 결코 인간에게 구원을 줄 수 없음을 예언처럼 그려낸다.

드미트리는 그들보다 더 격렬한 방식으로 고통과 마주한다. 그는 아버지를 죽였다는 혐의로 체포되어 억울함에 몸부림친다. 그러나 그는 점차 고통을 받아들이며 자신을 돌아보기 시작한다. 드미트리의 변화는 가장 극적이다. 그는 감옥에서 고통을 체화하며, 인간으로서의 본질에 눈을 뜨고 진정한 회개의 길을 걷는다. 고통은 그에게 심판이 아니라 정화의 불이 된다. 도스토예프스키는 드미트리의 변화를 통해 말한다. 인간은 고통 속에서 진정한 자기를 발견할 수 있으며, 그 고통이야말로 구원의 통로라는 것을.

결국 이 소설은 인간이 왜 고통 속에서도 살아가야 하는지를 묻는다. 도스토예프스키는 그 어떤 도덕률도, 철학도, 종교도 고통이라는 인간적 경험 앞에서는 답을 주지 못한다고 말한다. 그러나 그는 고통 속에서 피어나는 '공감'과 '용서'가 인간의 가능성을 말해준다고 믿는다. 알료샤가 그러했고, 드미트리가 그러했으며, 이반조차도 마지막에 이르러 자신의 고통과 직면함으로써 구원의 실마리를 찾는다.

자유와 책임의 역설

『카라마조프가의 형제들』이 가장 깊이 파고드는 주제는 '자유'다. 도스토예프스키는 인간이 진정한 자유를 가질 수 있는가, 그리고 그 자유를 감당할 수 있는가라는 질문을 끊임없이 던진다. 이반이 만들어낸 대심문관의 이야기는, 인간의 자유에 대한 가장 극단적인 회의다. 대심문관은 "인간은 자유를 원하지 않는다. 인간은 기적과 신비와 권위를 원한다."라고 말한다. 이 말은 도스토예프스키의 신랄한 시대 진단이자, 인간 본성에 대한 절망적 예언이다.

이반은 인간의 이성이 신을 죽였다고 말하지만, 도스토예프스키는 그 이성이 인간 스스로를 구속하는 도구가 된다고 본다. 인간은 스스로 판단하고 선택할 자유를 갖는 동시에, 그 선택에 책임을 져야 한다. 그리고 이 책임이야말로 가장 큰 형벌이 된다. 따라서 자유는 축복이 아니라 고통이자 형벌인 셈이다.

그러나 알료샤는 이반과는 다른 길을 제시한다. 그는 자유를 두려워하지 않고, 그것을 사랑의 실천으로 이끈다. 자유는 타인을 파괴하는 도구가 아니라, 타인을 위한 희생으로 승화될 수 있다는 것을 알료샤는 삶으로 보여준다. 그는 모든 인간은 서로를 책임져야 한다는 장로 조시마의 가르침을 품고, 타인의 고통을 자신의 고통으로 느끼며 살아간다. 도스토예프스키는 이 '상호 책임'이야말로 진정한 자유의 완성이라고 말한다.

드미트리는 자유를 가장 극단적인 방식으로 오해한 인물이다. 그는 자유를 쾌락과 충동의 해방으로 이해했고, 그 결과 삶의 모든 것을 잃는다. 그러나 그는 고통을 통해 다시 자유를 이해한다. 타인의 고통을 공감하게 되고, 책임을 회피하지 않게 된다. 도스토예프스키는 드미트리의 여정을 통해 인간이 자유와 책임 사이의 균형을 찾을 수 있음을 보여준다.

이처럼 『카라마조프가의 형제들』은 자유를 '신이 인간에게 준 선물'이 아니라, '스스로 감당해야 할 십자가'로 그려낸다. 인간은 자유롭게 생각하고 행동할 수 있지만, 그 자유의 대가로 외로움과 책임이라는 무게를 짊어져야 한다. 도스토예프스키는 묻는다. 인간은 과연 이 고독한 자유를 견딜 수 있는가? 그리고 이 자유 속에서 진정한 사랑과 공동체를 이룰 수 있는가?

　이 질문은 여전히 유효하다. 오늘날 우리는 수많은 선택과 정보의 자유 속에서 살아가지만, 그만큼 더 깊은 고립과 책임의 무게를 경험한다. 『카라마조프가의 형제들』은 바로 이 시대에도 여전히 우리에게 속삭인다. 자유는 고독하고 두렵지만, 그 속에서 타인을 끌어안을 수 있을 때 우리는 비로소 인간이 될 수 있다고.

저자 소개 _____

표도르 도스토예프스키는 러시아의 소설가이자 사상가로, 인간 내면의 심연과 종교적·철학적 질문을 작품 속에 심도 있게 담아낸 19세기 문학의 거장이다. 『죄와 벌』, 『백치』, 『악령』, 『카라마조프가의 형제들』 등의 작품을 통해 그는 인간의 고통, 자유, 신, 죄의 문제를 형이상학적 깊이와 문학적 감수성으로 탐구하였다. 그의 작품은 단지 문학의 경계를 넘어서 인간 실존에 대한 끝없는 성찰로 오늘날까지도 전 세계 독자에게 강한 울림을 주고 있다.

막심 고리키
어머니
고요한 불꽃으로 타오른 이름 없는 사랑

키워드: 계몽, 혁명, 모성, 연대, 인간성

한 시대를 휘감은 무지는 어느 날 갑자기 깨어나지 않는다. 그것은 삶의 무게와 세대의 침묵, 그리고 낙인처럼 새겨진 체념이 오랜 시간에 걸쳐 만들어낸 익숙한 고요다. 막심 고리키의 『어머니』는 바로 그런 고요 속에서 천천히 깨어나는 한 인간의 이야기이며, 동시에 전체 계층과 민중의 각성을 상징하는 문학적 기념비다. "어머니"라는 제목은 단순한 혈연적 지칭이 아니라, 인간 안의 본질적 선의와 연대의 가능성을 품고 있는 모성의 상징으로 기능한다. 고리키는 그 모성의 심연을 통해 '인간이 인간다워지는' 진정한 순간을 천천히, 그러나 확고하게 그려간다.

소설의 시작에서 주인공 펠라게야는 남편의 폭력에 순종하며 살아가는 무명의 여인으로 등장한다. 그녀는 자신의 감정을 말하지 못하고, 삶에 대해 질문조차 할 수 없는 존재다. 그러나 그녀가 사랑하는 아들 파벨이 사회주의 사상에 눈뜨고 행동하기 시작하면서, 그녀의 내면 또한 흔들리기 시작한다. 펠라게야의 변화는 극적이지 않다. 그녀는 혁명의 깃발을 휘두르지 않고, 거대한 구호를 외치지도 않는다. 다만, 아들의 삶을 바라보고, 아들의 뜻을 이해하려 노력하며, 그 곁에 조용히 서 있는 일을 반복할 뿐이다. 그러나 바로 그 '작은 움직임'이 이 소설이 품고 있는 가장 위대한 진실을 드러낸다. 인간의 각성은 이념이나 명분 이전에 '관계'와 '사랑'이라는 감정의 뿌리에서 자라난다는 사실이다.

펠라게야는 아들의 활동을 목격하면서 처음으로 세상의 구조에 대해 의문을 갖기 시작한다. 사람들은 왜 가난하게 살아야 하는가, 왜 일하는 자들이 억압받는가, 왜 아무것도 모른 채 순응해야 하는가. 그녀의 내면에서 피어오른 질문들은 단지 시대를 향한 저항이 아니라, '인간으로서의 자기 회복'이다. 고리키는 펠라게야의 느릿한 자각을 통해, 인간이 인간을 이해하는 길은 책이나 사상이 아니라 '삶 그 자체'임을 말한다. 그녀는 책을 읽고 배우는 것이 아니라, 타인의 고통과 아들의 신념을 함께 견디며 새로운 시야를 얻는다. 그리하여 펠라게야는 '혁명가의 어머니'가 아니라, '인간의 어머니'로 거듭난다.

고리키가 창조한 이 어머니는 약한 자가 아니다. 그녀는 조용하지만 견고하고, 연약하지만 흔들리지 않는다. 그 강인함은 억압된 자들의 분노에서 비롯된 것이 아니라, 사랑하는 이를 향한 책임감과 존재에 대한 연민에서 비롯된다. 펠라게야는 사람을 향해 다가서는 태도, 타인의 아픔을 함께 품으려는 용기를 통해, 혁명의 정당성과 정서를 상징하는 존재로 선다. 그녀는 자신이 아무것도 알지 못했던 과거를 부끄러워하지 않고, 다만 지금부터라도 깨어 있으려 노력한다. 그것이 이 소설이 지닌 진정한 '계몽의 빛'이다.

삶을 견디는 사람들, 깨어 있는 어머니

『어머니』가 우리에게 던지는 질문은 단순하지 않다. 인간은 어떻게 깨어나는가. 삶에 무감했던 이가 어떻게 '의식 있는 존재'로 변화하는가. 고리키는 그 해답을 펠라게야의 행동 속에서 보여준다. 그녀는 특별한 계기가 없이, 꾸준히 자신이 믿는 방향으로 움직인다. 이는 개인의 변화가 드라마틱한 전환이 아니라, 일상의 작은 전율 속에서 일어난다는 점을 강조한다. 그녀는 아들의 인쇄물을 나르기 시작하고, 비밀 회합을 지키고, 젊은이들의 이상을 기억하고 전한다. 그리고 결국 스스로 거리로 나서며, 이전까지는 상상조차 못했던 목소리를 낸다. 이는 단지 한 개인의 용기가 아니라, 억눌려 있던 세대 전체가 입을 열기 시작한 상징적 순간이다.

고리키는 펠라게야의 입을 통해 '진실'의 언어가 얼마나 담담하고 조용한지를 보여준다. 그것은 선전이 아니고, 외침이 아니다. 그녀의 말은 삶을 겪어낸 이가 하는 말, 고통 속에서 피어난 단어들이다. 고리키는 이런 말들이야말로 사람들의 마음을 움직이고, 의식을 흔들 수 있다고 믿었다. 이러한 서술 방식은 당대의 정치적 선전 문학과는 분명한 선을 그으며, 오히려 인간적인 서사로 사회를 뒤흔드는 감동을 불러일으킨다.

　펠라게야는 단순한 모성을 넘어선다. 그녀는 어머니이되, 민중 전체의 '상징적 어머니'로 서게 된다. 그녀는 모든 억압받는 이들의 얼굴을 품고, 말할 수 없었던 자들의 목소리를 대신하며, 침묵의 시간을 넘어선 '행동의 존재'로 재탄생한다. 이것은 거대한 체제 변화보다 더 근본적인 변화다. 인간이 인간으로서의 감각을 회복하는 일, 타인의 삶을 자기 삶처럼 품는 일, 그리고 그 안에서 자기 자신을 확장해가는 일이다.

　이 작품을 통해 고리키는 '혁명'이란 총칼의 소리가 아니라, 마음속에서 스스로에게 던지는 질문에서 시작된다고 말한다. '나는 누구이며, 나는 왜 이대로 살아가는가?' 그 질문에 진실하게 답할 수 있을 때, 우리는 비로소 새로운 세계를 꿈꿀 수 있다.

정치적 신념과 인간적 연대 사이

　『어머니』는 단순한 계급 투쟁이나 노동운동의 기록을 넘어, 고통과 이상, 그리고 인간 본연의 연민 사이에서 갈등하는 인물들을 통해 우리가 살아가는 사회의 뼈대를 통찰하게 만든다. 고리키는 혁명을 이야기하면서도 인간을 놓치지 않는다. 피상적인 영웅서사가 아니라, 인간 내면의 갈등과 불안을 하나하나 묘사함으로써 그는 독자로 하여금 모든 '사상'의 중심에 '사람'이 있음을 잊지 않게 한다.

소설 후반부로 갈수록 어머니의 시선은 점점 더 넓어지고 깊어진다. 처음에는 오직 아들 파벨의 변화에만 주목하던 그녀는, 점차 그의 동지들—사샤, 안드레이, 류보프 등—의 고통과 소망에도 마음을 열기 시작한다. 이 과정은 단순한 감정이입이 아니라, 새로운 '언어'를 배우는 과정이다. 그녀는 사상의 언어, 연대의 언어, 그리고 무엇보다 자유를 향한 언어를 스스로의 입술로 말하게 된다. 이는 단순히 '깨달음'이라 부르기에는 너무나도 고통스럽고도 치열한 인간화의 과정이다.

파벨이 체포되고, 동지들이 고문을 당하고, 거리에서 동료가 쓰러질 때마다 어머니는 삶이란 이름의 무거운 진실과 마주하게 된다. 그 진실은 단순히 '억압'만이 아니다. 그것은 인간이 인간을 감시하고, 거짓과 공포를 던지며, 이상을 조롱하는 구조 그 자체다. 그러나 그 안에서도 사람들은 노래를 부르고, 전단지를 나누며, 사랑을 속삭인다. 인간이란 존재는 어둠 속에서도 '진실'이라 불리는 작고 푸른 불씨를 꺼뜨리지 않는 존재라는 것을 고리키는 끈질기게 증명해간다.

『어머니』의 진짜 위대함은 바로 그 끈질김에 있다. 실패할 것임을 알면서도 말하는 것, 탄압당할 것임을 알면서도 나서는 것, 죽음의 끝에서조차 삶을 이야기하는 것—그것이 진짜 혁명의 언어이며, 고리키가 세상에 남긴 목소리다. 어머니는 아들이 남긴 전단지를 손에 쥐고, 거리 한복판에서 읽기 시작한다. 경찰의 총부리가 자신을 겨눌지라도, 그녀는 자신의 목소리로 세상에 말을 건다. 그 장면에서 우리는 문학이 어떤 기적을 만들어낼 수 있는지를 본다.

어머니가 더 이상 누구의 아내나 어머니가 아닌, 스스로 서 있는 인간으로서 살아가는 그 순간, 그녀는 단지 한 명의 인물이 아니라 모든 '존엄을 되찾는 사람들'의 상징이 된다. 그녀의 목소리는 약하지만 단호하고, 떨리지만 정직하다. 그것은 가르치는 말이 아니라, 경험에서 우러난 진심이며, 그 어떤 정치적 선동보다 더 깊은 울림을 만들어낸다.

『어머니』는 우리에게 묻는다. "너는 무엇을 위해 살아가는가?" 그 물음은 소설 속 혁명가들만을 향하지 않는다. 그것은 우리 모두에게, 지금 이 시대를 살아가는 평범한 이들에게 던지는 질문이다. 무엇을 위해 우리는 절망을 견디고, 불의에 침묵하지 않으며, 오늘 하루를 살아가는가? 고리키는 그 대답을 정해주지 않는다. 그는 다만, "그 물음을 절대 포기하지 말라"고 말할 뿐이다. 그리하여 문학은 이념이 아닌 양심의 언어가 되며, 독자를 판단이 아닌 깨달음으로 이끈다.

『어머니』는 하나의 예술작품이자 인간의 존엄을 복원하는 서사다. 누군가는 이 책에서 혁명의 상징을 보고, 누군가는 가족애의 고귀함을 보며, 또 다른 누군가는 자기 안의 무력함과 싸우는 위로를 얻는다. 그러나 그 모든 독자들이 공통으로 만나는 단 하나의 진실이 있다면, 그것은 바로 '사람은 바뀔 수 있다'는 믿음이다. 그것이야말로 이 소설이 우리에게 주는 가장 큰 희망이며, 고리키가 역사의 어둠 속에서 끝내 포기하지 않았던 단 하나의 확신이다.

진실한 변화는 위대한 사상이나 강력한 권력이 아니라, 평범한 사람들—이 소설의 어머니처럼—그들이 조용히, 그러나 단단하게 움직일 때 일어난다. 막심 고리키는 그 가능성을 믿었고, 문학을 통해 그것을 보여주었다.

저자 소개 _____

막심 고리키는 러시아의 대표적인 사실주의 작가이자 사회주의 문학의 선구자이다. 본명은 알렉세이 막시모비치 페슈코프로, 가난한 가정에서 태어나 혹독한 삶을 견디며 성장했다. 고리키는 '쓰라린'을 뜻하는 필명처럼, 인간의 고통과 빈곤, 억압에 주목한 사실주의 문학을 펼쳤으며, 『어머니』를 비롯한 작품을 통해 러시아 혁명 전후의 사회 현실과 인간의 존엄을 깊이 있게 그려냈다. 도스토예프스키와 톨스토이에 이어 러시아 문학의 거장으로 자리잡은 그는, 한 편의 문학이 시대를 바꾸는 정신이 될 수 있음을 보여준 작가였다.

요한 볼프강 폰 괴테

젊은 베르테르의 슬픔

사랑의 무게, 존재의 심연

키워드: 감정, 고독, 자아, 사랑, 죽음

   인간의 감정은 종종 이성보다 앞서 세계를 해석한다. 때로 그것은 이성의 손길로는 닿을 수 없는 곳에서 불현듯 피어오르고, 마침내 그 사람 전체를 휘감는다. 괴테의 『젊은 베르테르의 슬픔』은 그런 감정의 가장 깊은 자락을 탐색한 고전이다. 이 작품은 사랑이라는 이름 아래 펼쳐지는 감정의 정념과 고통, 사회적 억압, 존재에 대한 고뇌를 담아낸, 철학적 통찰과 문학적 감성이 겹겹이 얽힌 서간체의 고백서다.

   베르테르는 자연의 풍경에서 삶의 질서를 읽으려는 젊은이였다. 그는 나무의 푸르름과 하늘의 고요 속에서 위안을 얻고, 인간 존재의 고귀함을 자연과 동일선상에서 바라보려 한다. 그러나 그는 너무 민감했다. 주변 세계와 타인의 감정, 그리고 자신의 내면을 과도하게 감지하는 성향은 그를 끊임없이 괴롭혔다. 이는 단순한 멜랑콜리가 아니라, 존재의 근원적인 불안을 끌어안은 상태였다. 베르테르의 사랑은 바로 이 감정의 무게 위에 세워진 구조물이다.

로테와의 만남은 그에게 새로운 생의 장을 열어주었지만, 그 장은 곧 닫힌 문이었다. 베르테르는 로테를 사랑하지만, 그 사랑은 이루어질 수 없는 것임을 일찍이 깨닫는다. 그러나 그는 거기서 물러서지 않는다. 베르테르는 사랑의 도덕적 조건이나 사회적 합리성을 넘어서, 감정 그 자체를 삶의 중심에 놓는다. 이로써 그의 사랑은 '소유'의 문제가 아니라 '존재'의 문제가 된다. 그는 사랑함으로써 존재하고, 고통스러울수록 자신의 존재가 진실하다고 믿는다. 이 지점에서 베르테르는 단순한 낭만주의적 주인공이 아니라, 현대적 자아의 복잡성을 품은 인물로 떠오른다.

베르테르가 느낀 세계는 자신을 끊임없이 배척하는 구조였다. 그는 귀족 사회에서 이방인이었고, 도덕의 이름 아래 정해진 질서에서 벗어난 존재였다. 로테는 그에게 감정의 위로였지만, 동시에 사회적 경계선이었다. 이 이중성은 그가 느낀 고독의 근원이 된다. 사랑이 불가능했기 때문이 아니라, 사랑이 존재를 증명하는 유일한 수단이었기 때문이다. 사랑을 상실한 순간, 베르테르는 자신의 존재 의미도 잃는다.

괴테는 단지 비극적인 사랑 이야기를 쓴 것이 아니다. 그는 '감정'이라는 인간의 근원적인 힘을 탐구했고, 그것이 이성과의 대립 속에서 어떻게 존재를 규정하는지를 묻는다. 베르테르가 택한 죽음은 패배가 아니라, 감정이 더 이상 세상과 화해할 수 없다는 선언이다. 그리하여 그의 죽음은 사회의 윤리적 질서에 던지는 반문이며, 동시에 개인적 감정의 절대성에 대한 극단적 확인이다.

삶과 죽음의 경계에서 피어난 감정의 서사

베르테르의 존재는 언제나 경계 위에 놓여 있었다. 그는 인간과 자연의 경계를 넘나들었고, 사랑과 절망, 고독과 열정 사이에서 쉼 없이 흔들렸다. 이 불안정한 경계의 삶은 그를 더욱 예민하게 만들었고, 예민함은 결국 그를 자기 자신에게서 몰아냈다. 괴테는 이를 서간체라는 형식을 통해 절묘하게 그려낸다. 독자는 베르테르의 내면을 외부의 해석 없이, 그의 시선과 감정 그대로 마주하게 된다. 이것이 이 소설을 단순한 연애소설이 아닌, 존재의 기록으로 만든다.

편지는 항상 누군가에게 보내는 말이다. 그러나 베르테르의 편지는 그가 세상과 연결될 수 없다는 사실의 증거처럼 보인다. 그의 언어는 점점 더 내밀해지고, 절망으로 기울며, 결국 닿을 수 없는 말로 변한다. 그는 세계와의 단절 속에서 오히려 언어의 절정을 보여준다. 이것은 작가인 괴테가 언어를 통해 감정의 극한을 어떻게 표현할 수 있는지를 보여주는 사례이며, 동시에 감정과 언어의 미묘한 균열을 드러낸다.

베르테르는 사랑에 실패한 인물이 아니다. 그는 감정을 살아낸 인물이다. 그 감정이 현실과 충돌했을 때, 그는 자신을 거두어들이는 방식으로 그 감정을 보존하고자 했다. 그의 죽음은 파멸이 아니라,

정서적 충만이 끝까지 밀고 간 결과다. 이 지점에서 우리는 베르테르의 고통을 단지 연애의 비극으로 치부할 수 없게 된다. 그것은 자아와 세계의 불화에 대한 철학적 진술이며, 감정이 이성을 압도하는 존재론적 실험이다.

고독이라는 이름의 절대 공간

베르테르가 겪은 가장 본질적인 고통은 사랑의 실패가 아니라, 고독이었다. 그는 사람들과 연결되어 있었으나, 아무에게도 진정으로 이해받지 못했다. 그는 자연 속에서 위안을 찾았고, 언어로 감정을 표현했지만, 어느 것도 그의 존재 전체를 품어주지 못했다. 로테 역시 그를 온전히 받아들이지 않았다. 그는 결국 모든 관계로부터 철수하며, 오직 자기 내면의 감정에 몰입한다. 그리고 그 감정은 그를 고립으로 몰고 간다.

고독은 흔히 감정의 결핍으로 인식된다. 그러나 베르테르에게 고독은 감정의 과잉이었다. 그는 너무 많이 느꼈고, 너무 섬세하게 반응했으며, 타인의 무감각 속에서 자신만의 세계를 지켜야 했다. 괴테는 이러한 고독을 단순한 외로움이 아니라, 존재의 한 방식으로 보여준다. 그것은 치명적이지만, 동시에 아름답다.

오늘날에도 많은 이들이 베르테르처럼 '느끼는 존재'로 살아간다. 사회는 감정보다 기능을 요구하고, 관계보다는 효율을 중시한다. 이런 구조 속에서 감정이 풍부한 사람은 종종 '과잉'으로 치부된다. 그러나 감정은 인간의 진실이다. 괴테는 『젊은 베르테르의 슬픔』을 통해 그 진실이 끝까지 존중받아야 한다는 목소리를 남긴다. 그 목소리는 시간의 흐름 속에서도 여전히 생생하다.

눈물 속에서 되살아나는 감정의 초상

인간은 기억의 존재이기도 하지만, 감정의 존재이기도 하다. 베르테르가 떠난 자리를 채우는 것은 잊히지 않는 풍경보다도 마음의 진동이다. 그의 삶은 끊임없이 요동치는 감정의 파도 위에 놓여 있었으며, 그것은 단순한 감정의 과잉이 아니라 존재의 진정성과 순수함을 증명하는 하나의 방식이었다. 괴테는 베르테르를 통해 한 인간이 느낄 수 있는 감정의 깊이를 탐구한다. 베르테르가 샤를로테에게 느낀 감정은 사랑의 이름을 갖고 있었지만, 그것은 애정의 감정을 넘어 존재의 모든 에너지를 쏟아붓는 영혼의 몰입이었다. 샤를로테를 향한 감정은 점점 더 순수하면서도 파괴적인 열정으로 변모하고, 결국 그것은 베르테르 자신을 해체시키는 방향으로 나아간다. 우리는 이 지점에서 단순한 연애 서사에서 벗어나, 감정이라는 인간의 내면에 대한 철학적 사유로 옮겨간다. 감정은 인간을 살게도 하지만, 동시에 죽게도 할 수 있는 강력한 힘이다.

괴테는 베르테르를 통해 '느낀다'는 행위 자체의 절대성을 주장한다. 그가 살아있음을 확인하는 방식은 감정의 강도이며, 현실의 조건은 이 감정을 받아줄 수 없는 벽으로만 다가온다. 그는 사회적 질서나 도덕적 관습과 끊임없이 충돌하며, 자신의 감정을 가장 진실된 삶의 중심으로 삼는다. 이처럼 베르테르의 감정은 하나의 존재 방식이며, 그의 고통은 감정을 온전히 허용하지 않는 사회와의 충돌에서 비롯된다. 우리가 그를 읽으며 눈시울을 붉히게 되는 이유는, 그가 단지 사랑을 이루지 못했기 때문이 아니라, 감정을 온전히 살아내는 존재가 끝내 이 세상에 머물 수 없었기 때문이다.

베르테르의 선택은 종국적으로 자살이라는 파국으로 이어진다. 그러나 그의 죽음은 단순한 절망의 표현이 아니다. 그것은 감정이 더 이상 삶 속에서 자리할 수 없다는 선언이며, 진실한 감정이 외면당하는 세계에 대한 거부의 몸짓이다. 여기서 우리는 괴테가 베르테르를 통해 무엇을 말하려 했는지 질문하게 된다. 그가 감정을 숭배했기 때문에 이 비극을 썼던 것일까? 아니면 감정의 절대화가 지닌 위험성을 경고하고자 했던 것일까? 이 물음에는 단순한 답이 없다. 그러나 괴테가 베르테르의 목소리를 빌려 우리에게 건네는 메시지는 분명하다. 진정한 삶이란, 외부 세계의 인정보다도 스스로의 감정을 끝까지 살아내는 용기로부터 온다는 것이다.

베르테르의 마지막 편지를 읽으며 우리는 '슬픔'이 단지 약함의 감정이 아니라, 인간 존재의 가장 섬세한 진동임을 깨닫는다. 그는 절망 속에서도 사랑을 저주하지 않으며, 마지막까지 샤를로테를 향한 따뜻한 시선을 유지한다. 이 마지막 장면에서 베르테르는 비로소 '존재의 순결성'을 완성한다. 그는 실패했지만, 자신의 감정을 배반하지 않았으며, 그 감정 속에서 스스로를 지켰다. 그것은 현대의 소비적 감정의 시대를 살아가는 우리에게, 감정이란 단지 기분의 문제가 아니라 존재의 태도임을 일깨운다.

  젊은 베르테르의 비극은 그의 시대를 넘어 우리의 시대에도 깊은 울림을 남긴다. 우리가 이 책을 다시 읽는 이유는 사랑의 감정을 회상하기 위해서가 아니라, '감정의 진실성'이란 무엇인가를 묻기 위해서다. 베르테르의 순정은 시대착오적일 수도 있고, 그의 고통은 과장되었을 수도 있다. 그러나 그 감정이 끝끝내 위선이 아니었다는 사실 하나만은 분명하다. 감정을 끝까지 밀어붙인 그의 삶은 실패했을지 몰라도, 그 진정성은 우리 모두의 삶을 반추하게 만든다. 감정과 이성이, 현실과 꿈이, 질서와 열정이 충돌하는 모든 인간의 내면에서, 베르테르는 지금도 여전히 살아 숨 쉬고 있다.

저자 소개
요한 볼프강 폰 괴테는 독일의 시인이자 극작가, 소설가, 사상가로, 독일 고전주의와 낭만주의 문학의 상징적 인물이다. 『젊은 베르테르의 슬픔』은 그가 젊은 시절 발표한 작품으로, 당시 유럽 전역에 '베르테르 신드롬'을 일으키며 대중적 인기를 끌었다. 괴테는 문학뿐 아니라 자연과학, 철학, 정치에서도 활약했으며, 인간 존재의 내면을 깊이 탐구하고 시대의 정신을 섬세하게 형상화한 작가로 평가받는다.

레프 톨스토이

이반 일리치의 죽음

죽음을 직면하는 삶의 용기

키워드: 죽음, 허위의식, 본질, 회심, 진실

인간은 누구나 죽는다는 사실을 알고 있다. 그러나 그 죽음이 나에게 닿기 전까지는, 대부분의 사람은 그것을 진정한 의미로 인식하지 않는다. 『이반 일리치의 죽음』은 바로 그 '죽음의 실재'가 한 인간의 삶에 어떻게 스며들며, 그 허위의식으로 채워진 일상을 어떻게 무너뜨리는지를 치열하게 보여준다. 이 작품은 단순한 죽음의 기록이 아니다. 그것은 죽음을 통해 비로소 삶의 진실에 도달하려는 한 인간의 내면 여행이며, 우리 모두가 언젠가 마주할 질문에 대한 깊은 통찰이다.

이반 일리치는 겉으로 보기에는 모범적인 삶을 살아온 인물이다. 그는 법관으로서 성공적인 커리어를 쌓고, 안정된 가정을 꾸리며, 사회적으로 존경받는 지위에 올라선다. 그러나 그의 삶은 진실보다는 체면, 관계보다는 역할, 감정보다는 규범으로 채워져 있다. 그는 늘

'사회적으로 옳은 선택'을 해왔지만, 그것은 곧 자신을 속이고 세상을 모방한 삶이었다. 그가 병에 걸리고 죽음을 눈앞에 두게 되었을 때, 그 모든 외관이 무너지기 시작한다. 삶은 더 이상 연기할 수 있는 무대가 아니며, 죽음 앞에서는 어떤 가면도 쓸모가 없다는 사실이 그의 영혼 깊은 곳까지 파고든다.

죽음이 다가오자 이반은 처음에는 그것을 외면하려 한다. 그는 병의 원인을 부정하고, 의사들의 형식적인 진단에 매달리며, 가족에게 더 많은 배려를 기대한다. 그러나 아무도 그의 두려움을 진심으로 공유하지 않는다. 아내는 귀찮은 문제로 여기고, 의사는 통계적 언어로만 말하며, 딸은 일상으로 도피한다. 이반은 혼자가 된다. 그 외로움 속에서 그는 생애 처음으로, 자신이 과연 진실하게 살아왔는지 자문하게 된다. 그의 절규는 단순한 통증의 외침이 아니라, 의미 없는 삶에 대한 깊은 통탄이다.

삶의 외관이 무너질 때

우리는 이반의 병상에서 그의 내면 깊은 균열을 목격하게 된다. 그가 앓고 있는 것은 단지 육체의 병이 아니라, 거짓된 삶이 남긴 영혼의 상처다. 그는 자신이 그토록 쌓아 올린 명예, 지위, 질서가 죽음 앞에서는 아무런 위로도 되지 않음을 깨닫는다. 이것은 단순한 깨달음이 아니라, 실존적 붕괴에 가깝다. 그리고 바로 그 지점에서 그는 삶의 새로운 차원을 향해 문을 연다. 진실한 삶이란 무엇인가? 그것은 남에게 보이기 위한 삶이 아니라, 내면에서 우러나오는 정직한 감각에 기초한 삶이어야 한다는 사실을 그는 절망 속에서 발견한다.

그의 병실을 드나드는 인물들 가운데, 오직 하인 게라심만이 이반에게 참된 위로가 된다. 게라심은 아무 계산 없이 이반의 고통을 함께 짊어지고, 그의 손을 잡아주며, 존재 자체로 그를 안심시킨다. 그는 이반에게 있어 '사랑의 가능성'을 상징하는 존재다. 이반은 게라심을 통해 처음으로 사랑이란 상대를 '도구로 삼지 않는 것'이라는 본질에 눈뜬다. 게라심은 그에게 인간이 인간을 대하는 참된 자세, 즉 공감과 연민의 가능성을 알려주는 살아 있는 증거이다.

고통을 통과하며 비로소 태어나는 진실

이반은 삶의 마지막 국면에서 한 가지 중요한 전환을 맞이한다. 그는 더 이상 죽음을 부정하지 않는다. 오히려 죽음이야말로 자신을 진실로 이끄는 통로임을 받아들인다. "내가 제대로 살지 않았던 건 아닐까?"는 이 작품 전체를 꿰뚫는 핵심 질문이다. 그리고 그 질문이야말로, 우리 모두가 삶의 어느 순간 반드시 던져야 할 근원적 물음이다. 이반은 죽음을 두려워했으나, 그 고통의 밑바닥에서 오히려 삶의 진실에 눈을 뜬다. 그는 더 이상 삶의 외관을 꾸미지 않고, 타인의 인정을 갈구하지 않으며, 내면 깊은 곳에서 솟아나는 '선'을 향해 움직인다.

죽기 직전, 이반은 아들을 바라보며 그를 사랑한다는 감정을 느낀다. 그는 이제 두려움이 아니라 사랑 속에서 죽음을 맞이한다. 이는 극적인 구원의 순간이다. 그 순간, 이반의 삶은 처음으로 진정성을 획득한다. 그리고 그는 죽음의 고통을 넘어서 '삶 그 자체'로 나아간다. 그의 죽음은 비극이 아니라, 오히려 태어남에 가깝다. 이반은 죽으면서, 비로소 살아낸다.

『이반 일리치의 죽음』은 우리에게 죽음이란 삶의 종착점이 아니라, 진실한 삶으로의 초대임을 말한다. 죽음을 직시할 수 있을 때에만, 우리는 허위의식에서 벗어나 자신의 삶을 성찰하게 된다. 이 작품은 한 인간의 내면이 어떻게 허물어지고 다시 세워지는지를 보여주는 존재론적 서사이며, 진실과 마주하고 싶은 모든 이들에게 바치는 정직한 거울이다.

죽음의 그림자와 마주한 인간의 초상

한 사람의 인생이 진실로 끝나간다는 것은 어떤 의미일까. 『이반 일리치의 죽음』은 생의 마지막 장면을 맞이하는 인간의 내면을 더욱 집요하게 들여다본다. 외과의사도, 성직자도, 가족도 그를 완전히 이해하지 못한 채 그의 곁을 지난다. 오직 죽음만이 이반 일리치에게 절대적인 현실로 다가온다. 톨스토이는 이 장면에서 인간의 실존을 가감 없이 드러낸다. 삶의 껍질은 차례차례 벗겨지고, 남는 것은 고통과 침묵뿐이다. 그러나 그 침묵 속에는 오히려 진정한 깨달음의 씨앗이 움트고 있다.

고통은 단지 육체적인 감각을 넘어서 존재 자체의 붕괴를 예고한다. 이반 일리치는 자신이 사라지고 있다는 사실을 매일같이 절감하면서, 이제껏 살아온 삶이 과연 진실했는지 반문하기 시작한다. 모든 것이 허위였다. 출세의 길, 체면과 외형을 지키려는 태도, 가족에게 요구했던 질서와 거리—그 모든 것들이 허상임을 그는 죽음을 목전에 두고서야 깨닫는다. 인간은 죽음 앞에서만 진실한 존재로 나아갈 수 있는가. 톨스토이는 이 질문을 던지며, 인간 존재의 깊이를 천천히 파헤쳐 나간다.

이반 일리치가 맞이하는 죽음은 평온하지 않다. 그것은 격렬한 혼돈이고, 두려움이며, 모든 것을 부정하고 싶은 절망이다. 그러나 그의 고통은 점차 새로운 감각을 낳는다. 죽음이 자신에게 다가오는 이유는, 생이 한 번도 진실하지 않았기 때문이라는 인식. 삶을 외면한 자에게 주어진 고통은, 그를 다시 삶의 본질로 인도한다. 그는 이제야 삶을 이해하기 시작한다. 고통은 더 이상 피하고 싶은 감각이 아니다. 그것은 하나의 '성장'이다. 죽음을 향한 내면의 항해가 시작된 것이다.

삶의 위선이 붕괴되는 순간

이반 일리치가 생의 끝자락에서 도달한 깨달음은 단순한 후회나 유감이 아니었다. 그것은 자신이 살아온 삶 전체를 정직하게 마주하려는 깊은 성찰이었고, 철저한 자성의 순간이었다. 그는 육체적 고통보다 오히려 정신적 무감각에 더 고통스러워했다. 그 고통은 단지 병에서 오는 것이 아니라, 자기 내면을 끝까지 보려 하지 않았던 삶의 방식에서 비롯되었다. 그는 늘 타인의 시선에 맞추어 행동했고, 사회적 기준에 부합하는 사람으로 살아가는 데 몰두했으며, 겉보기의 성공을 삶의 중심에 두었다. 그러나 죽음 앞에 선 그는, 그 모든 외형적 성취가 참된 삶의 본질과 얼마나 멀리 있었는지를 깨닫는다.

   그가 마주한 두려움은 죽음 그 자체가 아니라, 죽음이 닥칠 때까지도 진짜 '삶'을 살지 못했다는 사실이었다. 무엇이 옳고 진실한 것인지 고민하기보다, 어떻게 살아야 사람들이 인정할지를 먼저 생각했던 시간들. 그것이야말로 톨스토이가 묘사한 가장 뼈아픈 자기기만이었다. 삶을 단단히 포장하려는 노력 속에서 그는 진실을 외면했고, 고통을 통해 자신을 직면할 기회를 끝내 밀어냈다.

   『이반 일리치의 죽음』은 인간이 흔히 추구하는 '성공적인 삶'이라는 외피 아래 어떤 공허가 숨어 있는지를 드러내며, 우리가 살아가는 방식에 근본적인 질문을 던진다. 무엇이 좋은 삶인가? 그 질문은 죽음을 앞둔 순간이 되어서야 비로소 선명해진다. 그리고 이반의 통렬한 깨달음은, 진실한 삶이란 사회적 적절함이 아니라 내면의 정직함에서 시작된다는 점을 조용히 일깨워준다.

   그의 아내는 남편의 고통보다 자신이 치러야 할 장례의 형식에 관심이 있고, 자녀들은 그의 마지막 눈빛조차 두려워 피하려 한다. 심지어 종교 역시 죽음의 실재보다는 의식의 틀에 갇혀 있다. 이반 일리치는 이러한 사회적 연극 속에서, 자신을 포함한 모든 이들이 얼마나 '삶을 꾸며왔는가'를 깨닫는다. 그 꾸밈의 종말이 곧 그의 죽음이다. 그러나 아이러니하게도, 그 종말을 통해서만 진실한 삶의 문이 열린다.

그 문 앞에서, 그는 마침내 다른 사람을 바라본다. 특히 가정부 게라심은 그에게 특별한 존재로 다가온다. 그는 이반의 곁을 묵묵히 지키며, 고통을 외면하지 않고 정직하게 대면한다. 게라심은 죽음 앞에서 겁먹지 않는다. 그는 인간의 운명에 대해 담담한 태도를 갖고 있으며, 남의 고통을 자신의 일처럼 여긴다. 바로 이 모습에서 이반은 '선함'과 '진실'을 발견한다. 이것은 삶을 위한 마지막 통로가 된다. 타인의 진정성은 죽어가는 자에게 생의 의미를 다시 불어넣는 유일한 온기였다.

구원은 고통의 끝에서 시작된다

이반 일리치의 마지막 장면은 고통이 갑작스럽게 사라지고, 어둠 속에서 빛이 비치는 듯한 묘사로 마무리된다. 그 빛은 단지 죽음 이후의 평화가 아니라, 살아 있는 동안 한 번도 보지 못했던 진실의 형상이기도 하다. 그는 마침내 고통을 초월하며, 두려움을 거두고, 자신이 살아왔던 시간을 끌어안는다. 이반의 '죽음'은 사실상 그가 처음으로 진실하게 산 순간이었다. 그는 죽어가며 살았고, 고통 속에서 해방되었으며, 실패한 삶 속에서 구원을 얻었다.

이 작품이 주는 메시지는 간단하지만 결코 가볍지 않다. 우리는 지금 진실하게 살고 있는가? 우리가 바쁘게 좇고 있는 것은 우리 삶의 본질에 닿아 있는가? 타인의 눈이 아닌 자신의 내면으로부터 출발한 삶을 우리는 감히 상상하고 있는가? 톨스토이는 이 작품을 통해 삶과 죽음의 경계에서 '삶다운 삶'이 무엇인지, 그리고 그 삶을 어떻게 다시 시작할 수 있는지를 묻는다. 그는 죽음을 고발하려는 것이 아니라, 그 안에서 삶의 진실을 되살리고자 한다. 그것이 바로 톨스토이의 문학이 시대를 넘어 오늘까지 살아 있는 이유다.

죽음은 종말이 아니라, 질문이다. 『이반 일리치의 죽음』은 그 질문 앞에 우리가 어떻게 서 있어야 하는지를 보여주는 문학적 등불이다. 우리는 이반의 고통 속에서 자신의 그림자를 보고, 그의 눈물에서 자신이 묻고 싶은 삶의 답을 발견한다. 그리고 그 모든 고통이 끝난 후, 남는 것은 조용한 구원이다. 그것이 곧 인간의 길이다.

저자 소개 _____

레프 톨스토이는 러시아의 소설가이자 사상가로, 『전쟁과 평화』『안나 카레니나』『부활』 등을 통해 인류 문학의 정점에 오른 작가이다. 그는 귀족 출신이었으나, 점차 도덕적·종교적 회의와 내적 각성 속에서 급진적인 신념의 변화를 겪었고, 인간 존재의 근본적 의미와 도덕적 삶에 천착하는 작품들을 남겼다. 『이반 일리치의 죽음』은 그의 후기 단편 중에서도 가장 깊은 실존적 통찰을 담고 있으며, 인간이 죽음을 통해 어떻게 진정한 삶을 인식할 수 있는지를 압축적으로 보여주는 걸작이다.

오 헨리

마지막 잎새
한 잎의 생명이 건네는 희망의 기적

키워드: 희생, 예술, 생명, 우정, 구원

삶이 벼랑 끝에 서 있을 때, 인간은 무엇을 붙잡아야 하는가. 그것은 종종 눈에 보이지 않는 것이며, 때로는 가장 작고 소외된 존재 안에 숨어 있다. 오 헨리의 『마지막 잎새』는 짧지만 깊은 울림을 지닌 이야기다. 뉴욕의 가난한 그리니치 빌리지를 배경으로 펼쳐지는 이 작품은, 한 폭의 그림처럼 조용하면서도 강렬하게 인간 존재의 본질을 비춘다. 오 헨리는 이 작은 이야기 속에서 생의 의미, 인간의 연대, 예술의 가능성을 감동적으로 그려낸다. 희망은 거창한 것이 아니라, 외로운 삶의 끝자락에서 나지막이 피어나는 어떤 따뜻한 시선이라는 것을 말이다.

삶과 죽음 사이, 한 잎의 무게

조안나와 수는 젊은 화가들이다. 둘은 가난 속에서도 서로를 의지하며 예술에 대한 열정을 품고 살아간다. 그러나 조안나가 폐렴에 걸리며 이야기는 전환점을 맞이한다. 그녀는 병상에서 창밖의 담쟁이 덩굴을 바라보며, 마지막 잎이 떨어지면 자신의 생명도 끝날 것이라고 믿는다. 이는 단순한 환상이 아니다. 그녀의 정신은 이미 삶의 끈을 놓고 있었으며, 마음은 추락하는 잎사귀 하나에 운명을 걸 만큼 지쳐 있었다. 이때부터 '마지막 잎'은 단순한 식물이 아니라, 생과 사의 상징이자 존재를 지탱하는 유일한 끈이 된다.

인간은 때때로 이성과 의지를 잃고, 작은 상징 하나에 전 존재를 의탁하기도 한다. 조안나에게 마지막 잎은 생명력의 표상이자 동시에 '살 이유'였다. 그녀가 잎의 낙하에 따라 삶의 방향을 정하려는 모습은 비이성적으로 보이지만, 오 헨리는 그런 인간의 연약함을 조롱하지 않는다. 오히려 그는 그 연약함 안에 숨겨진 순결함을 드러낸다. 그것은 이성과 논리를 넘는 차원의 인간성이다. 삶을 포기하려는 것이 아니라, 무엇이든 다시 살아갈 이유가 필요했던 조안나는 그 한 잎에 자기 존재를 비추며, 절망 속에서 작은 가능성을 움켜쥔다.

잎을 바라보는 그녀의 시선은 두려움으로 가득 차 있지만, 동시에 아름답고 고요하다. 그것은 죽음을 향한 항복이 아니라, 삶의 의미를 묻는 간절한 질문이다. "나는 왜 살아야 하지?"라는 물음은 이 소설의 가장 근본적인 울림이다. 그 질문에 대한 대답은 마지막 잎이 떨어지지 않고, 묵묵히 가지에 남아 있는 모습 속에 담겨 있다.

희망은 누군가의 손끝에서 피어난다

베어먼은 오랜 세월 '위대한 그림'을 그리는 것을 꿈꾸며 살아온 노화가다. 그는 가난하고 고집스럽지만, 속내는 누구보다 따뜻하고 섬세한 인물이다. 수가 조안나의 상태를 걱정하며 베어먼에게 이야기를 전했을 때, 그는 겉으로는 투덜거리면서도 조용히 움직인다. 그리고 조안나가 마지막 잎이라고 여겼던 그 담쟁이의 잎—비바람 속에서도 떨어지지 않던 그 잎—그것은 바로 베어먼이 비를 맞으며 그려 넣은 것이다. 그는 밤새 그림을 그리고, 다음날 폐렴으로 세상을 떠난다.

이 희생은 극적이다. 그러나 그것이 '비극적'이지만은 않다. 베어먼은 삶의 마지막 순간에 자신이 평생 꿈꿔온 '위대한 그림'을 남긴다. 그 그림은 미술관에 걸릴 작품이 아니고, 평론가들의 찬사를 받을 대상도 아니다. 그것은 한 사람의 생명을 지키기 위해 그려진 잎사귀다. 그리하여 예술은 이 순간 '기록'이 아니라 '구원'의 수단이 된다. 오 헨리는 여기서 예술의 본질을 다시 묻는다. 예술은 무엇을 위해 존재하는가? 그것은 누군가를 감동시키기 위해서가 아니라, 누군가를 살리기 위해서 존재해야 하지 않는가?

베어먼의 희생은 조안나에게 닿는다. 그녀는 마지막 잎이 밤새도록 떨어지지 않은 것을 보며, 비로소 다시 살아야겠다는 마음을 갖는다. 이 반전은 단지 사건의 역전이 아니다. 그것은 인간의 선의가 어떻게 다른 존재에게 생명의 불꽃이 될 수 있는지를 보여주는, 조용하지만 깊은 변화의 서사다. 마지막 잎은 상징적이면서도 실제적인 변화의 촉매이다. 그것이 허상이었다는 사실은 중요하지 않다. 중요한 것은 그 허상이 한 사람의 마음을 다시 삶으로 불러냈다는 것이다.

불확실한 시대의 믿음이라는 이름의 그림

인간은 언뜻 보면 합리적인 존재처럼 보이지만, 실은 불확실한 희망에 기대어 살아간다. 오헨리의 단편 『마지막 잎새』는 짧고도 강렬한 이야기 속에서 인간 존재의 깊은 본질, 곧 '믿음의 힘'을 조용히 드러낸다. 이 믿음은 종종 실체 없는 망상처럼 보이기도 하지만, 때론 한 생명을 살릴 만큼 강력한 내면의 진실로 작동한다. 병든 존시가 벽에 남은 마지막 담쟁이 잎에 자신의 삶을 의탁하듯, 우리는 저마다의 벽에 보이지 않는 무언가를 그리며 삶을 견뎌낸다.

작품 속 화가 베어먼은 실패한 예술가이자 세상에서 잊혀진 존재처럼 보인다. 그러나 그는 마지막 순간, 한 장의 잎을 그려냄으로써 진정한 화폭을 완성한다. 그 잎은 물리적인 그림이지만, 동시에 존재의 의미를 던지는 상징이 된다. 그것은 한 인간이 자신의 전 생애를 걸고 그려낸 '살아 있음'의 선언이며, 누구에게도 보상받지 못한 사랑의 절정이다. 예술이란 무엇인가. 단지 형태와 색을 담는 일이 아니라, 타인의 절망에 깊이 참여하는 감정의 실천이 아닐까. 베어먼의 그림은 존시를 위한 것이었지만, 사실은 자신을 위한 것이기도 했다. 그는 누군가의 생명을 살림으로써 자기 존재를 구원받는다.

이 이야기는 또한 우리 시대가 잃어버린 어떤 품위를 환기시킨다. 현대 사회는 측정 가능한 것들, 가시적인 성과들에 집착하지만, 오헨리는 보이지 않는 헌신과 말 없는 희생에 주목한다. 베어먼은 영웅이 아니다. 그는 남들이 알아주지 않는 방식으로 행동한다. 그러나 오히려 그 익명의 선의, 그 조용한 감동이 독자에게 오래 남는다. 우리는 누군가의 삶에 잎 하나를 그려주는 사람이 될 수 있을까. 보답을 바라지 않고, 이름도 없이. 그것이 바로 이 단편이 전하는 가장 고요한 울림이다.

기적은 그리 멀리 있지 않다. 우리가 흔히 말하는 기적이란, 현실을 뛰어넘는 초월적 사건이 아니다. 오히려 누군가의 믿음과 용기, 그리고 사랑이 조용히 이어질 때, 기적은 일어난다. 베어먼이 그린 잎은 이 세상에 단 하나밖에 없는 그림이었다. 그러나 그 그림이 가진 힘은 예술적 완성도나 독창성 때문이 아니었다. 그것은 누군가를 살리기 위해 그려졌기 때문이고, 어떤 말보다 강한 '존재의 증명'이었기 때문이다. 우리는 이 장면에서 '살리는 언어'가 무엇인지 깨닫는다. 삶을 견디게 만드는 것은 대단한 언변이 아니라, 작은 행동 하나에서 피어나는 사랑이다.

삶을 붙잡게 하는 것은 숫자나 약속이 아니라, 아주 작지만 단단한 어떤 신호이다. 『마지막 잎새』는 그것이 '하나의 잎'일 수 있음을 보여준다. 누군가에게 그 잎은 단지 나뭇잎일 수 있지만, 누군가에겐 존재의 끝과 시작을 가르는 절벽의 경계다. 바람에 흔들리며 겨우 버티는 그 하나의 잎을 통해 우리는 생의 의미를 다시 묻는다. 죽음의 그림자가 길게 드리운 창가에서, 존시는 떨어지지 않는 그 잎을 바라보며 처음으로 희망을 배운다. 그 희망은 거창한 언어가 아니라, 조용히, 그러나 확실하게 '살아 있으라'고 속삭이는 하나의 신호였다. 우리는 무심코 스쳐 지나가는 말과 행동 속에서 얼마나 많은 '마지막 잎'을 놓치고 있는가. 어쩌면 누군가의 삶을 붙잡는 결정적 순간이, 우리의 사소한 따뜻함 한 조각일지도 모른다.

그림자가 진다고 해서 반드시 끝은 아니다. 오히려 빛은 그 어둠의 심연 속에서 다시 태어난다. 절망은 언제나 희망의 반대편에 서 있는 것이 아니라, 희망으로 나아가기 위한 통로일 때가 많다. 존시가 잎을 보며 삶을 붙잡듯, 우리도 언젠가 절망의 벽 앞에 서게 될 것이다. 그때 우리를 살리는 것은 의학도, 과학도 아닌, 누군가의 조용한 사랑, 묵묵한 헌신, 그리고 인간에 대한 믿음일 것이다. 베어먼의 그림은 단순한 예술 행위가 아니라, 생명과 인간에 대한 신앙의 고백이었다. 그가 붓을 든 것은 그림을 완성하기 위해서가 아니라, 누군가의 내일을 지켜내기 위해서였다.

잎은 떨어지지 않았다. 그러나 그것은 살아있는 나뭇잎이 아니라, 한 사람의 인생 전부로 그려진 영혼의 기록이었다. 그것이 오 헨리가 말한 '진짜 예술'이며, '진짜 사랑'이다. 예술은 기술의 완성보다 마음의 진실에 닿을 때 비로소 생명을 얻는다. 베어먼은 그 한밤의 폭풍 속에서 자신이 평생 꿈꾸던 걸작을 완성했지만, 그것은 캔버스 위가 아니라 사람의 마음 속에 남은 작품이었다. 우리가 이 이야기를 기억하는 이유는 단지 반전이나 구조 때문이 아니다. 그것은 이 짧은 이야기 안에, 인간이 가진 가장 숭고한 얼굴—누군가를 위해 자신을 내어주는 사랑—이 담겨 있기 때문이다.

'마지막'이라는 말에는 언제나 비극의 그림자가 드리워지지만, 때로 그 마지막은 끝이 아니라 시작이 된다. 베어먼의 그림은 하나의 마침표였지만, 동시에 존시에게는 새로운 문장의 첫 문장으로 이어졌다. 죽음은 그에게서 생명을 가져갔지만, 동시에 다른 이에게 생명을 건네주었다. 문학이 우리에게 가능한 가장 큰 기적은 바로 이런 순간들이다. 죽음의 한가운데에서도 누군가를 위한 생명의 서문을 써내려가는 일. 『마지막 잎새』는 그 단순한 이야기 속에서 인간의 모든 가능성을 다시 연다. 그것은 우리가 얼마나 오래 사는가의 문제가 아니라, 얼마나 깊이 사랑했는가의 이야기다. 베어먼이 그려 넣은 마지막 잎새는 결국 한 인간이 남긴 가장 순수한 정의이자, '사랑은 끝까지 남는다'는 영원의 증거이다.

저자 소개 _____

오 헨리는 미국의 대표적인 단편 소설가이며 본명은 윌리엄 시드니 포터이다. 반전 있는 줄거리와 서민적인 인물 묘사, 따뜻한 유머로 유명하며 『크리스마스 선물』, 『마지막 잎새』 등의 작품을 통해 전 세계 독자들에게 깊은 감동을 남겼다. 그의 글은 짧은 이야기 속에 인간 본성의 선함과 삶의 아이러니를 유쾌하면서도 진지하게 담아내고 있다.

역사의 교훈과
신앙적 성찰을 되새기다

5부

월 듀런트

위대한 사상들
지혜의 불꽃으로 시대를 밝힌 철학의 여정

키워드: 철학, 역사, 인간성, 진리, 문명

인류의 모든 사유는 질문에서 시작된다. "나는 누구인가?", "왜 살아야 하는가?", "어떻게 살아야 하는가?"라는 물음은 시대를 초월해 인간의 정신을 관통해왔다. 『위대한 사상들』은 그러한 질문에 대한 수천 년의 응답들을 모은 정신의 지도이자, 철학이라는 대지 위에 촘촘히 새겨진 인류 문명의 연대기이다. 월 듀런트는 이 책을 통해 고대 그리스에서 현대에 이르기까지, 인간의 사유가 어떻게 진리와 가치, 삶의 의미를 향해 고투해왔는지를 명료하면서도 깊이 있게 그려낸다.

듀런트의 글은 단순한 철학사 서술을 넘어서, 철학자들의 삶과 사유가 그 시대의 역사와 어떻게 맞물렸는지를 생생하게 보여준다. 그는 플라톤의 이데아를 설명할 때 아테네의 정치적 혼란을 함께 짚고, 니체의 허무주의를 해석할 때 19세기 유럽의 붕괴된 이상주의와 맞물린 정서를 함께 들여다본다. 이 책은 위대한 사상가들의 사상을 박제하지 않고, 그들이 호흡하던 시대와 현실 속에서 살아 움직이게 한다. 그래서 이 책은 사유의 역사이자 동시에 인간성의 초상이다.

철학자들은 늘 시대의 경계에 선 존재들이었다. 소크라테스는 아테네의 민주정이 자초한 몰락 속에서 "무지에 대한 자각"을 가르쳤고, 루소는 계몽주의의 빛과 그림자 사이에서 자연으로 돌아가라 외쳤다. 칸트는 이성과 자유를 연결지으며 인간 존엄의 기초를 쌓았고, 헤겔은 역사의 흐름 속에 정신의 발전이라는 거대한 구조를 세웠다. 윌 듀런트는 이러한 사유의 흐름을 단순한 이론의 계보로 정리하지 않는다. 그는 그 사유가 나왔던 삶의 조건, 정치의 구조, 인간의 고뇌를 함께 비춰준다. 그래서 이 책을 읽는 일은 단순한 철학의 공부가 아니라, 인간 존재의 가장 깊은 질문과 마주하는 일이 된다.

윌 듀런트는 특히 사상의 윤리적 뿌리에 주목한다. 그에게 위대한 사상이란 단지 정교한 체계가 아니라, 인간의 삶에 실질적인 방향을 제시하고, 문명을 보다 나은 길로 이끄는 힘이다. 플라톤의 '정의로운 국가' 구상, 스피노자의 '신과 자연의 동일성', 밀의 '자유론', 그리고 루소의 '사회계약론'은 단순한 지식이 아니라 시대의 방향을 바꾼 등불이었다. 이 책은 그러한 등불이 어떻게 점화되었고, 어떻게 불꽃을 이어왔는지를 되짚는다.

철학은 결코 추상적인 영역에 머물지 않는다. 그것은 우리가 매일 마주하는 윤리적 딜레마, 인간관계의 긴장, 정치적 혼란, 존재의 불안 속에서 그 진가를 드러낸다. 듀런트는 이 책을 통해 철학이란 무엇보다 '살아 있는 지혜'임을 일깨운다. 그 지혜는 때로는 냉철하고, 때로는 따뜻하며, 때로는 격렬하지만, 항상 인간에 대한 근본적인 애정에서 비롯된다. 그런 의미에서 『위대한 사상들』은 단순한 철학 입문서가 아니라, 인간 존재에 대한 정중한 묵상이다.

정신의 사계절을 걷는 길

철학은 사유의 추상성이 아니라, 구체적인 삶의 실천으로 이어질 때 비로소 빛난다. 듀런트는 철학자들의 이론을 소개하는 데 그치지 않고, 그들의 사유가 시대를 어떻게 변화시켰는지를 천착한다. 예컨대 로크와 루소의 사상은 단지 교육이나 정치이론을 넘어서, 근대 민주주의의 제도와 교육체계를 형성하는 밑거름이 되었다. 마르크스의 유물론은 노동과 자본의 관계를 새롭게 재조명했으며, 니체의 '초인' 개념은 현대 인간의 내면적 해방과 예술의 본질에 깊은 영향을 끼쳤다. 듀런트는 이러한 연결의 고리를 탁월하게 엮어내며, 사상이 역사가 되고, 역사가 다시 사유로 환원되는 역동적 흐름을 보여준다.

철학이 종종 현실로부터 유리되어 있다는 인식을 깨뜨리는 것도 이 책의 중요한 기여다. 듀런트는 '생각하는 인간'이야말로 가장 현실적인 존재라고 말한다. 그에게 철학은 삶의 무게를 이겨내기 위한 무기이자, 혼돈 속에서도 방향을 잃지 않기 위한 나침반이다. 그는 철학자들을 단지 고상한 담론의 장에 올려놓지 않고, 고뇌하고 사랑하며 실패했던 인간으로 그려낸다. 그래서 이 책은 위대한 사상들에 대한 존경만큼이나, 그들의 인간적 연약함에 대한 깊은 공감을 이끌어낸다.

이러한 서술은 우리에게 질문을 던지게 한다. 우리는 왜 철학을 읽는가? 그것은 우리가 단지 지식을 쌓기 위해서가 아니라, 더 나은 인간, 더 나은 사회, 더 나은 세계를 만들기 위해서다. 듀런트는 철학이란 결국 삶의 방식이며, 그 어떤 시대보다도 지금 이 순간, 철학이 필요하다고 강조한다. 가치의 혼란, 진리의 왜곡, 인간성의 위기가 만연한 현대사회에서 철학은 단지 과거의 유물이 아니라, 오늘을 지탱하는 숨은 뿌리다.

『위대한 사상들』은 그렇게 고대에서 현대까지 이어진 사유의 항로를 따라 우리를 인도한다. 그것은 단지 위대한 이들의 생각을 따라 걷는 일이 아니라, 우리 자신의 질문을 품고, 우리만의 답을 찾기 위한 여정이다. 진정한 사유는 세상을 바꾸는 힘을 지닌다. 단지 사고의 유희가 아니라, 실천으로 향하는 지성의 불꽃이 되어야 한다는 점에서, 듀런트는 철학의 목적을 일관되게 "삶의 개선"에 두었다. 그는 철학자들이 앉아 있는 상아탑을 부수고, 그 사상을 거리와 광장으로, 노동자의 손과 교사의 말로 옮기고자 했다. 『위대한 사상들』의 진정한 위대함은 바로 이 지점에 있다. 철학이 인간의 심장을 뛰게 하고, 정의를 외치게 하며, 무엇보다 스스로를 성찰하게 한다는 사실을 그는 단 한 줄의 서술에서도 놓치지 않는다.

듀런트는 사상가들의 생애를 주의 깊게 따라간다. 그들의 생각은 저절로 나온 것이 아니라, 시대의 억압과 불안, 고통과 실패 속에서 정련된 결과였음을 보여준다. 데카르트의 방법론은 회의와 불신이 팽배한 시대에서 나온 신념의 추구였고, 스피노자의 일원론은 유대인으로서 겪은 차별과 추방의 삶 속에서 얻어진 관용의 철학이었다. 이는 결국 철학이란 고통의 언어이자, 고독 속에서 길어 올린 보편의 진리라는 사실을 증명한다.

철학이 말하는 자유의 뿌리

듀런트는 여러 사상가들 가운데 자유를 가장 일관되게 탐구한 인물로 존 스튜어트 밀을 꼽는다. 그는 밀의 『자유론』을 단순한 정치 철학이 아니라, 인간 존재에 대한 깊은 신뢰와 책임의 철학으로 본다. 밀은 "개인이 자신의 삶을 결정할 권리는 그 무엇보다 우선한다."고 말한다. 이 선언은 오늘날에도 여전히 의미를 지닌다. 사회는 발전했지만, 다수의 이름으로 개인을 억누르고, 규범이라는 이름으로 자유를 제한하는 구조는 여전하다.

듀런트는 밀의 주장을 곧바로 오늘의 우리에게 연결한다. 그는 자유란 방종이 아니며, 타인의 자유를 인정하는 동시에 스스로의 책임을 감당하는 태도라고 강조한다. 이 관점은 인간 관계의 윤리, 민주 사회의 가치, 그리고 무엇보다 자아 성숙의 기초로 이어진다. 위대한 사상들은 바로 이러한 핵심 가치를 다루며, 독자에게 자유란 무엇이며, 우리는 그것을 어떻게 지켜야 하는지를 질문하게 만든다.

이런 관점에서 이 책은 단지 철학사를 넘어서, '가치의 교과서'로도 읽힌다. 플라톤이 정의를 말하고, 아리스토텔레스가 중용을 설파하고, 니체가 힘의 의지를 강조한 것은 단지 개념이 아니라, 삶의 선택과 실천을 위한 원리였기 때문이다. 듀런트는 철학을 읽는다는 것이 결국 자신의 삶을 읽는 것임을, 그 누구보다 진중한 어조로 보여준다.

오늘을 위한 고전의 목소리

현대는 과거 어느 시대보다 정보가 넘치지만, 통찰은 희귀하다. 듀런트는 이 책을 통해 고전이야말로 그러한 통찰의 보고라고 말한다. 그에게 고전은 낡은 생각이 아니라, 인간 존재의 본질을 이해하고자 하는 영원한 대화이다. 고전 속 철학자들은 우리가 마주하는 불안, 권력, 책임, 사랑, 죽음에 대해 이미 오래전부터 사유했고, 그 깊이는 오늘날의 어느 SNS보다도 단단하다.

그렇기 때문에 『위대한 사상들』은 단순히 과거를 회고하는 책이 아니라, 미래를 위한 나침반이다. 듀런트는 우리가 사유를 멈출 때 어떤 일이 벌어지는지를 경고한다. 전체주의, 무비판적 추종, 정치적 극단, 개인주의의 왜곡들이 그러하다. 그런 점에서 철학은 단지 몇몇 사람의 고상한 취미가 아니라, 문명 전체를 지키는 최후의 방어선이다.

위대한 사상은 불멸하지 않지만, 그것이 남긴 질문은 사라지지 않는다. 이 말은 철학이라는 여정이 종착점이 아니라, 계속되는 순례임을 의미한다. 독자 또한 이제 그 여정의 한 사람으로 초대받는다. 『위대한 사상들』은 그런 의미에서 지식의 책이 아니라, 지혜를 향한 성실한 문이다. 우리는 이 문을 열고 나아가야 한다. 왜냐하면 질문 없는 삶은, 더 이상 인간답지 않기 때문이다.

저자 소개 _____

윌 듀런트는 미국의 역사학자이자 철학자로, 깊은 통찰과 우아한 문체로 수많은 고전과 사상가들을 대중에게 소개한 인문학의 거장이다. 대표작인 『문명 이야기』 시리즈로 퓰리처상을 수상했으며, 평생에 걸쳐 철학, 문명, 인간성의 본질을 탐구하였다. 그에게 철학은 삶을 위한 도구였으며, 그의 글은 사유의 숲에서 길을 잃은 이들에게 언제나 밝은 등불이 되어 주었다.

장 칼뱅

기독교 강요
은혜와 진리를 향한 지성의 순례

키워드: 신정론, 예정론, 은총, 회심, 진리

하나님을 향한 탐구는 곧 인간 자신에 대한 인식으로 이끈다. 인간은 스스로를 알기 위해 절대자를 향해 눈을 들어야 하고, 하나님을 올바로 알기 위해 인간의 본성에 대해 솔직해야 한다. 장 칼뱅의 『기독교 강요』는 바로 이 두 인식의 상호작용을 신학의 출발점으로 삼는다. 칼뱅은 "하나님을 아는 지식과 인간 자신을 아는 지식은 서로 밀접하게 연결되어 있다"고 말하면서, 신학이란 단지 교리를 정리한 체계가 아니라 경외와 고백의 언어임을 천명한다. 그가 의도한 신학은 구체적인 삶과 떨어져 존재하지 않으며, 인간의 전 인격을 향한 하나님의 다가오심에 대한 응답으로 구성된다.

칼뱅의 사유는 첫 장부터 하나님 앞에 선 인간 존재의 비참함과 동시에 그 속에서도 놓지 않은 하나님의 자비에 대한 인식으로 전개된다. 그는 죄로 말미암아 타락한 인간의 지성을 깊이 분석하며, 아무리 뛰어난 이성이라 하더라도 스스로 하나님께 이를 수 없다고 단언한다. 그러나 여기서 인간은 전적으로 무가치한 존재로 전락하지 않는다. 칼뱅의 신학에는 엄격함만이 아니라, 거룩한 질서 안에서 회복을 부르시는 하나님의 섭리가 내재되어 있다. 『기독교 강요』는 하나님의 거룩함과 인간의 죄악 사이의 깊은 간극을 직시하면서도, 그 간극을 메우는 하나님의 은혜에 중심을 둔다.

예정과 은총에 관한 근본적 사유

칼뱅의 예정론은 자주 오해의 대상이 되어왔다. 그는 예정이란 말로 하나님의 주권적 선택을 가리키며, 인간의 구원에 있어서 모든 영광은 오직 하나님께만 돌려져야 한다고 주장한다. 이는 인간의 자유의지를 부정하기 위함이 아니라, 구원이 인간의 공로가 아니라 하나님의 은총이라는 점을 명확히 하기 위한 교리적 장치이다. 인간은 자신의 의지로 하나님을 찾지 못하며, 오직 선택받은 이들에게만 성령의 조명이 임한다는 이론은 인간 중심의 사고를 뒤흔들며, 신 중심의 세계관을 뿌리내리게 한다.

그러나 칼뱅의 예정론은 냉혹한 운명론이 아니다. 그는 반복적으로 하나님은 공의와 자비의 하나님이시며, 신자에게 예정은 공포가 아니라 위로가 되어야 한다고 강조한다. 하나님이 인간의 구원을 미리 아시고 정하신다는 이 교리는 궁극적으로 신자의 마음을 하나님께로 견고히 이끄는 신뢰의 기둥이 된다. 신자는 자신의 상태에 따라 하나님과의 관계를 판단하지 않고, 오히려 하나님의 불변하신 약속 안에서 소망을 품게 된다.

진리와 경건 사이의 긴장 속에서

『기독교 강요』는 신학적 사변에 머물지 않는다. 칼뱅은 이 책을 통해 신자의 전 존재가 어떻게 변화되어야 하는지를 설명한다. 그는 진리를 아는 지식은 반드시 경건으로 이어져야 하며, 신학이란 삶의 실천을 떠난 언어적 장식이 되어서는 안 된다고 경고한다. 신자는 단지 교리를 암기하는 자가 아니라, 그 진리로 살아내는 자이다. 그러므로 참된 신앙은 삶의 모든 영역에서 하나님을 주로 인정하는 태도로 나타나야 하며, 정치와 경제, 예배와 일상, 심지어 양심과 감정에 이르기까지 하나님의 통치가 미쳐야 한다.

칼뱅의 이러한 사유는 "모든 지식은 하나님께 영광을 돌리는 데 있어야 한다"는 원칙 아래에 놓인다. 그는 경건을 단순한 종교적 감정이 아니라, 마음의 중심이 하나님께 고정된 상태로 설명하며, 이것이야말로 신자의 일상적 삶 속에서 구현되어야 할 영적 질서라고 본다. 예배는 이 경건의 정점에서 발생하는 사건이다. 칼뱅은 예배를 단순한 의례나 감성의 발산이 아닌, 하나님의 말씀과 성령의 능력으로 이끌어지는 깊은 만남의 장으로 바라보았다. 특히 그는 설교를 통해 하나님의 말씀이 살아있는 현실의 언어가 되어야 한다고 주장하며, 성경 중심의 예배 회복을 강하게 역설한다.

『기독교 강요』는 하나의 교리서가 아니다. 그것은 인간의 가장 깊은 질문, "하나님은 누구인가? 나는 누구인가?"에 대한 응답의 기록이며, 하나님 앞에 살아가는 존재로서 인간이 어떻게 자신을 직면하고, 어떻게 은혜를 받아들이며, 어떻게 진리를 따라 살아갈 것인가를 안내하는 등불과 같다. 칼뱅은 철저히 하나님 중심적이지만, 동시에 인간의 고통과 의심, 연약함에 깊은 공감을 가지고 접근한다. 이 책을 읽는 독자는 하나의 신학 사조를 따라가기보다, 하나님 앞에 자신의 존재를 다시 세우는 성찰의 여정을 시작하게 된다.

칼뱅의 신학은 단순히 사상의 체계를 구축하는 데서 멈추지 않는다. 그것은 시대를 초월하여 한 신자가 하나님 앞에 어떻게 살아야 하는지를 구체적으로 묻고 응답하는 실제적 여정이다. 『기독교 강요』는 구원의 서정을 논리적으로 정리하면서도, 그 모든 논의의 종착점을 '하나님의 영광'에 둔다. 신앙은 이론이 아니라 방향이다. 칼뱅에게 있어서 신자는 그 방향을 잃지 않기 위해 끊임없이 말씀 앞에 서야 하며, 성령의 내적 조명 없이 인간은 아무것도 깨달을 수 없다는 것을 인정해야 한다. 이때의 성령은 단지 감정을 고양시키는 존재가 아니라, 진리를 이해하고 받아들이게 하는 하나님의 내적 역사이다.

교회의 본질에 대한 칼뱅의 고찰은 특히 오늘날 다시 돌아볼 만한 가치가 있다. 그는 교회를 단순한 제도나 인간 공동체로 보지 않았다. 교회는 하나님의 말씀과 성례가 정당하게 시행되는 장소이며, 그 안에서 믿음이 형성되고 성장한다. 그러나 동시에 교회는 불완전하다. 세상 속에서 여전히 죄와 연약함에 노출되어 있기 때문이다. 그러므로 교회를 향한 모든 기대는 동시에 현실적인 절제로 조율되어야 한다. 칼뱅은 교회를 향한 이상을 품되, 그 이상이 교만이나 독단으로 변질되지 않도록 날카로운 자각을 강조했다. 진정한 교회는 정결한 공동체가 아니라, 회개하는 공동체다. 이것은 신앙의 완결이 아니라, 지속적인 갱신의 현장이라는 것을 뜻한다.

하나님 나라의 질서를 실현하는 소명

칼뱅의 사상은 개인 구원에 머무르지 않는다. 그는 사회와 문화, 정치에 이르기까지 하나님의 질서가 구현되어야 함을 역설했다. 이는 단순한 신정정치의 요구가 아니라, 인간이 창조된 목적에 부합하는 책임을 다하는 삶의 방식이었다. 칼뱅은 각자가 받은 소명을 하나님의 부르심으로 이해하고, 그 소명을 성실히 감당하는 것이 곧 예배의 연장선이라고 주장했다. 노동은 단지 생계를 위한 수단이 아니라, 하나님의 뜻을 이루는 삶의 장이다. 이런 인식은 종교개혁 이후 유럽 사회의 직업윤리와 정치문화, 교육 정신에 깊이 영향을 끼쳤다.

또한 칼뱅은 시민 사회의 질서를 하나님 앞에서 정당화하고 재정립하려 했다. 그는 통치자들이 하나님의 대리자로서 정의를 시행하고 공공선을 추구해야 한다고 보았고, 시민은 이 질서를 존중하되 부당한 권력에 저항할 수 있는 근거도 제시하였다. 이것은 단순한 복종의 신학이 아니라, 신자의 정치적 양심과 신앙적 분별력을 함께 요구하는 사상이다. 이런 균형은 오늘날에도 기독교인이 공공영역에 참여할 때 어떤 태도와 원칙을 가져야 하는지를 성찰하게 만든다.

은혜의 교리와 존재의 변화

『기독교 강요』의 중심에는 끊임없이 은혜라는 단어가 맴돈다. 은혜는 인간의 어떤 공로나 자격 이전에 하나님이 먼저 베푸신 구원의 선물이며, 그 은혜를 깨달은 자만이 진정한 겸손에 이르게 된다. 칼뱅은 인간 존재의 회심을 단순한 감정의 변화가 아니라 존재론적 전환으로 이해했다. 하나님이 주도하시는 회심은 인간의 의지와 사고, 감정, 행동을 새롭게 하며, 죄에 대한 분노와 하나님에 대한 사랑을 동시에 각성시킨다. 회심은 한순간의 사건이 아니라, 전 생애를 걸쳐 지속되는 내적 싸움의 여정이다.

특히 칼뱅은 성화에 대해 깊이 있는 통찰을 보여준다. 그는 성화란 '의롭다 하심'을 받은 자가 마땅히 드러내야 할 삶의 열매이며, 이 열매는 자율적 결단보다 성령의 열매로서 드러난다고 보았다. 그러므로 칭의는 종말이 아니라 출발이며, 성화는 구원의 증표인 동시에 하나님 앞에서 인간이 되어가는 과정이다. 경건과 절제, 사랑과 인내, 겸손과 진리는 모두 칼뱅이 제시한 성화의 실질적 표현이다.

이처럼 『기독교 강요』는 인간의 전 존재를 신학적으로 비추는 렌즈이자, 신자의 모든 일상과 공동체를 복음의 빛 아래 세우는 촛불이다. 그것은 단지 과거의 교리서가 아니라, 지금도 우리에게 '어떻게 살 것인가'를 묻는 신앙의 거울이다. 칼뱅은 거친 세상 속에서도 하나님께 마음을 고정시키는 훈련을 제시했고, 그 훈련은 오늘날 신자들에게도 여전히 유효하다.

『기독교 강요』는 한 사람의 신학이 아니라, 한 세대의 고백이며, 궁극적으로는 하나님과 인간이 서로를 부르는 영혼의 응답이다. 그것은 무겁고도 맑은 책이며, 사유의 깊이를 지나 경건의 향기를 남긴다. 그 속에서 우리는 하나님의 은혜 앞에 선 존재로서, 더 깊은 책임과 더 분명한 방향을 발견하게 된다.

저자 소개

장 칼뱅은 프랑스 출신의 신학자이자 종교개혁가로, 제네바를 중심으로 개혁신학을 확립하고 『기독교 강요』를 통해 후대 신학과 교회에 결정적인 영향을 미쳤다. 그는 하나님의 절대주권과 은혜의 구원에 대한 강력한 신념을 바탕으로, 인간 존재 전체를 하나님 중심의 질서로 회복시키는 신학을 펼쳤다. 그의 사상은 현대 개신교의 정체성과 실천 윤리에도 큰 영향을 끼쳤다.

재레드 다이아몬드

총, 균, 쇠

문명의 갈림길에서 인류를 묻다

키워드: 문명, 환경결정론, 불평등, 기술, 역사

  인류는 어떻게 이토록 불균형한 세상을 만들었는가. 왜 어떤 민족은 다른 민족보다 더 많은 자원을 차지하고, 기술을 먼저 발전시키고, 정복자의 자리에 설 수 있었는가.『총, 균, 쇠』는 이 질문에 대해 단순한 인류학적 호기심이 아니라, 문명 전체를 꿰뚫는 역사적 통찰로 대답한다. 재레드 다이아몬드는 인종적 우월이라는 오랜 편견을 넘어서, 자연환경과 지리적 요인의 차이가 인간 사회의 발전에 결정적인 역할을 했다는 사실을 집요하게 추적한다. 그의 분석은 우리가 기존에 받아들여온 문명 서사의 틀을 깨뜨리며, 인류가 만든 불평등의 뿌리를 자연의 형편에서 다시 읽어내게 한다.

  "왜 유럽인들이 다른 대륙을 정복할 수 있었는가?"라는 질문은 단순한 역사적 호기심을 넘어, 인류 문명 전체를 되돌아보게 하는 근본적인 물음이다. 다이아몬드는 그 원인을 인종의 우월성이나 지능의 차이에서 찾지 않는다. 그는 인간은 모두 같은 종이며, 그 차이를 만든 것은 사람의 능력이 아니라 '환경의 조건'이라고 말한다. 어떤 땅은 농사를 짓기에 알맞은 기후와 식물군을 가졌고, 또 어떤 곳은 가축화할 만한 동물이 풍부했다. 유라시아 대륙은 이러한 점에서 압도적인 이점을 지녔다. 대륙이 동서로 길게 뻗어 있었기에 작물과 기술, 사상이 비슷한 기후대 안에서 빠르게 퍼질 수 있었고, 그 결과 생산력과 사회 조직이 발달했다. 이런 환경적 축적이 결국 '총과 균과 쇠'로 상징되는 문명의 힘을 낳았던 것이다. 반면 아메리카와 아프리카, 오세아니아는 이러한 구조적 혜택에서 멀리 떨어져 있었다. 남북으로 길게 이어진 지형 탓에 기후 변화가 심했고, 농경과 교류가 제한되었다. 그 결과 인류의 역사에서 중심과 주변이 갈렸고, 세계의 주도권 역시 자연이 그어놓은 경계 속에서 달라졌다.

다이아몬드는 인간의 우열을 이야기하지 않는다. 그는 문명의 발전을 결정짓는 요인으로 세 가지를 들고 있다. 총(Guns), 균(Germs), 쇠(Steel). 이 셋은 기술적 우위, 전염병의 내성, 무기력한 방어를 만들어내며, 결국 역사 속 정복과 저항, 지배와 피지배의 구조를 형성해왔다. 이 책은 그것이 불가피했음을 말하지 않는다. 다만 그 결과가 단지 운이나 영웅의 리더십, 유전적 우월성에서 비롯된 것이 아님을 강조한다. 그것은 더 넓고 오랜 시간 동안 지속된 환경의 축적된 조건들이 만들어낸 방향성이라는 것이다.

환경이 이끄는 문명의 경로

다이아몬드는 유라시아 대륙이 곡물화가 가능한 식물 종, 가축화

가능한 동물 종, 그리고 동서 방향으로 이어진 지형이라는 세 가지 요인을 갖추고 있었다는 점에 주목한다. 이러한 조건들은 농업의 조기 발달과 그것의 확산을 촉진시켰고, 농업은 결국 인구 밀도를 증가시키며 도시와 제국의 형성을 가능케 했다. 반면 아프리카나 아메리카 대륙은 같은 방식의 확산 경로를 갖지 못했다. 북남 방향의 대륙 구조는 기후와 생태계의 급격한 변화를 불러왔고, 농업기술의 전파를 어렵게 만들었다. 결과적으로 이러한 구조의 차이가 기술 격차와 사회 체계의 분화로 이어졌다는 것이다.

다이아몬드는 또한 인간의 의도나 창조성을 과대평가하지 않는다. 그는 '기술의 발전은 반드시 위대한 천재의 산물이 아니다'라고 단언한다. 오히려 이미 존재하는 기술이 얼마나 빠르게 확산되고, 그것을 받아들이는 사회가 얼마나 열려 있느냐에 따라 그 문명의 진화가 달라진다고 본다. 즉, 문명은 발명의 집합체가 아니라, 환경의 압력 속에서 필연적으로 적응하고 축적해온 선택의 결과이다. 이 과정에서 특정 사회는 총을 만들고, 병원균에 적응하며, 강철 무기를 만들어 냈고, 그 결과 다른 사회보다 지배적인 위치에 서게 되었던 것이다.

문명의 불평등을 넘는 새로운 이해

『총, 균, 쇠』는 불편한 진실을 말한다. 우리가 자랑스러워하던 문명의 우위가 사실은 자연적 우연과 지리적 유리함에 기반한 것이었다는 점, 그리고 문명이 '우월함'의 기준이 될 수 없다는 점을 드러낸다. 이 책이 제시하는 환경결정론은, 인간의 자유의지나 창조성을 부정하는 것이 아니라, 그 출발점이 평등하지 않았음을 정직하게 말하려는 시도다. 이는 동시에 인류가 그동안 짊어져온 식민주의적 사고의 프레임을 벗어나게 해준다.

다이아몬드는 세계사에서 패배한 문명, 지배받은 민족을 단지 역사의 뒷전으로 밀어내지 않는다. 그는 오히려 그들이 처한 구조적 한계에 대한 이해를 요청하며, 역사의 공정한 시선을 회복하고자 한다. 따라서 이 책은 단순한 학술서가 아니라, 인류의 오만에 대한 반성과 문명의 다양성에 대한 존중을 담은 철학적 에세이에 가깝다. 우리가 인류의 미래를 고민할 때, 이러한 시각은 반드시 필요한 전환의 열쇠가 된다.

이처럼 『총, 균, 쇠』는 우리가 '당연하다고 믿었던 문명 발전의 이야기'를 낯설게 바꾸며, 인간의 본성과 사회의 조건을 다시 사유하게 한다. 그것은 인류학과 생물학, 역사와 지리학을 아우르는 학제 간 통찰의 결정체이며, 우리가 스스로의 문명을 되돌아보는 거울이기도 하다.

기술, 병원균, 그리고 권력의 전이

『총, 균, 쇠』의 핵심 주장은 단순히 환경이 문명의 시발점을 제공했다는 데에 그치지 않는다. 다이아몬드는 인류 역사의 전환점마다 등장하는 기술, 병원균, 금속 무기라는 세 가지 요소가 어떻게 서로 연쇄적으로 작동했는지를 날카롭게 추적한다. 총은 단지 살상의 도구가 아니라 권력의 집중을 가져왔고, 병원균은 정복보다 더 파괴적인 정화를 불러왔다. 그리고 쇠, 즉 금속의 제련 기술은 곧 농업과 군사의 결정적 도약이 되었다. 이 세 가지가 결합된 문명은 어느 순간부터 더는 '함께 살아가는 인류'가 아니라, '상대를 지배하는 종'으로 자신의 정체성을 바꾸게 된다.

특히 병원균에 대한 통찰은 이 책의 가장 도전적인 주장 중 하나다. 유럽의 식민주의가 원주민 사회를 파괴한 주요 원인은 총검보다 먼저 퍼진 전염병이었다. 천연두와 홍역, 독감은 면역력이 없던 아메리카 원주민을 절멸시키며 문명을 붕괴시켰고, 오세아니아와 아프리카의 사회 구조 또한 병원균 앞에서 무방비 상태였다. 역설적이게도, 유라시아의 인구 밀집과 가축 중심의 농경 사회가 만들어낸 전염병의 토양이 오히려 유럽 사회에 강한 면역 체계를 길러주었다는 것이다. 문명은 자신이 낳은 병원균을 정복의 도구로 삼게 되었고, 그것은 단지 정치적 결과가 아니라 인류 생태의 재편이었다.

쇠와 같은 물질의 힘은 훨씬 더 직접적인 충격을 안겨준다. 농기구는 식량을 늘렸고, 도검은 타인을 지배할 권력을 가능케 했다. 그러나 다이아몬드의 핵심은 '무엇을 만들었는가'가 아니라 '어디서부터 만들 수 있었는가'에 있다. 광물 자원이 풍부하고, 그것을 제련할 수 있는 기술이 유입된 지역이 먼저 앞서 나갈 수밖에 없었다. 따라서 기술의 차이는 발명가의 천재성보다 지리적 조건의 결과였으며, 그것이 문명의 속도차를 만들었다는 분석은 우리가 기술 진보에 품은 오만을 되돌아보게 한다.

역사로서의 윤리, 문명으로서의 책임

『총, 균, 쇠』는 지식의 체계가 윤리적 책임과 어떻게 연결되어야 하는지를 묻는 책이기도 하다. 인간은 흔히 진보를 도구의 발전과 동일시한다. 그러나 다이아몬드는 문명의 진보란 윤리적 사유와 구조적 성찰이 병행되어야 가능하다는 사실을 강조한다. 그는 묻는다. 우리가 만든 이 불평등은 정말 피할 수 없는 운명이었는가. 만약 문명의 기원이 자연적 환경에 좌우되었다면, 오늘날 우리가 직면한 불평등은 단지 역사적 산물일 뿐인가. 아니면 그것을 유지시키는 또 다른 구조의 폭력이 지금도 작동하고 있는 것은 아닌가.

이 물음은 오늘의 세계에서 더욱 절실하게 다가온다. 기후 위기, 팬데믹, 정치적 양극화는 단지 기술이 부족해서가 아니라, 우리 안의 역사적 무지를 방치한 결과이다. 다이아몬드는 과거를 해석하는 일은 곧 미래의 선택을 가능하게 한다고 본다. 그렇기에 이 책은 지식인의 독백이 아니라, 인간 전체를 향한 문명의 메시지다. 그는 우리가 마주한 불평등의 뿌리를 다시 쓰되, 그것이 '누가 우월한가'의 경쟁이 아니라, '어떻게 함께 살 것인가'의 질문으로 전환되어야 한다고 말한다.

이 책의 진짜 위대함은, 독자에게 '해답'을 주는 데 있지 않다. 오히려 '질문'을 다시 던지게 하는 데 있다. 왜 우리는 스스로를 진보한 존재라 여기면서도 여전히 타자를 혐오하고, 다름을 두려워하며, 공존을 주저하는가. 왜 문명은 늘 중심과 주변을 나누고, 주변의 목소리는 쉽게 사라지는가. 이런 물음 앞에서 다이아몬드는 한 지리학자의 언어로 말하지만, 그의 글은 결국 윤리학자의 심장으로 뛰고 있다.

『총, 균, 쇠』는 세계를 획일적인 잣대로 재단하는 오만에서 벗어나, 각각의 문명과 사회가 지닌 고유성과 필연성을 이해하고자 하는 겸손의 문학이다. 그것은 문명 간의 우열을 재단하는 책이 아니라, 문명 간의 차이를 숙고하는 책이며, 우리 모두가 어떻게 이 불완전한 세계를 조금 더 정의롭고 지속 가능하게 만들어갈 수 있을지를 묻는 질문의 서문이다.

이런 점에서 이 책은 단지 과거를 설명하는 데 그치지 않고, 우리의 미래를 함께 설계하는 '지적 약속'이 된다. 그것은 각자의 자리에 선 인간들이 더는 중심과 변방으로 나뉘지 않고, 서로의 삶을 이해하고 책임지는 '지구 시민'으로 나아가기 위한 정신의 지도이다.

저자 소개 _____

재레드 다이아몬드는 미국의 진화생물학자, 지리학자, 생리학자이자 저술가이다. UCLA에서 생리학 교수로 재직하면서도 역사학과 지리학을 넘나드는 융합적 연구로 세계적 명성을 얻었다. 『총, 균, 쇠』는 퓰리처상을 수상하며 큰 반향을 일으켰고, 이후 『문명의 붕괴』, 『어제까지의 세계』 등을 통해 인류 문명의 진화와 생존에 관한 날카로운 통찰을 이어가고 있다.

블레즈 파스칼

팡세

깊은 밤의 사유, 구원의 여명

키워드: 허무, 이성, 믿음, 인간 조건, 신비

인간은 무엇인가? 파스칼은 "생각하는 갈대"라는 상징적인 문장으로 우리 존재를 요약한다. 그는 우리 안의 고귀함과 동시에 무력함을 꿰뚫어본다. 『팡세』는 철저히 내면을 향해 질문을 던지는 책이다. 위대한 철학자이자 수학자인 파스칼은 삶의 의미를 묻는 질문 앞에서 더 이상 이성만으로는 충분하지 않다고 말한다. 그는 이성을 이해하고 존중하지만, 인간 존재의 심연은 이성 너머에 있다고 고백한다. 이 책은 인간 조건에 대한 철저한 해부이자, 동시에 그 속에서 신비의 가능성을 발견해내는 고독한 성찰이다.

고통스러운 사유, 그 끝에 있는 신의 침묵

『팡세』는 일관된 체계를 따르지 않는다. 그 이유는 이 책이 미완의 유고이기 때문이다. 그러나 바로 그 파편성 안에서 오히려 생생한 내면의 목소리를 듣게 된다. 정돈되지 않은 문장들은 논리보다 절실한 진실을 품고 있다. 인간이 어떤 존재인지, 죽음을 앞두고 무엇을 남기는지, 이 삶이 우연인지 목적을 향한 길인지—이 모든 질문이 날것 그대로 우리 앞에 펼쳐진다. 파스칼은 철학자이지만 동시에 기도자다. 그는 '말하기'보다 '묵상하기'를 택하고, 교조적 논리보다 간절한 침묵을 택한다.

파스칼이 반복해서 강조하는 것은 인간의 '모순된 상태'다. 인간은 무한과 유한 사이에 존재하며, 지식과 무지 사이를 끊임없이 왕래한다. 우리가 아무리 위대한 사유를 이루어낸다 해도, 그 모든 것은 끝내 '죽음'이라는 절벽 앞에서 무력해진다. 그는 "인간은 생각하는 갈대이다. 자연 가운데 가장 약한 존재이지만 생각을 할 수 있기 때문에 존엄하다"고 말한다. 이 사유는 인간 존재에 대한 가장 간명하고도 심오한 통찰이다. 인간은 부서지기 쉬운 존재이면서도 사유로서 무한을 향할 수 있는 가능성이다.

침묵을 견디는 자만이 진리를 기다릴 수 있다

자, 인간은 왜 불안한가? 인간은 고요를 견디지 못하기 때문이 아닐까 생각한다. 인간은 혼자 있는 시간을 피하려 하고, 오락과 활동으로 자신을 끊임없이 분산시킨다. 왜냐하면, 자기 자신과 대면하는 일이 고통스럽기 때문이다. 그래서 인간은 무엇인가를 '하는' 데 열중하지만, 정작 존재하는 법은 모른다. "인간의 모든 불행은 오직 한 가지, 즉 방 안에 가만히 있을 수 없다는 데서 비롯된다." 이 문장은 단순하지만, 인간의 내면을 향한 가장 날카로운 질문이다. 우리는 무엇을 피하고 있는가? 무엇을 회피하며 살아가는가?

　인간의 이성과 감정은 종종 대립하는 것처럼 보이지만, 파스칼은 둘 모두를 인정하면서도 결국에는 이성만으로 도달할 수 없는 차원이 있다고 말한다. 그것이 바로 '마음의 이성'이다. "마음에는 이성이 모르는 이성이 있다"고 이야기한다. 이 말은 단순한 시적 문장이 아니다. 이성의 도구로는 이해할 수 없는 진리, 사랑, 믿음, 신의 존재 등이 존재함을 뜻한다. 인간은 논증을 통해 신을 이해할 수 없으며, 사랑을 통해서만 신을 받아들일 수 있다고 그는 믿는다.

『팡세』는 인간 존재에 대한 끝없는 의문을 던진다. 파스칼은 스스로를 끊임없이 의심하며, 자신이 이해할 수 없는 것들에 대해 낙담하거나 포기하지 않는다. 오히려 그는 그 '이해할 수 없음' 속에서 경건한 두려움을 느끼고, 신의 침묵 속에서도 침묵의 메시지를 읽어낸다. 이는 인간 지성의 한계를 인정하는 태도이며, 동시에 그 너머에 있는 차원을 향해 마음을 여는 겸손이다. 그런 의미에서 이 책은 철학서이자 동시에 영혼의 일기다.

　이 책은 철저히 개인적인 사유의 산물임에도 불구하고, 시대를 넘어선 울림을 지닌다. 왜냐하면, 인간 존재에 대한 성찰은 결코 낡지 않기 때문이다. 파스칼은 답을 제시하려 하지 않는다. 그는 오히려 질문을 남긴다. 그리고 그 질문은 우리 안에서 계속 살아 움직인다. 철학이란 때때로 답보다 질문의 지속 가능성을 묻는 일일지도 모른다. 그 의미에서 『팡세』는 가장 근원적인 철학적 고백이며, 가장 고요한 기도의 언어이다.

인간은 스스로에 대해 얼마나 알고 있을까. 팡세는 이 물음을 집요하게 되묻는 사유의 연속이었다. 파스칼은 인간이 얼마나 위대하고 동시에 얼마나 나약한 존재인가를 끊임없이 주시한다. 그는 인간의 이성과 감정, 육체와 영혼, 시간성과 영원을 이중의 균열 안에서 파헤친다. 첫눈에 이 책은 단편적인 명상문들의 집합처럼 보일 수 있지만, 그 안에는 인간 실존의 비극성과 희망, 절망과 구원의 기묘한 긴장이 응축되어 있다.

침묵과 불안, 그 사이에 놓인 인간

팡세는 우주에 대한 두려움에서 출발한다. 인간은 무한한 공간 앞에 홀로 서 있으며, 그 공간은 침묵으로 가득 차 있다. 파스칼은 이 침묵을 공포로 느낀다. 영원한 침묵은 나를 두렵게 만든다는 말은, 단지 우주의 물리적 거대함에 대한 경탄이 아니라, 존재의 의미에 대한 허무와 불안을 드러낸다. 인간은 그 거대한 침묵 속에서 자신의 위치를 찾으려 하지만, 이성과 감정 어느 쪽으로도 뚜렷한 해답을 얻을 수 없다. 그리하여 인간은 근본적으로 '갈라진 존재'가 된다.

인간은 생각하는 갈대다. 파스칼의 이 유명한 표현은, 인간이 연약하지만 사유를 통해 위대하다는 것을 말한다. 그러나 파스칼은 단지 이성을 찬양하지 않는다. 그는 오히려 인간 이성의 한계를 누구보다 날카롭게 지적한다. 인간은 알고자 하지만, 결코 모든 것을 알 수 없다. 증명하고자 하지만, 마지막에서 항상 신비와 맞닥뜨린다. 인간의 이성은 날카로운 칼이지만, 어둠 속에서는 무디게 휘둘러질 뿐이다. 그러므로 파스칼은 인간의 이성을 경외함과 동시에 의심한다. 그 의심의 자리에서 '마음의 논리'가 등장한다.

인간은 이성과 감성 사이에서 흔들린다. 이성은 신의 존재를 논증하지 못하며, 감성은 신의 현존을 직관할 수 없다. 이 갈등은 인간 내면의 구조 속에 새겨져 있다. 파스칼에게 인간이란, "자신조차 이해할 수 없는 존재"이며, "자기 자신 안에서 끊임없이 부딪히는 존재"이다. 이러한 파스칼의 진단은 단지 철학적 명상이 아니다. 그것은 일상의 고통 속에서 신음하는 우리 모두의 자화상이기도 하다.

이 모든 긴장 속에서 인간은 결국 '믿음'이라는 기묘한 도약을 요구받는다. 파스칼의 내기 이론은, 이 신앙의 도약이 단지 감정이나 맹목이 아닌 합리적인 선택임을 역설한다. 신이 존재할 확률이 비록 50%라 할지라도, 신을 믿는 선택은 영원한 생명을 얻는 길이며, 믿지 않는다면 잃는 것은 전부라는 논리이다. 이 내기는 확률을 넘어서 존재의 선택으로 나아간다. 파스칼은 인간에게 어떤 절대의 증거도 주지 않지만, 그 대신 '무한의 가치'를 통찰할 기회를 준다.

신의 침묵과 인간의 자유

파스칼은 인간의 고통과 실존적 외로움이 곧 신을 향한 길이 된다고 본다. 인간은 이 땅에서 결코 완전한 위로를 찾을 수 없으며, 그 불완전함이 신을 갈망하게 만든다. 신은 숨겨진 존재이며, 침묵 속에서만 드러난다. 이때 신의 침묵은 인간의 방황을 허용하는 조건이며, 동시에 인간이 자유롭게 신을 선택할 수 있게 하는 여지다. 여기에서 파스칼은 신앙을 강요하지 않는다. 오히려 그는 인간이 끝없는 질문 끝에 도달한 자리에서 조용히 신의 존재를 맞이할 수 있음을 말한다.

신의 부재는 인간의 절망이지만, 파스칼에게 그것은 또한 은혜의 시작이다. 왜냐하면 침묵 속에서도 신은 존재하고, 인간은 그 침묵에 귀 기울이는 순간에야 비로소 존재의 깊이를 체험하기 때문이다. 파스칼은 신을 증명하지 않으며, 오히려 증명할 수 없음 속에서 신의 진실성을 역설한다. 이것이 바로 신비의 논리이며, 인간의 이성이 도달할 수 없는 곳에서 시작되는 초월의 사유다.

팡세는 인간의 죄성과 타락을 반복해서 언급한다. 그는 인간이 선을 추구할 수 없는 존재이며, 오직 신의 은총을 통해서만 구원받을 수 있다고 본다. 그러나 이 진단은 인간을 비관하는 것이 아니다. 오히려 그것은 인간이 진정한 자신을 직시하게 하고, 겸손하게 살아가게 하는 출발점이다. 파스칼은 죄를 강조하지만, 동시에 은총의 가능성을 함께 말한다. 그리하여 팡세는 고통의 철학이면서도 동시에 은혜의 철학이 된다.

파스칼은 '오락'을 비판한다. 오락은 인간이 자신의 존재의식을 잊고 도망치기 위한 장치다. 그것은 근심과 불안을 덮는 일시적인 가림막이며, 인간이 존재의 본질을 회피하는 방법이다. 파스칼은 인간이 진정한 자기 자신과 대면하려면, 이 오락의 장막을 걷어내야 한다고 말한다. 현대를 살아가는 우리가 여가, 소비, 분주함에 빠져 있는 모습을 본다면, 파스칼의 경고는 여전히 유효하다. 그는 인간이 정직하게 자기 자신을 응시할 수 있어야만, 신과의 관계가 시작된다고 믿었다.

팡세의 끝은 완성이 아니라 열림이다. 파스칼은 이 책을 완성하지 못한 채 세상을 떠났지만, 오히려 그 미완성이 이 책을 더 풍요롭게 만든다. 팡세는 한 인간의 내면이 부서지며 만들어낸 깨달음의 편린들이며, 신과의 긴장 속에서 인간으로서 어떻게 살아야 하는지를 묻는 기록이다. 그 물음은 지금 우리에게도 여전히 살아 있고, 파스칼의 침묵은 독자 안에서 새로운 말이 되어 속삭인다.

저자 소개

블레즈 파스칼은 프랑스의 수학자, 물리학자, 철학자이자 신학자로, 과학과 종교의 경계에서 깊은 사유를 펼쳤다. 젊은 시절에는 수학과 물리학 분야에서 놀라운 업적을 남겼고, 후기에는 신앙적 체험을 계기로 인간의 존재와 구원에 대해 철학적 탐구를 이어갔다. 『팡세』는 파스칼이 남긴 단편적인 사유의 집합으로, 인간 실존의 비극성과 신앙의 가능성에 대해 날카롭게 통찰한다.

카렌 암스트롱

신의 역사

신을 말하는 인간의 방식

키워드: 유일신, 상징, 진리, 종교적 상상력, 존재의 불안

인류는 언제부터 신을 생각하기 시작했을까. 대지에 씨앗을 뿌리고, 하늘을 바라보며 별을 세던 그 옛날 사람들 역시 자신을 넘어서는 어떤 존재를 향해 손을 모았을 것이다. 카렌 암스트롱의 『신의 역사』는 바로 그 '신을 생각하는 인간'의 지성사이자 감정사의 복합적인 연대기다. 저자는 신의 존재를 증명하려 하지 않는다. 대신 인간이 왜 신을 필요로 했고, 시대마다 신 개념이 어떻게 변모해 왔는지를 집요하게, 그러나 따뜻하게 추적한다. 그 여정은 곧 우리가 스스로를 어떻게 이해하고 있는가에 대한 긴 성찰의 기록이기도 하다.

신이라는 상징, 인간이라는 거울

암스트롱은 고대에서 현대까지 신의 개념이 단일하지 않았음을 분명히 한다. 유대교, 기독교, 이슬람이라는 세 유일신 종교가 등장하

기 이전, 고대 인간은 자연의 섭리를 의인화한 다신의 세계 속에 살았다. 태양과 달, 비와 바람은 모두 각각의 신이었다. 신은 초월적인 존재이기도 했지만 동시에 자연의 일부였고, 인간은 신의 섭리를 통해 세계의 질서를 배웠다. 이 시기의 신은 인간과 동등하거나 때론 인간보다 더 인간적인 존재였다. 우리가 전통적으로 생각하는 무한하고 절대적인 신은 오히려 나중에 구성된 개념이었다.

신이 점점 더 초월적인 존재로 격상되기 시작한 시점은, 인간 사회가 집단적 윤리를 구성하고 법과 도덕의 체계를 고민하던 시기와 겹친다. 이 과정을 '윤리의 종교화'라고 이야기한다. 고대 이스라엘에서 유일신 야훼가 출현했을 때, 그 신은 단순히 전쟁의 신이 아니었다. 그는 이방의 신들과는 달리, 도덕적 명령을 내리는 존재였고, 약자와 고아를 보호하는 정의의 신이었다. 신은 그 자체로 사회 정의의 상징이 되었으며, 인간의 내면을 지배하는 양심의 원형으로 자리를 잡아가기 시작한다.

그러나 이런 도덕적 초월자로서의 신 개념은 언제나 인간과 긴장 관계를 유지해왔다. 신이 절대적인 만큼, 인간의 이해와 감정을 초월하게 되었고, 신과 인간 사이의 거리도 함께 벌어졌다. 그래서 사람들은 다시금 신을 가까이 두기 위한 다양한 시도를 이어갔다. 이는 유대교의 랍비적 전통, 기독교의 성육신 사상, 이슬람의 수피즘에서 각기 다른 방식으로 표현된다. 암스트롱은 이 모든 흐름을 놓치지 않으며, 신을 이해하려는 인간의 애틋한 노력에 깊은 존중을 보인다.

배타의 신학에서 관계의 영성으로

  신을 말할 때, 우리는 종종 인간 중심적 오류에 빠진다. 신은 인간을 초월한 존재임에도, 우리가 가진 언어, 개념, 감정의 틀로 신을 해석하려 한다. 암스트롱은 신 개념의 역사를 해부하면서도, 이 문제를 계속해서 환기한다. 인간이 신을 이야기한다는 것은, 본질적으로 인간 자신을 이야기하는 것이다. 우리가 생각해온 모든 신 개념은, 결국 인간의 불안, 희망, 욕망, 경외가 투영된 상징이었는지도 모른다. 신은 인간이 바라는 질서와 의미의 총체이며, 때로는 그 갈망이 가장 순수한 형태로 응결된 결과였다.

  이 책에서 가장 인상적인 지점 중 하나는, 종교적 갈등과 신 개념 사이의 관계를 분석하는 대목이다. 유일신 사상은 강력한 응집력을 가지면서도 배타성을 동반했다. 기독교와 이슬람이 서로를 이단시하고, 유대교는 타종교와의 융합을 거부하며, 자신만의 경전 해석을 고집하는 현상은, 신 개념의 도그마화와 무관하지 않다. 암스트롱은 여기에 도전장을 내민다. 그녀는 진정한 신은 언제나 초월적이며, 어떠한 교리로도 완전히 규정될 수 없다고 본다. 신을 교리로 제한하는 순간, 인간은 스스로 만든 틀에 갇히게 되며, 신이 아닌 인간의 권위만 강화될 뿐이다.

  그러나 그렇다고 해서 암스트롱이 모든 종교를 상대화하거나 탈종교를 주장하는 것은 아니다. 오히려 그녀는 현대인에게 신을 다시 성찰할 것을 권한다. 과학이 세계를 설명해주는 시대에도, 인간은 여전히 의미를 찾아 헤매는 존재다. 신은 그 의미의 상징이자, 인간 존재의 질문을 묵직하게 떠받치는 영적 구조물일 수 있다. 신은 도그마가 아니라 질문이어야 한다. 신은 정답이 아니라 여정이어야 한다. 그녀의 이런 관점은, 신학과 철학, 인문학이 하나의 길 위에서 서로 손을 맞잡을 수 있다는 가능성을 열어준다.

신의 역사는 곧 인간의 역사이다. 우리가 어떤 신을 생각하고 믿어왔는지는, 우리가 스스로를 어떻게 보아왔는가에 대한 기록이다. 암스트롱은 이를 통해 인간이 궁극적으로 찾고자 하는 것은 '진리'라기보다, '의미'라고 말한다. 신은 그 의미를 부여하는 이름이었고, 시대마다 그 이름은 다른 형상을 띠었다. 그렇다면 지금 이 시대의 우리는, 어떤 이름으로 신을 부르고 있을까? 그것은 믿음에 대한 질문이자, 삶에 대한 질문이기도 하다.

신은 왜 침묵하는가

신이 존재하는가라는 질문보다 더 오래되고, 더 인간적인 질문은 신이 왜 침묵하는가라는 물음일 것이다. 카렌 암스트롱은 『신의 역사』에서 일관되게 신의 침묵과 인간의 갈망 사이의 간극을 성찰한다. 인간은 신을 향해 끊임없이 질문을 던져왔지만, 그 답은 늘 명확하지 않거나 때로 전혀 들리지 않는다. 이 침묵은 종교의 위기이자, 동시에 신앙의 가장 깊은 뿌리가 된다. 신의 역사란 사실상, 이 침묵의 의미를 해석해온 인간 이성의 기록이라고도 할 수 있다.

유대교에서 신의 말씀은 처음에는 직접적이고 절대적이었다. 그러나 예언자들이 사라지고, 성전이 파괴되며, 고대 유대교의 구조가 해체되면서 하나님의 음성은 더 이상 들리지 않게 되었다. 신이 침묵하는 그 시절, 인간은 율법이라는 언어를 만들어 신의 뜻을 해석하려 했다. 하지만 율법만으로는 하나님의 마음을 모두 담아낼 수 없었다. 결국 그 침묵 속에서 신에 대한 상상력은 더 깊어지고, 신학은 점점 더 복잡한 구조를 띠게 되었다.

기독교 역시 신의 침묵을 경험한다. 예수라는 인물이 등장하면서, 하나님은 인간의 형상을 입고 말하기 시작한 듯 보였다. 하지만 승천 이후, 교회는 다시 그 침묵과 마주해야 했다. 복음서는 기록되었지만, 하나님은 더 이상 직접 말씀하지 않았다. 인간은 다시 성경, 교리, 전통을 통해 하나님의 뜻을 유추해야 했다. 침묵은 고통스러웠지만, 그 안에서 신앙은 단순한 확신이 아닌 '신비의 감각'을 배우게 되었다.

이슬람에서도 알라의 계시는 무함마드를 통해 완결된 듯 보였지만, 이후 무수한 해석과 논쟁이 이어졌다. 알라는 가장 명확히 계시된 신이었지만, 그가 왜 인간의 삶에 끊임없는 불행을 허용하는지에 대한 질문은 끝나지 않았다. 무함마드 이후의 시대는 이 계시를 어떻게 이해하고 적용할 것인가에 대한 투쟁이었다. 결국 이 또한 신의 침묵 앞에 선 인간의 응답이었다.

이처럼 세 종교 모두는 신의 침묵과 그 해석의 역사 속에서 성장했다. 암스트롱은 이것을 단순한 역사 기술로 보지 않는다. 오히려 그녀는 이 침묵을 통해 인간이 신의 존재를 더 깊이 성찰하게 되었다고 본다. 말하는 신은 쉽게 우상이 된다. 침묵하는 신은 해석을 요구하고, 그 해석은 인간으로 하여금 끊임없이 자신의 윤리, 존재, 진리에 대해 성찰하도록 만든다. 그러므로 신의 침묵은 곧 인간의 질문을 낳는 창조적 힘이 된다.

우리가 만든 신

암스트롱의 문제의식은 "인간은 신을 만들었는가, 아니면 신이 인간을 창조했는가"라는 근본적 물음으로 이어진다. 그녀는 전통적인 무신론자처럼 신의 존재를 부정하지 않는다. 다만, 인간이 신을 어떻게 인식하고 묘사해왔는지를 추적함으로써 신의 개념이 고정된 실체가 아님을 보여준다. 다시 말해, '신'은 고정된 절대자가 아니라 시대와 문화를 반영하며 진화해온 상징적 존재라는 것이다.

고대 사회에서 신은 자연현상과 공동체 질서를 유지하는 기능을 수행했다. 인간은 해와 달, 폭풍과 번개에 신적 의미를 부여하며, 삶의 불안정성을 조절하려 했다. 이러한 신은 전능하거나 자애롭기보다는 때때로 분노하고 변덕스러웠다. 신의 성격은 그 사회의 질서와 도덕, 위계구조를 반영했다. 즉 신은 초월적 존재이면서 동시에 사회적 산물이었다.

시간이 지나면서 인간의 내면이 더 복잡해지자, 신의 개념도 점차 추상화되었다. 유일신 사상은 단일한 진리를 주장하면서도 동시에 폭력의 원인이 되기도 했다. 특히 중세 이후, 유일신 사상은 종종 다른 종교를 배척하고, 이단을 박해하며, 전쟁을 정당화하는 논리로 사용되었다. 암스트롱은 이러한 역사적 사실을 외면하지 않으며, 신에 대한 상상력이 언제나 선한 방향으로만 작동하지는 않았다는 점을 강조한다.

그럼에도 불구하고 암스트롱은 희망을 포기하지 않는다. 그녀는 신의 개념이 단지 역사적 유물이나 상징이 아니라, 인간의 내면 깊은 곳에 있는 '궁극적 실재에 대한 갈망'의 표현이라고 본다. 인간은 고통 앞에서 의미를 찾으려 하고, 사랑 앞에서 경외를 느끼며, 죽음 앞에서 경계를 넘어선 존재를 꿈꾼다. 신은 이 모든 인간적 경험의 가장 극단적인 자리에서 등장한다.

암스트롱에게 있어 신은 단지 믿음의 대상이 아니라, 인간 내면의 미해결된 질문들이 투영된 장이다. 신은 존재의 끝에서 우리를 기다리는 답변이라기보다는, 우리가 그 답을 찾기 위해 나아가게 만드는 질문 그 자체에 가깝다. 신은 완성된 결론이 아니라, 지속되는 탐색이며, 바로 그 탐색 속에서 인간은 자신을 넘어서기 시작한다.

『신의 역사』는 신을 해체하려는 책이 아니다. 오히려 암스트롱은 신이 고정된 개념이 아님을 밝힘으로써, 우리가 신과 신앙을 더 깊고 정직하게 이해할 수 있도록 이끈다. 이 책은 종교에 대한 비판이 아닌, 경외심을 회복하기 위한 시도이며, 신의 이름으로 저질러졌던 모든 폭력을 직시하면서도, 여전히 신이라는 개념이 우리에게 유효한 이유를 묻는다.

신은 인간의 손으로 빚어진 상이면서도, 그 상을 통해 인간이 스스로를 발견하게 만드는 거울이다. 우리는 신을 찾는 여정에서, 신이 아닌 인간 자신을 마주하게 된다. 그리고 그 깨달음이야말로 진정한 종교의 시작이자, 인간 정신의 가장 위대한 도약이다.

저자 소개

카렌 암스트롱은 영국의 종교학자이며 전직 수녀로, 세계 주요 종교들에 대한 깊이 있는 연구와 서술로 널리 알려져 있다. 특히 종교 간의 공통된 윤리성과 신비주의 전통에 관심을 가져 왔으며, BBC 다큐멘터리 진행자로도 활동했다. 그녀의 글은 종교를 단순히 신념 체계로 보지 않고, 인간 내면의 고통과 성찰, 그리고 공동체적 삶의 뿌리로서 조명한다. 『신의 역사』는 그녀의 대표작으로, 유대교, 기독교, 이슬람이라는 세 종교를 통해 인간이 신을 어떻게 경험하고 해석해왔는지를 깊이 있게 통찰하고 있다. 그녀는 종교 간 이해와 관용을 강조하며 '공감'을 인류의 핵심 덕목으로 제시한 학자다.

아우구스티누스
『고백록』
영혼의 어둠을 지나 신의 빛을 향하여

키워드: 회심, 자아, 시간, 사랑, 진리

    인간은 스스로를 고백할 때 비로소 존재의 깊이를 발견한다. 아우구스티누스의 『고백록』은 단지 과거를 회상하는 자서전이 아니다. 그것은 한 인간이 시간의 흐름을 거슬러가며, 자신의 삶을 철저히 되묻고, 내면의 어두운 숲을 지나 신의 얼굴을 찾기 위해 펼치는 지적인 고투이자 영혼의 여정이다. 아우구스티누스는 자신의 죄를 감추지 않고 드러낸다. 그의 말은 찢긴 상처처럼 거칠고, 때로는 깊은 절망의 강을 건너는 자의 탄식처럼 들린다. 그러나 그 고백의 끝에는 신의 은총이라는 빛이 기다린다. 그는 이 책에서 '말하는 자'이자 동시에 '듣는 자'이며, 자신의 내면에 남긴 흔적을 신 앞에서 정직하게 펼쳐 보인다. 그것은 고백이라는 형식을 통해 인간 존재의 실존적 진실에 다가가는 치열한 여정이다.
    그는 어린 시절부터 시작해 청년기의 방황, 철학과 수사학에 빠진 시기, 육체적 쾌락에 탐닉한 시간, 어머니 모니카의 기도와 사랑, 그리고 마침내 밀라노에서의 회심에 이르기까지 일생을 진실하게 들여다본다. 그의 글은 격정적이고 때로는 처절할 정도로 솔직하다. 그는 단지 과거를 떠올리는 것이 아니라, 과거를 통해 현재의 자아를 형성하며, 그 모든 기억을 신 앞에 내어놓는 행위를 통해 구원을 갈망한다. 고백은 그에게 있어 단지 죄의 목록을 나열하는 것이 아니다. 그것은 인간 존재의 부서진 파편을 모아, 신의 형상 아래서 다시 자신의 삶을 구성해가는 창조적 작업이다.

한 사람의 영혼은 어디서 시작되고 어디로 향하는가. 아우구스티누스는 이를 스스로에게 묻고, 그 물음에 대한 답을 기도로, 성찰로, 그리고 침묵으로 이어간다. 그는 인간의 내면이 얼마나 복잡하고, 동시에 신을 향해 열려 있는지를 시처럼 서술한다. 내면이란 단지 감정의 저장고가 아니라, 신과 마주하는 성전임을 그는 일깨운다. 인간의 모든 말과 침묵, 사랑과 증오, 욕망과 고통은 결국 신과의 관계 안에서 해석되고 구원받는다. 이 책은 인간이 신을 찾아가는 책이면서 동시에, 신이 인간을 찾아오는 기록이다.

시간이라는 신의 거울 앞에서

『고백록』의 중심에 있는 철학적 주제 중 하나는 '시간'이다. 아우구스티누스는 시간에 대해 묻는다. 우리가 말하는 과거는 이미 사라졌고, 미래는 오지 않았으며, 현재마저도 흘러가는 찰나다. 그렇다면 시간은 무엇인가? 그는 시간의 실체를 단순히 외적 흐름으로 보지 않고, 인간 내면의 의식 속에서 경험되는 것으로 파악한다. 과거는 기억 속에, 현재는 주목 속에, 미래는 기대 속에 존재한다. 시간은 객관적 대상이 아니라, 인간의 영혼이 신과의 관계 안에서 살아가는 방식이다.

  그는 시간의 덧없음 속에서 영원을 갈망한다. 모든 인간은 흘러가는 순간 속에서 무언가 '항구적인 것'을 찾는다. 그래서 그는 시간 속에 사로잡힌 인간이 어떻게 영원의 신과 만날 수 있는지를 끊임없이 탐색한다. 그의 고백은 단지 과거의 기억을 되살리는 일이 아니다. 그것은 시간을 통과하여, 영원 속에 있는 신의 시선으로 자신의 삶을 바라보려는 시도이다. 그는 인간의 연약함과 무지, 욕망과 실패를 시간의 빛 아래에 드러내며, 그 모든 시간의 굴곡 속에서도 흔들리지 않는 신의 섭리를 발견하려 한다.

  그에게 시간은 구원의 드라마가 펼쳐지는 무대다. 인간은 자신의 과거를 돌아보며 통회하고, 현재의 순간을 붙들어 회심하며, 미래에 대한 소망으로 살아간다. 아우구스티누스는 바로 이 시간 구조 안에서 신의 손길을 발견하며, 그 모든 흐름이 결국은 신의 품 안에 안식하게 됨을 고백한다. 그의 시간론은 단지 철학적 사유가 아닌, 실존적 구원에 이르는 사상의 다리다. 시간은 끝나지만, 구원은 시간 너머에서 완성된다.

욕망의 깊이와 참된 사랑을 향하여

  아우구스티누스는 인간이 무엇을 원하는 존재인지를 치열하게 고찰한다. 인간은 사랑 없이 살 수 없는 존재이며, 그 사랑이 어떤 대상을 향하는지에 따라 인생의 방향이 결정된다. 그는 젊은 시절, 육체적 욕망에 매혹되었고, 지식의 우월감에 도취되었으며, 자기중심적 성공을 좇았다. 그러나 그 모든 사랑은 결핍과 공허로 돌아왔다. 그는 말한다. 인간의 사랑은 결국 신을 향한 갈망의 왜곡된 표현일 뿐이다. 그러므로 인간은 참된 사랑을 회복할 때 비로소 제자리를 찾는다.

『고백록』은 인간의 사랑을 철저히 해부하고, 그 끝에서 진정한 사랑의 실체를 제시한다. 그 사랑은 주는 것이며, 자신을 잊는 것이며, 타인의 존재를 있는 그대로 수용하는 것이다. 아우구스티누스에게 신은 단지 교리의 대상이 아니다. 그는 신을 '나보다 더 내면 깊은 곳에 계신 분'이라 부르며, 인간 내면의 사랑이 결국 신과의 일치로 향할 때에만 완성된다고 믿는다. 그의 고백은 사랑의 혼돈 속에서 질서를 찾아가는 과정이며, 세상의 수많은 왜곡된 사랑을 지나 진실한 사랑에 도달하려는 긴 여정이다.

죄의 그림자 속에서 피어난 은총

아우구스티누스는 인간의 본성이 얼마나 쉽게 어둠으로 기울어지는지를 고백 속에서 여실히 드러낸다. 그는 본성을 따라 사는 삶이 얼마나 위태롭고, 동시에 얼마나 매혹적인지를 몸소 체험한다. 『고백록』을 통해 그는 자신의 이기적 욕망, 자만심, 명예욕, 그리고 죄악된 쾌락에 대한 집착을 하나씩 풀어내며, 그 모든 것들이 결국 자신을 공허함으로 이끌었다고 말한다. 그의 내면은 찢긴 갈망들로 가득했으며, 그는 그것을 채우기 위해 철학을 탐닉하고, 수사학을 익히며, 다양한 이단 사상에도 빠져들었다. 그러나 그 모든 지적 추구도 그의 영혼을 참된 안식에 이르게 하지는 못했다.

그가 고백한 죄는 단지 행위의 문제가 아니라, 존재의 왜곡된 방향에서 비롯된 결과였다. 그는 '신 없는 삶'이 얼마나 자율적 쾌락의 자유를 제공하는 것처럼 보이면서도, 실상은 철저한 구속이었는지를 고통스러운 언어로 풀어간다. 이 고백은 단지 자기비하가 아니다. 그것은 치유를 향한 간절한 몸짓이며, 신의 빛 아래에서 자기 삶을 다시 구성하려는 노력이다. 아우구스티누스는 인간이 자기를 구원할 수 없음을, 인간의 모든 의지와 지성마저도 타락의 흔적에서 자유롭지 않음을 정직하게 인정한다. 그러나 그 인정은 좌절이 아니라, 신의 은총에 대한 신뢰로 이끈다. 그는 인간의 죄가 아무리 깊더라도, 신의 자비는 그보다 더 깊다는 진리를 가슴으로 깨닫는다.

고백록에서 가장 강렬한 장면은 바로 밀라노의 정원에서의 회심이다. 그는 더 이상 죄의 관성 속에서 자신을 방치하지 않기로 결단하며, 성경을 펼친다. 그가 읽은 구절은 로마서 13장 13-14절로, 향락과 술수에서 벗어나 주 예수 그리스도로 옷 입으라는 내용이었다. 그는 눈물로 그 구절을 받아들이고, 오랜 방황의 여정에서 방향을 틀어 회심한다. 이는 단순한 감정의 전환이 아니라, 존재의 근원적 전환이다. 그는 자신의 삶 전체를 신 앞에 헌신하며, 죄와의 단절을 선언한다. 아우구스티누스의 회심은 곧 인간 내면의 어두운 구석에서조차도 신의 빛이 스며들 수 있다는 가능성을 드러낸다.

삶의 언어를 신에게 돌려주는 여정

『고백록』은 그 형식 자체가 기도이자 문학이며, 철학이자 신학이다. 그는 신에게 말을 건네지만, 그 말은 독자에게도 깊은 울림을 준다. 이 책은 인간이 얼마나 언어를 통해 자기 자신과 세계를 이해하고, 동시에 신과의 관계를 맺는 존재인지를 여실히 보여준다. 아우구스티누스는 언어의 힘을 누구보다 잘 알았고, 그 언어를 통하여 자신을 되찾고자 했다. 어린 시절의 언어 습득부터 수사학 교육, 이단 철학의 말장난, 그리고 궁극적으로 신과의 대화를 위한 언어에 이르기까지, 그는 '말'의 세계 속에서 자신을 탐색했다. 그러나 그는 진정한 말은 외적인 화려함이 아니라, 내면에서 우러나오는 진실에서 비롯된다고 강조한다.

그가 말하는 진리는 단지 논리적 정합성이나 철학적 체계로 드러나지 않는다. 그것은 신과의 관계 속에서만 밝혀지는 실존적 진리이다. 인간은 스스로의 힘으로 진리를 소유할 수 없으며, 그것은 오직 신의 계시와 은총으로만 다가온다. 그러므로 고백은 진리를 향한 열망이자, 그 진리를 드러내는 통로이다. 그는 자신의 삶 전체를 말로 구성해 나가면서, 신의 손길을 다시 그려낸다. 그것은 말로써 신에게 되돌려드리는 삶이며, 언어를 통해 자기 존재를 다시 봉헌하는 여정이다.

이러한 고백의 언어는 단지 개인적 기록에 그치지 않는다. 그것은 보편적 인간 조건에 대한 깊은 이해에서 출발하며, 모든 인간이 공유하는 갈망과 상처, 회복에 대한 소망을 반영한다. 우리는 아우구스티누스의 언어를 통해 우리 자신의 삶을 다시 읽게 되며, 고백의 형식 안에서 각자의 죄와 사랑, 회심과 구원을 생각하게 된다. 문학이 영혼의 해부라면, 『고백록』은 신 앞에서의 영혼의 해부이며, 동시에 그것을 봉합하는 기도의 문학이다.

『고백록』은 인간의 모든 정념과 사유, 방황과 고백, 시간과 영원이 만나는 지점에서 탄생한 작품이다. 아우구스티누스는 이 책을 통해 단지 자신의 삶을 설명하려는 것이 아니라, 독자 한 사람 한 사람을 영혼의 거울 앞에 세워 신의 얼굴을 마주하게 만든다. 그리고 그렇게 마주한 신은 그 어떤 죄보다도 크고, 그 어떤 질문보다도 지혜로우며, 그 어떤 사랑보다도 깊다.

저자 소개

아우구스티누스는 고대 북아프리카 히포에서 주교로 활동한 라틴 교부이자 서양 기독교 신학의 기초를 세운 위대한 사상가이다. 플라톤 철학의 영향을 받은 그의 사유는 인간 내면과 신의 은총에 대한 깊은 통찰로 가득하며, 『고백록』 외에도 『신국론』, 『삼위일체론』 등 수많은 저작을 남겼다. 그의 사상은 중세 스콜라 신학의 기초가 되었으며, 루터와 칼뱅 같은 종교개혁자들에게도 큰 영향을 끼쳤다. 고백과 철학, 신학과 문학의 경계를 허물며 인류 정신사에 길이 남은 그의 목소리는 오늘날까지도 깊은 울림을 준다.

절망의 시대를 견디게 하는
이야기들

6부

너새니얼 호손
주홍글씨
주홍의 비문, 인간의 영혼을 새기다

키워드: 죄와 벌, 정체성, 양심, 공동체, 침묵

어두운 회색의 식민 도시, 차가운 돌로 지어진 감옥, 그리고 그 벽을 타고 흐르는 담쟁이덩굴. 너새니얼 호손의 『주홍글씨』는 이처럼 음울하고도 상징적인 풍경으로 문을 연다. 이 배경은 단지 한 시대를 재현하는 공간이 아니라, 인간의 내면 풍경이 투영된 무대이기도 하다. 그리고 그 무대 위에 선 인물이 바로 헤스터 프린이다. 그녀는 가슴에 'A'라는 주홍빛 글자를 달고 있다. Adultery(간통)의 첫 글자. 그러나 그것은 단지 하나의 낙인이 아니다. 그것은 한 인간이 사회와 신, 그리고 자기 양심 앞에서 자신의 존재를 어떻게 견뎌내는가를 증명해가는 내면의 여정이다.

호손은 이 소설을 통해 죄와 벌이라는 단순한 도덕적 프레임을 넘어서, 인간 존재의 복잡성과 심연을 탐색한다. 『주홍글씨』는 형벌에 관한 이야기이면서 동시에 구원에 관한 이야기이며, 침묵과 고백, 내면의 고통과 외적 질서 사이에서 균형을 잃은 인간의 모습을 조명하는 서사시이다.

사회의 법과 개인의 진실 사이에서

헤스터 프린은 간통죄로 처벌받은 여성이다. 그녀는 혼외로 딸 펄을 낳았고, 보스턴 청교도 사회는 그녀를 공공연히 수치의 대상으로 삼는다. 그녀의 죄는 사회의 법률에 의해 규정되지만, 그녀의 침묵은 죄의 본질에 대한 의문을 던진다. 그녀는 아기 아버지의 이름을 밝히지 않음으로써 공동체가 바라는 '정의'와 '질서'에 저항한다. 그러나 이 저항은 외침이 아니라 침묵이라는 독특한 형태로 나타난다. 그녀는 수치의 상징을 몸에 새기고 살아가지만, 그 삶의 방식은 도리어 그녀를 내적으로 고결하게 만든다.

호손은 이 작품을 통해 당대 청교도 사회의 위선적 도덕성과 인간성에 대한 무지를 비판한다. 이들은 법을 통해 공동체의 순결을 유지하려 하지만, 실은 그 법이 인간의 복잡한 감정과 윤리를 제대로 담아내지 못하고 있다는 점을 노출시킨다. 딤스데일 목사는 바로 그 모순을 품은 인물이다. 그는 공동체의 존경을 받는 종교인이지만, 동시에 헤스터와의 관계를 숨기고 죄의식에 시달리는 인간이다. 그의 죄는 드러나지 않았기에 형벌도 없지만, 그 죄는 그의 심장을 조여오고 결국 육체와 정신을 무너뜨린다.

헤스터와 디임스데일은 같은 죄를 지었지만, 사회는 오직 여성에게만 형벌을 가했다. 이때 '주홍글씨'는 단지 도덕의 상징이 아니라, 성별과 권력, 위선과 진실 사이의 구조적 모순을 적나라하게 보여주는 장치가 된다. 호손은 그 글자를 통해 질문한다. 과연 죄는 무엇인가? 죄란 사회가 규정하는 것인가, 아니면 인간 내면에서 비롯되는 것인가?

침묵의 힘, 고통의 목소리

소설에서 가장 큰 침묵은 디임스데일의 침묵이다. 그는 자신의 죄를 드러내지 못한 채 목사로서의 역할을 수행하지만, 그 내면은 갈기갈기 찢겨 있다. 그가 가장 고통스러워하는 것은 외부의 형벌이 아니라, 자신의 내면과 대면하는 일이다. 그는 고백하고 싶어 하지만 고백하지 못한다. 그는 벌받고 싶어 하지만, 벌을 거부당한다. 이 아이러니는 인간이란 존재가 얼마나 복잡한 양심의 구조를 가졌는지를 보여준다.

반면, 헤스터는 외부의 벌을 수용함으로써 내면의 평화를 추구한다. 그녀는 사회가 부여한 수치의 상징을 자신의 정체성으로 전환시키고, 주홍글씨를 통해 자신만의 고귀함을 만들어낸다. 그녀는 침묵하지만, 그 침묵은 부끄러움의 결과가 아니라, 진실과 용기의 결과이다. 그녀는 거짓된 고백보다 더 무거운 진실을 침묵 속에 간직한다.

이러한 대비는 독자로 하여금 '말하지 않는 용기'와 '말할 수 없는 고통'의 본질을 함께 생각하게 만든다. 침묵은 항상 도피가 아니다. 때로 침묵은 고백보다 더 깊은 통찰이며, 말보다 더 울리는 목소리이다. 호손은 그러한 침묵의 목소리를 이 소설 전체에 흐르게 하면서, 인간의 양심이란 무엇인가를 지속적으로 묻는다.

『주홍글씨』는 단순한 사랑의 이야기가 아니다. 그것은 인간이 자신을 파괴하지 않고, 사회 속에서 자기 본질을 지키며 살아가기 위해 어떤 고통을 감수해야 하는가에 대한 이야기다. 죄를 지은 자는 누구이며, 심판을 받을 자는 누구인가? 호손은 이 질문을 우리에게 남긴 채, 그 정답을 말하지 않는다. 그는 다만 보여준다. 고통받는 인간을, 침묵하는 인간을, 그러나 단 한 번도 자신의 영혼을 팔지 않았던 인간을.

이해와 용서, 그 침묵의 미학

세월이 흐르며 헤스터는 점차 마을 사람들의 존경을 받는 존재가 되어간다. 처음에는 손가락질하던 이들이 그녀의 인내와 섬김에 감동하고, 점차 그녀를 '강인한 여성', '현자의 이미지'로 바라보게 되는 것이다. 이 전환은 단순히 인식의 변화만이 아니다. 이는 호손이 말하고자 한, 고통을 견디며 인생을 살아가는 존재가, 시간이 지나면서 결국 '사회적 정의의 모델'이 될 수 있음을 암시하는 상징적 흐름이다.

그러나 호손은 이 변화조차 쉽게 긍정하지 않는다. 그는 끊임없이 질문을 던진다. 과연 인간은 진심으로 누군가를 용서할 수 있는가? 아니면 용서는 단지 시간이 흐름에 따라 망각과 습관이 만들어낸 착각은 아닐까? 헤스터를 바라보는 마을 사람들의 시선이 따뜻해진 것은 사실이지만, 그것은 그녀가 주홍글씨의 의미를 스스로 다시 써내려갔기 때문이다. 'A'는 더 이상 Adultery의 상징이 아니라, Able(유능함)의 의미로 재해석된다.

이 점에서 호손은 의미란 고정된 것이 아니라, 시간과 행위, 그리고 인간의 내면적 변화에 따라 새롭게 해석될 수 있다는 통찰을 전한다. '주홍글씨'는 사회가 부여한 낙인이었으나, 이제는 그녀가 선택한 삶의 태도를 보여주는 자발적 표식이 된다. 사회의 시선은 바뀌지 않지만, 헤스터가 자기 자신을 대하는 방식이 바뀜으로써 그녀의 존재는 새롭게 규정된다. 진정한 용서란 타인의 판단이 아니라, 자기 자신과 화해하는 데서 시작된다는 점에서 이 소설은 우리에게 중요한 윤리적 메시지를 전한다.

도덕의 허상, 인간의 진실

『주홍글씨』에서 가장 날카롭게 비판되는 대상은 청교도적 도덕 체계다. 그 체계는 고백을 강요하면서도, 정작 고백이 진심일 수 있는 공간은 허락하지 않는다. 딤스데일은 고백할 수 없어서 죽고, 헤스터는 고백하지 않았기에 살아남는다. 이 아이러니는 사회적 도덕이란 이름 아래 행해지는 통제와 억압의 모순을 드러낸다.

디임스데일 목사는 무대 위에서는 덕망 있는 인물이지만, 무대 뒤에서는 죽음보다 더한 자기 고통에 시달리는 연약한 인간이다. 그는 가슴 안쪽에 'A'를 새기고 살아가며, 육체적 고통으로 자신의 죄를 갚고자 한다. 하지만 그 고백은 종교적 구조 안에서는 받아들여지지 않는다. 오히려 그는 거룩한 이미지로 소비되고, 그의 고백은 대중 앞에서의 비극적 연설을 통해서야 가능해진다. 그때에야 비로소 그는 인간으로서의 자율성을 되찾는다.

호손은 이런 구조를 통해 묻는다. 도덕이란 무엇인가? 인간이 스스로의 죄를 인식하고 반성하는 것인가, 아니면 사회가 부과한 잣대에 순응하는 것인가? 그는 전자를 택한다. 인간의 진실은 스스로의 고통을 통과하는 과정에서 얻어지는 것이며, 외적인 규범에 따라 부과된 형벌로는 결코 진정한 속죄가 이뤄지지 않는다는 것이다.

그렇기에 이 작품은 법과 죄에 대한 소설이라기보다는, '양심과 정체성'에 대한 철학적 탐색으로 읽힌다. 인간은 무엇으로 자신의 존재를 증명할 수 있는가? 호손은 고백도, 침묵도, 눈물도 모두 그 증명의 일부일 수 있다고 말한다. 진실한 삶은 완전하지 않아도 되며, 그 안에 고통이 있어야만 비로소 의미를 갖는다는 역설이 이 소설을 깊이 있게 만든다.

결국 『주홍글씨』는 고백과 침묵, 정의와 위선, 사회의 규범과 개인의 양심 사이에서 흔들리는 인간의 삶을 조용히 응시한다. 호손은 어떤 결론도 내리지 않는다. 그는 독자가 그 질문을 자기 안에 남기도록 한다. 죄를 짓는 것이 문제인가, 아니면 진실을 외면한 채 사는 것이 더 깊은 죄인가. 이 질문은 우리 모두에게 여전히 유효하다.

저자 소개
너새니얼 호손은 19세기 미국 문학을 대표하는 작가로, 특히 도덕성과 인간 본성의 모순을 예리하게 탐색한 작품으로 평가받는다. 매사추세츠 출신으로, 청교도적 유산이 강하게 남아 있던 지역에서 성장하며 죄와 구원에 대한 문제에 지속적으로 천착했다. 『주홍글씨』는 그의 대표작으로, 청교도 사회의 억압과 인간의 내면 자유에 관한 통찰을 고도로 상징적인 언어로 풀어낸 고전 중의 고전이다.

레프 톨스토이

인생이란 무엇인가
고요한 질문 속에서 마주하는 삶의 진실

키워드 : 존재, 윤리, 고통, 죽음, 자아

　인생은 무엇인가! 그 물음은 우리 모두가 태어나면서부터 품게 되는 가장 오래되고 가장 개인적인 질문이다. 레프 톨스토이는 이 단순하지만 심연 깊은 질문에 평생을 걸었다. 그는 인생의 수많은 전쟁과 정치, 가정과 문학의 격랑을 거쳐 도달한 어느 지점에서, 한 인간으로서의 고백처럼 이 책을 써내려갔다. 『인생이란 무엇인가』는 단지 철학적 사유의 결과물이 아니라, 살아온 시간과 고통의 무게, 그리고 죽음을 응시한 시선이 빚어낸 영혼의 기록이다.

삶을 묻는 고요한 물음

　톨스토이는 이 책을 통해 인생의 본질에 대해 근본적으로 파고든다. 그는 삶이 단순히 생물학적인 생존이나 사회적 성공의 축적이 아니라, 각 개인이 자신의 내면에서 길어 올리는 도덕적 태도에 달려 있다고 본다. 그에게 삶은 스스로 묻고, 스스로 응답해야 하는 개인의 윤리적 책임이다. 그는 이렇게 이야기하지 않을까? "우리가 인생이라 부르는 것의 참된 의미는 언제나 내 안에 있다." 이 말은 인간이 외부의 질서나 제도에 기대어 삶의 의미를 찾기보다는, 자기 양심 안에서 삶의 방향을 묻고 또 걸어가야 한다는 깊은 윤리를 내포하고 있다.

톨스토이의 사유는 일견 단순한 듯하지만, 그 안에는 오래된 종교적 전통과 고대 철학, 그리고 삶에 대한 깊은 체험이 교직되어 있다. 그는 인간 존재의 본질을 파악하기 위해 세속의 권위와 지식을 하나하나 걷어내고, 맨몸으로 진실 앞에 서려 한다. 그가 인용하는 수많은 동양의 경전들—힌두교의 베다, 불교의 법구경, 노자의 도덕경 등—은 모두 하나의 공통된 메시지를 전달한다. 참된 삶은 자신을 낮추고, 이웃을 사랑하며, 죽음을 두려워하지 않는 단순한 삶이라는 것이다.

톨스토이는 이 책을 통해 우리에게 '지식인의 교만'과 '도덕적 회피'를 동시에 비판한다. 그는 지식이 많고 이론이 정교한 사람이 진정한 삶을 아는 것이 아니라고 말한다. 오히려 세상의 억압 속에서도 침묵하며 자녀를 사랑하고, 성실하게 일하며, 작은 이웃을 돌아보는 이들이야말로 진정 삶의 의미에 가까운 자들이다. 그는 삶을 해석하는 이보다 삶을 살아내는 자를 높이고자 했다. 이 점에서 『인생이란 무엇인가』는 철학서라기보다는 삶의 수행서에 가깝다.

삶과 죽음 사이의 도덕

톨스토이는 그의 작품과 사상에서 '죽음'이라는 주제를 집요하게 사유한다. 그는 죽음을 단순한 공포나 회피의 대상이 아니라, 오히려 인간 존재를 비추는 거울로 본다. 죽음을 외면하는 삶은 결국 진리를 외면하는 삶이다. 인간은 죽음을 성찰할 때에 비로소 자신이 무엇을 위해, 누구를 위해 살아가는지를 묻게 된다. 톨스토이는 바로 이 물음을 통해 인간 정신의 각성을 촉구한다. 그는 묻는다. "죽음이 없다면, 우리는 삶의 의미를 어떻게 알 수 있을까?"

그에게 죽음은 소멸이 아니라 생명의 숨겨진 진실을 드러내는 등불이며, 존재의 근거를 되묻는 계기다.

죽음은 인간이 쌓아 온 물질적 가치나 사회적 지위의 허망함을 깨닫게 하는 거울이다. 톨스토이는 인간이 죽음을 직시할 때 오직 사랑과 양심, 그리고 선한 의지만이 영원히 남는다고 보았다. 그에게 참된 삶이란 바깥의 성공이 아니라, 내면의 도덕적 성숙을 통해 완성되는 길이다. 그래서 그는 "죽음은 우리에게 말없이 가르친다. 사랑하라. 이해하라. 용서하라." 고 말한다. 이 짧은 문장은 단순한 도덕적 훈계가 아니라, 인간 실존의 근원을 향한 그의 깊은 통찰을 담고 있다.

'인생이란 무엇인가'라는 질문에 톨스토이는 형이상학이나 교리적 답변 대신, 인간적 고통 속에서 얻은 체험적 진리를 제시한다. 그는 인생을 '영혼의 성장 과정'으로 이해하며, 죽음을 통해 인간은 욕망의 껍질을 벗고 본래의 순수성을 회복한다고 보았다. 여기서 그의 사유는 도스토옙스키의 죄와 벌, 파스칼의 인간관과도 맞닿는다. 인간의 위대함은 죽음을 통해 자기 한계를 인식하고, 그 인식으로부터 새로운 윤리적 결단을 내릴 수 있다는 데 있다.

결국 톨스토이에게 인생은 죽음을 향해 가는 여정이 아니라, 죽음을 통해 자신을 새롭게 정의하는 과정이다. 그는 '죽음을 두려워하지 않을 때 비로소 인간은 진짜로 산다'고 믿었다. 그에게 인생은 '자기 완성의 이야기'이자, '사랑을 배우는 과정'이다. 죽음은 그 이야기의 끝이 아니라, 인간이 도달해야 할 영혼의 시선이자 궁극의 깨달음이다. 삶이란 고통의 연속이지만, 그 고통은 헛되지 않다. 고통은 우리를 겸손하게 만들고, 타인의 아픔에 공감하게 하며, 더 나은 인간이 되도록 돕는다. 톨스토이는 고통을 피해야 할 재앙으로 보지 않는다. 오히려 그것은 인간이 자기 존재를 인식하는 가장 깊은 방식이자, 영혼의 눈을 뜨게 하는 도구다.

그는 반복해서 '자아의 해체'를 말한다. 우리는 자기를 중심에 놓는 순간 세상을 왜곡되게 본다. 자아가 무너지면 그 자리에 타인이 들어설 수 있다. 이 무아(無我)의 사유는 동양 사상과 닮아 있으며, 그는 자주 예수의 가르침과 붓다의 가르침을 나란히 놓고 사유한다. 삶이란 나를 위한 것이 아니라, 나를 비워 남을 위한 것이 될 때 비로소 가치 있는 여정이 된다는 것, 그것이 톨스토이가 말한 인생의 진실이었다.

이처럼 톨스토이의 『인생이란 무엇인가』는 철학, 종교, 윤리, 문학을 아우르는 영혼의 탐색이며, 무엇보다도 '살아본 사람'만이 말할 수 있는 진실의 고백이다.

진실 앞에서 벌거벗는 인간

톨스토이는 진실을 삶의 궁극적 과제로 간주했다. 그는 사회적 신분이나 재산, 명예로부터 벗어나려 했고, 삶의 가장 단순한 진리를 찾기 위해 끊임없이 자신을 해체했다. 이 책 곳곳에서 그는 인간이 사회적 껍질을 벗고 '벌거벗은 영혼'으로 살아갈 수 있을 때, 진정한 자유에 도달할 수 있다고 말한다. 톨스토이는 성경에서 예수님이 말한 "어린아이와 같이 되지 않으면 결코 천국에 들어갈 수 없다"는 말씀을 깊이 음미하며, 이 말씀 안에서 순수함과 낮춤, 그리고 자기 포기의 가치를 읽어낸다.

그가 제시하는 삶의 이상은 고매하거나 숭고한 형태의 인간상이 아니다. 오히려 너무도 인간적이고, 현실 속에서 실현 가능한 '작은 윤리'다. 그것은 바로 진실하게 말하고, 남을 해치지 않으며, 자기 노동으로 살아가고, 고통에 연대하는 삶이다. 그는 진리를 소유하는 것보다 진리에 복종하는 자세를 더 귀하게 여겼고, 그 안에서 삶은 신비로움 대신 분명함을 얻게 된다. 그의 글은 인간에게 복잡한 이론이 아니라, 살아 있음 그 자체에 깃든 윤리를 일깨운다.

자신을 벗고 진실에 다가서는 삶은 결코 쉬운 길이 아니다. 그것은 외롭고 고된 여정이며, 때로는 기존의 모든 삶의 방식과 충돌한다. 그러나 톨스토이는 말한다. 그 길이야말로 가장 인간적인 길이며, 우리가 본래 잃어버린 단순함으로 돌아가는 유일한 방법이라고. 진실은 언제나 고요하고, 작은 일상 속에 머무르며, 그곳에서 사람은 자신과 타인을 새롭게 만나게 된다.

삶의 목적은 자기 자신을 넘어서게 하는 것이다

『인생이란 무엇인가』에서 가장 반복되는 통찰 중 하나는 "삶의 목적은 자기 자신을 초월하는 데 있다"는 명제다. 톨스토이는 인간이 자신의 이기심과 두려움, 편견을 극복할 때 진정한 존재로 거듭난다고 말한다. 그는 종교적 깨달음이란 특별한 체험이 아니라, 일상 속에서 타인을 위한 삶으로 서서히 이행되는 과정이라고 정의한다. 따라서 신앙은 교리나 의식이 아니라 '행위'이며, 구원은 미래의 일이 아니라 현재의 태도 속에 담겨 있다.

그의 이 사상은 그리스도교적 무아(無我)와도 같은 철학으로 이어진다. 그는 우리가 가장 인간답게 살아가는 방식은 자기 자신을 위하지 않고, 공동체와 더 큰 선을 위해 자기를 기꺼이 내려놓는 것이라고 말한다. 이와 같은 사유는 단순한 이타주의가 아니라, 인간 존재의 핵심 구조를 해석하는 방식이다. 우리는 관계 안에서 존재하고, 나를 통해 타인을 살게 할 때 나 역시 살아진다는 통찰이 이 책 전반을 관통한다.

삶이란 결국 '자신을 넘어서려는 욕망'과 '자신을 보존하려는 본능' 사이의 투쟁에서 이루어진다. 톨스토이는 이 두 힘 중에서 전자를 따를 것을 끊임없이 권유한다. 그는 자신이 모든 것을 가진 순간에 가장 공허했으며, 모든 것을 버린 뒤에야 비로소 살아 있음을 느꼈다고 고백한다. 그것은 단지 개인적인 체험을 넘어, 모든 인간이 겪게 되는 내면의 법칙이다.

톨스토이는 독자에게 직접적인 충고를 하지 않는다. 그는 조용히 이야기하고, 독자로 하여금 스스로 생각하게 만든다. 이러한 그의 문체는 책 전체를 경건한 성찰의 공간으로 이끈다. 독자는 그의 문장을 읽으며 그 안에 스며 있는 고요한 긴장감과 내면의 떨림을 감지한다. 그것은 문학과 철학, 신앙의 경계가 무너지는 순간이며, 그 지점에서 이 책은 가장 강한 울림을 남긴다.

『인생이란 무엇인가』는 단순히 철학적 텍스트가 아니다. 그것은 한 인간이 자기 삶 전체를 성찰한 뒤, 오직 진실한 언어만으로 써내려간 인간학의 기록이다. 톨스토이는 이 책을 통해 우리 각자에게 묻는다. 당신은 지금 어떻게 살고 있는가. 당신의 삶은 누구를 향하고 있는가. 그리고 죽음 앞에 서게 될 때, 당신은 무엇을 후회하지 않을 수 있는가.

저자 소개 _____
레프 니콜라예비치 톨스토이는 러시아의 대표적인 대문호이자 사상가, 종교사상 개혁가이다. 『전쟁과 평화』, 『안나 카레니나』 등 세계적인 대작을 집필했으며, 말년에는 종교적 각성과 윤리적 자기 혁신에 몰두했다. 귀족의 신분을 내려놓고 농민의 삶을 실천하며 공동체주의적 이상을 추구했으며, 간결한 언어로 인간 존재의 핵심을 천착한 사상서들을 남겼다. 『인생이란 무엇인가』는 그 사유의 결정체로, 고통과 죽음, 윤리와 진리를 아우르는 실존적 탐색의 기록이다.

스티븐 레비츠키, 대니얼 지블랫
어떻게 극단적 소수가 다수를 지배하는가
민주주의는 왜 다수의 뜻을 따르지 못하는가

키워드: 다수의 권리, 헌정주의, 민주주의 후퇴, 엘리트 포퓰리즘, 미국 정치

역사는 외부의 침략도 원인이 되기는 했지만, 내부의 부식에 의해 대개 무너졌다. 민주주의도 예외가 아니다. 우리가 알고 있는 제도, 헌법, 다수결, 견제와 균형이라는 이름의 장치는 오랜 시간에 걸쳐 인류가 쌓아온 공동체의 지혜였지만, 그것이 항상 효과적으로 작동했던 것은 아니다.『어떻게 극단적 소수가 다수를 지배하는가』는 바로 이 지점에서 시작한다. 이 책은 오늘날 미국에서 벌어지는 정치적 균열의 양상을 통해, 민주주의가 얼마나 정교하게 파괴될 수 있는지를 조목조목 보여주며, 동시에 민주주의의 본질이 과연 어디에 있는지를 되묻는다.

이 책의 가장 중요한 출발점은 '소수의 지배'라는 개념을 단순히 권력 분점의 문제가 아닌 민주주의 자체를 흔드는 구조적 문제로 규정한다는 점이다. 극단적인 소수가 다수를 억누르는 체제는 결코 독

재자의 탄생에서만 시작되지 않는다. 오히려 우리가 당연하게 여겨 왔던 헌법, 상원, 연방대법원, 선거인단 등의 제도가 제도적으로 다수를 왜곡하고 소수에게 특권을 부여하는 순간, 민주주의는 자신을 부정하는 모순에 빠진다. 저자들은 그것을 '헌정적 억압'(constitutional hardball)이라고 부른다. 법은 지켜지되, 그 정신은 철저히 무시되는 상태. 이것이 민주주의 파괴의 현대적 얼굴이다.

한때 미국은 '다수의 원칙'과 '소수의 권리'라는 이상 사이에서 탁월한 균형을 이루어왔다. 그러나 현재의 미국은 그 균형이 무너진 상태다. 다수의 목소리는 점차 정치적 구조에서 배제되고 있으며, 소수—그것도 다수에 적대적인 극단적 소수—가 제도의 빈틈을 활용해 권력을 장악하고 있다. 이것은 선거 자체의 정당성, 법률의 중립성, 그리고 시민 참여의 효과성을 위협하는 직접적인 위기다. 이런 상황에서 민주주의는 외면적으로는 그대로 존재하는 듯 보이지만, 그 내면은 깊이 썩어가고 있다.

소수가 지배하는 시스템은 언제나 대의의 이름을 빌린다. 헌법을 위한다거나, 전통을 수호한다거나, 혹은 '진정한 국민'을 대변한다는 명분이다. 그러나 이러한 명분은 결과적으로 다수의 권리를 끊임없이 침해하며, 정치적 대표성은 점점 왜곡되어 간다. 특히 상원과 선거인단은 지리적으로는 광활하지만 인구 밀도는 낮은 지역의 표를 과대 대표하게 만들어, 결국 보수적이고 백인 중심의 정치 권력이 고착되게 한다. 이는 단지 제도의 불균형을 넘어, 인종, 계층, 지역이라는 문제를 정치적 불평등으로 구조화하는 효과를 낳는다.

이 책에서 특히 주목할 부분은 민주주의 파괴가 하나의 사건이나 음모가 아니라는 점이다. 그것은 작은 예외의 누적이며, 점진적 타협의 반복이다. 대법관의 지명을 지연시키는 사소한 결정, 의회 운영 규칙을 바꾸는 사소한 규칙 변경, 지역구 재조정으로 유리한 구조를 만드는 행동들. 이 모든 것은 합법의 외피를 쓴 탈민주적 전략이다. 바로 이 점에서 '민주주의의 종말은 박수 속에서 온다'는 경고는 현실이 된다. 사람들은 여전히 투표를 하고 있고, 언론은 존재하며, 대통령도 법 앞에 있다는 환상을 품지만, 실제로는 특정한 이해관계를 대변하는 소수가 제도의 모든 열쇠를 쥐고 있는 상태다.

이처럼 책은 끊임없이 묻는다. '민주주의란 다수결인가?' '헌법은 민주주의를 보장하는가?' '중립적인 제도란 존재하는가?' 이 질문들은 우리가 기존에 배워온 민주주의 교육이 얼마나 허약한 기반 위에 서 있었는지를 폭로하는 동시에, 진정한 민주주의를 다시 상상할 것을 요청한다. 다수를 위한 통치가 다수를 짓누르지 않기 위해서는, 제도 자체가 아니라 제도를 운영하는 사람들의 정치적 윤리와 헌신이 절대적으로 필요하다.

민주주의의 위기는 단지 미국만의 이야기가 아니다. 우리는 이미 세계 여러 나라에서 이와 유사한 구조를 목격했다. 선거는 있으되 권력은 농축되고, 제도는 있으되 참여는 형식화된다. 포퓰리즘은 그 틈을 파고든다. 시민의 불만은 일시적인 해소를 얻지만, 구조적 문제는 지속된다. 이 악순환이 지속될 때 민주주의는 '유사민주주의'로 퇴보한다. 겉으로는 자유로운 것 같지만 실질적 변화가 불가능한 체제.

그것이 바로 현대 정치의 가장 큰 아이러니다.

저자들은 이 책을 통해 단순히 미국 정치를 비판하는 것이 아니라, 민주주의의 원형과 그 왜곡 과정을 정밀하게 보여준다. 그들의 메시지는 단호하다. 지금 우리가 맞서야 할 적은 독재자가 아니라, '합법을 가장한 비민주주의'라는 더 은밀한 위험이다. 그리고 그것은 오직 깨어 있는 시민의식, 헌신적인 정치문화, 그리고 제도 너머의 민주주의 감수성으로만 극복될 수 있다. 이것은 시대를 초월한 인문학의 과제이자, 오늘날 우리가 반드시 직면해야 할 정치적 책무다.

권력을 둘러싼 구조의 왜곡

정치는 수많은 선택의 누적으로 이루어진다. 그리고 그 선택을 결정하는 것은 언제나 구조이다.『어떻게 극단적 소수가 다수를 지배하는가』는 바로 이 구조의 편향이 어떻게 의도적 침묵과 과잉 대표를 만들어내며, 결과적으로 권력을 일그러뜨리는지를 파헤친다. 미국 상원의 예는 그 대표적인 사례다. 알래스카와 캘리포니아가 동일한 두 표를 갖는 이 불균형은 단지 숫자의 문제가 아니다. 그것은 인종과 계층, 성향과 미래를 갈라놓는다. 저자들은 이 구조가 어떻게 보수적 소수에게 지속적인 우위를 보장하며, 다수 국민의 의사를 회피하는 기제로 작동하는지를 예리하게 지적한다.

여기서 민주주의는 더 이상 시민의 의사를 반영하는 체제가 아니다. 그것은 일부 엘리트의 견고한 장치로 변형된다. 특히 법원이 정치적 이념에 따라 구성되기 시작할 때, 헌법은 살아 있는 문서가 아닌 봉인된 문서가 된다. 대법원이 생식권, 이민, 노동, 투표권 등 주요 사안에 대한 판결을 통해 사회적 전환을 가로막을 때, 민주주의는 제도 안에서 스스로를 잠근다. 법의 이름으로 인권이 제한될 수 있다는 것, 그것이 바로 '합법적 억압'의 실체다.

선거 역시 마찬가지다. 책은 게리맨더링(선거구 조작)과 유권자 억압, 선거인단 제도의 불균형 등을 들어, 투표가 더 이상 '의견을 묻는 행위'가 아니라 '구조가 허용한 선택'에 불과함을 드러낸다. 그리고 그 결과는 예상대로다. 더 많은 표를 받은 자가 지지 않는 이상한 선거, 다수 국민이 원하는 정책이 통과되지 않는 이상한 의회, 끊임없는 마비와 대립 속에서 제 역할을 하지 못하는 정부. 이러한 상태에서 국민은 점차 정치에 냉소하게 되고, 그 공백을 비이성적 극단주의가 채운다.

극단적 소수는 단지 수적으로 적은 것이 아니라, 다수와 공존할 의지를 지니지 않은 집단이다. 그들은 스스로를 '진짜 미국인'으로 규정하고, 다른 견해와 존재는 배척한다. 인종적 다양성, 젠더 이슈, 이민 정책 등 다문화적 가치에 대한 반발은 결국 자신들의 위상이 흔들린다는 불안에서 비롯된다. 이 책은 바로 그 '불안'이 어떻게 정치적 폭력으로 연결되는지를 경고한다. 그리고 그 불안은 결코 자연스러운 것이 아니라, 정치 엘리트에 의해 고의적으로 조작된 '감정 정치'의 산물임을 밝힌다.

공화주의라는 이름의 이중성

레비츠키와 지블랫은 공화주의의 이름 아래 민주주의가 어떻게 왜곡되는지를 보여준다. 원래 공화주의는 권력의 남용을 방지하고 공공선을 도모하려는 철학이었다. 그러나 미국에서의 공화주의는 종종 '국가의 정신'을 보존한다는 명분 아래 소수의 기득권을 지키는 수단으로 전락했다. 전통, 규율, 질서라는 단어는 다수 국민의 변화 요구를 억제하는 방패로 쓰였고, '우리식 가치'라는 모호한 이상은 불평등을 정당화하는 기제로 작동했다.

이러한 공화주의적 수사는 외형상 매우 고결하게 보인다. 조상의 유산을 지키고, 헌법의 원칙을 존중하며, 급격한 변화 대신 점진적 개혁을 추구하는 것. 그러나 그것이 결과적으로 시대착오적 제도를 고수하며, 변화를 추구하는 다수의 목소리를 묵살하는 도구로 기능할 때, 공화주의는 민주주의와 근본적으로 충돌한다. 이 책은 바로 그 충돌 지점에서, 우리가 당연시해온 정치 언어의 허구를 낱낱이 드러낸다.

미국 정치에서 일어나는 이러한 현상은 결코 미국만의 문제가 아니다. 한국을 포함한 여러 나라에서도 극단적 소수가 제도적 유리함을 기반으로 다수를 지배하려는 시도가 반복되고 있다. 지역주의, 계급적 대립, 언론과 검찰의 정치화, 그리고 헌법의 유연성에 대한 오용은 바로 그것의 현현이다. 이런 흐름은 반드시 '다수의 침묵'이라는 부작용을 낳는다. 바로 그때 민주주의는 가장 큰 위기를 맞는다. 말하지 않는 국민은 주권자가 아니라 대상이기 때문이다.

결국 이 책이 던지는 가장 날카로운 질문은 다음과 같다. 우리는 정말 민주주의 안에 살고 있는가? 혹은, 우리는 민주주의를 감당할 준비가 되어 있는가? 저자들은 이를 위해 우리가 반드시 해야 할 일들을 제시한다. 헌법의 개정 가능성을 열어야 하며, 법원의 중립성을 강화해야 하며, 선거제도를 조정하고, 지역주의적 구조를 넘어설 새로운 정치 문화를 형성해야 한다는 것. 무엇보다, 시민들은 자신의 권리를 이해하고, 목소리를 낼 수 있어야 한다. 민주주의는 단지 투표로 이루어지지 않는다. 그것은 매일의 일상에서, 나와 타인에 대한 태도 속에서, 가장 조용한 행동으로부터 시작된다.

『어떻게 극단적 소수가 다수를 지배하는가』는 단지 정치학서가 아니다. 그것은 우리 시대 민주주의의 도덕적 자화상이며, 공적 삶의 철학적 기초를 묻는 인문학적 탐색이다. 소수의 논리로 다수가 살아가는 사회는 결코 건강할 수 없다. 그리고 그 사실을 가장 먼저 인식하고 저항해야 할 존재는 다름 아닌 '깨어 있는 시민'이다. 민주주의는 그 시민의 예민한 윤리감각 위에 서 있기 때문이다.

저자 소개 _____
스티븐 레비츠키는 하버드대학교 정치학 교수로, 비교 정치와 라틴아메리카 민주주의 연구의 권위자이다. 민주주의의 붕괴 과정과 권위주의 정권의 등장에 대한 다수의 연구를 수행했으며, 『민주주의는 어떻게 무너지는가』의 공동 저자이기도 하다. 대니얼 지블랫 또한 하버드대학교 정치학 교수로, 유럽 정당 정치와 보수주의 연구에 있어 탁월한 학문적 기여를 해왔다. 레비츠키와의 협업을 통해 현대 민주주의의 위기를 구조적·역사적으로 분석하며, 정치제도 개혁의 필요성을 강조하고 있다.

최인훈

광장
자유의 가능성과 고독의 대답

키워드: 분단, 실존, 선택, 자유, 이념, 정체성

그는 어떤 선택도 할 수 없는 땅에 태어났다. 어느 한 편에 서는 것이 곧 다른 쪽의 부정이 되는 현실, 어느 곳에서도 온전히 자신을 숨쉴 수 없는 사람. 『광장』은 그러한 남자의 이야기이고, 동시에 분단이라는 한국 현대사의 거대한 상처를 응시하는 가장 내밀한 문학적 응답이다. 최인훈은 이 소설을 통해 단순히 남북한 이데올로기의 충돌을 말하려 하지 않는다. 그는 그 사이에서 갈라지고 찢겨 나가는 인간 존재의 분열과 방황, 그리고 존재가 스스로에게 던지는 질문들에 대해 끈질기게 침묵하지 않는다.

주인공 이명준은 남한도 북한도 아닌, 그 사이 어딘가에 서 있다. 그에게 있어 자유는 허상이었고, 신념은 타협과 거짓 속에 스러졌다. 남한에서는 사상의 자유가 부재한 정치 체제가 그의 사유를 억눌렀고, 북한에서는 집단을 위한 개인의 희생이 미덕이라는 이념이 그의 존재를 지워버렸다. 그는 끝내 어느 편에도 속하지 못한 채, 제3국에서 다시 떠도는 사람이 된다. 이 떠돎은 단지 물리적인 방랑이 아니라, 정체성을 향한 부단한 추구이자, 인간이란 무엇인가에 대한 깊은 물음이기도 하다.

   이 소설은 이데올로기 비판서가 아니다. 그것은 외부를 향한 고발이기보다, 내면을 향한 정직한 응시이다. 이명준이 끝내 도달하지 못한 광장, 그곳은 단지 물리적 공간이 아니라, 사유의 공간이자 존재의 해방을 꿈꾸는 상징적 장소이다. 최인훈은 이 '광장'을 통해 인간이 진정 자유로워질 수 있는 삶의 조건을 묻는다. 그것은 어느 체제에서의 권리 획득이 아니라, 스스로에게 진실해지는 용기에서 시작된다. 바로 그 용기의 부재가 이 소설의 비극이며, 우리 현실의 그림자이기도 하다. 분단의 시대에, 사상의 편에 서는 것은 곧 삶의 진영을 정하는 일이었다. 그러나 이명준은 그 어떤 진영도 택하지 않는다. 그는 두 체제 사이에서 절망하고 실망하고 좌절한다. 그렇다고 해도 그는 무기력한 관찰자가 아니다. 그는 냉소를 택하기보다 질문을 포기하지 않는 자다. 그가 이끌리는 곳은 바로 '광장'이다. 자유로운 의견이 충돌하고, 인간의 존재가 억압 없이 말해질 수 있는 곳. 그러나 그는 결국 그런 광장이 현실에는 없다는 것을 체험한다. 그의 선택은, 그래서 더욱 비극적이고 숭고하다.

존재의 틈에서 피어난 질문들

   이명준이란 인물은 실존주의적 인간의 전형이다. 그는 상황에 순응하지 않고, 늘 자신을 향한 질문을 되풀이한다. "나는 누구인가?", "나는 어디에 서야 하는가?"라는 물음은 단지 소설 속 주인공의 혼잣말이 아니다. 그것은 오늘을 사는 우리 모두가 시대의 조건 속에서 던져야 할 물음이기도 하다. 그가 겪는 방황은 정치적 선택 이전에 존재론적 고뇌이다. 그리고 최인훈은 그 고뇌를 서정적으로, 그러나 예리하게 그려낸다.

이 소설이 특별한 것은 단지 내포된 주제 때문만은 아니다. 문장의 결은 단정하면서도 시적이고, 묘사는 절제되어 있으면서도 인상 깊다. 그는 불필요한 수사를 덜어낸 대신, 생각의 무게를 독자에게 맡긴다. "광장은 어디에 있는가?"라는 질문은 소설의 결말에 다다를수록 점점 독자의 마음에 자리잡는다. 독자는 이명준의 비극을 따라가며, 점차 자기 내면의 광장을 찾아 나서게 된다.

이러한 문학적 구조는 '독자로 하여금 참여하게 만드는 글쓰기'라는 점에서 존재의 예술성을 극대화한다. 우리는 주인공을 관찰하는 데서 멈추지 않고, 그가 겪는 고민에 동참하게 되며, 마침내 이데올로기의 외투를 벗고 인간의 마음을 직시하게 된다. 『광장』은 이처럼 독자의 정신 안에 또 하나의 광장을 열어놓는 이야기다.

침묵이 말이 되는 순간

소설의 마지막, 이명준이 택한 결말은 해석의 여지를 남긴다. 그는 제3국으로부터 자유의 공간에 들어설 수 있는 순간에, 그 가능성을 포기하고 말없이 바다로 사라진다. 어떤 이는 그것을 절망의 선택이라 말하고, 또 어떤 이는 그것을 궁극적 자유의 선언으로 읽는다. 그러나 분명한 것은, 그가 끝까지 자기 자신에게 정직하고자 했다는 사실이다. 이명준은 회피하거나 타협하지 않았다. 그는 자신의 질문에 책임을 지기 위해 침묵을 선택한 것이다.

  그 침묵은 단순한 종결이 아니다. 그것은 말로 다 담을 수 없는 고통과 인식의 깊이를 상징한다. 그리고 그 침묵을 통해 최인훈은 '문학이란 무엇인가'에 대한 새로운 정의를 내린다. 문학은 목소리를 내는 일이기도 하지만, 동시에 말해지지 못하는 진실을 품는 공간이기도 하다. 이 소설이 여전히 유효한 이유는, 그 침묵 속에 담긴 물음이 지금도 여전히 우리에게 유효하기 때문이다.

『광장』은 분단을 그린 소설이지만, 그 이상으로 인간의 실존과 자유를 묻는 작품이다. 이 소설을 읽고 난 우리는, 현실의 체제를 넘어서 내면의 진실에 얼마나 가까이 가고 있는가를 스스로에게 묻지 않을 수 없다. 그리고 그 질문은 지금도 광장의 어딘가에서, 혹은 침묵의 수면 아래에서 조용히 울리고 있다.

  자유와 구속, 개인과 체제, 현실과 이상 사이에서 갈등하는 인간의 삶은 하나의 '광장' 안에 머무를 수 없다. 『광장』의 주인공 이명준이 선택한 삶의 경로는 단순한 정치적 방황이 아니라 실존적 고통에 대한 응답이다. 그는 분단 현실을 초월해 진정한 인간적 자유를 찾고자 했으나, 그 자유는 체제 너머에도 존재하지 않았다. 진정한 자유는 타인의 시선이나 사회적 명령에 의해서가 아니라 자기 내면의 윤리와 책임의식에서 오는 것이다. 이명준이 결국 택한 선택은 죽음이 아니라 순전한 사유의 귀결이다. 생존과 존재 사이에서, 그는 자신을 지워버리는 길에서 역설적으로 자신을 찾는다.

광장이란 공간은 단순한 장소가 아니다. 그것은 인간의 존재가 세계와 만나는 접점이며, 역사의 시간과 인간의 내면이 교차하는 장소다. 『광장』에서의 광장은 집단의 욕망이 투영되는 공간이기도 하고, 한편으론 개인이 자기를 고백하는 장소이기도 하다. 이명준은 광장을 원하지만 광장에서 추방되고, 밀실을 거부하지만 광장으로부터 쫓겨 밀실로 돌아오는 아이러니한 인물이다. 이 모순의 반복은 우리로 하여금 진정한 자유가 과연 어디에 있는지를 되묻게 한다. 자유란 타인의 승인 아래 누리는 상태가 아니라, 모든 강제와 유혹을 초월하여 오롯이 자신으로서 존재하는 것이다.

이념의 분열 속에서 길을 잃은 인간

이명준은 공산주의와 자본주의라는 두 체제 속 어디에도 완전히 속하지 못하는 인물이다. 그의 고뇌는 단순한 정치적 불만이나 현실의 부조리에 대한 비판을 넘어서 있다. 그는 어느 한쪽의 체제를 택하더라도 '자기 자신'이 잃힌다는 사실을 알고 있다. 남한은 그에게 소비와 이기심에 물든 사회였고, 북한은 이념의 획일성이 지배하는 공간이었다. 그는 그 두 체제 안에서 모두 이방인이며, 따라서 자신의 자리를 어디에서도 찾을 수 없었다. 바로 그때부터 이명준은 광장에 머무를 수 없는 인간으로서의 슬픔을 끌어안는다.

그의 방황은 실존적 사유의 연속이다. 이념은 인간의 삶을 정리하고 설명하려 하지만, 오히려 이념은 인간의 삶을 오해하게 만들기도 한다. 이명준은 '이념'이라는 이름으로 포장된 억압과 명분의 이면에서 끊임없이 자기 존재를 의심한다. 그는 끝없이 자신에게 물었을 것이다. "정치란, 인간을 위한 것인가?" 이 질문은 소설 전체를 관통하는 질문이며, 인간 중심적 사유가 결여된 정치가 얼마나 위험한지를 역설적으로 보여주는 것이다. 그는 양 진영 어디에도 안착하지 못함으로써, 정치의 실체에 대해 더 깊은 통찰을 얻는다.

죽음이라는 해방, 또는 존재의 역설

결국 이명준은 어느 한 체제도, 어느 한 인간관계도, 자신의 갈증을 해소해주지 못함을 절감한다. 배 위에서 선택한 '침묵의 도약'은 패배도 아니고 투항도 아니다. 그것은 비겁한 회피가 아니라, 극단에서 던지는 철학적 물음이다. 죽음을 통해 그는 사회가 만들어놓은 거짓된 틀을 해체하고, 오롯이 '존재란 무엇인가'라는 질문으로 돌아간다. 이 장면은 독자로 하여금 실존의 근원에 대해 다시 묻도록 한다. 우리가 살아가는 이유는 무엇인가? 선택은 가능한가? 진정한 자기란 무엇인가?

『광장』의 마지막은 모호함으로 가득하다. 그 어떤 해답도 제시하지 않으며, 오히려 독자에게 질문을 남긴다. 최인훈은 주인공의 결정을 끝까지 설명하지 않는다. 바로 이 점이 이 소설을 위대한 철학 소설로 만드는 이유다. 명확한 결론이 아니라, 부유하는 사유 속에서 인간은 진실에 다가선다. 그리고 그것이 문학의 역할이다. 현실의 이념이 해주지 못한 질문을 문학은 가능하게 한다.

이명준은 비극적인 인물이지만, 그는 체념하지 않는다. 그의 죽음은 체제의 승리에 대한 항복이 아니라, 존재의 본질로 가는 문을 여는 시도였다. 밀실도 광장도 아닌 제3의 길, 바로 사유의 공간에서 그는 자신을 회복하고자 했다. 이는 단지 한 개인의 절망이 아니라, 인간 존재 전체에 대한 물음이며, 그 물음 속에서 우리는 각자의 광장을 떠올릴 수밖에 없다.

저자 소개

최인훈(1936-2018)은 한국 현대문학을 대표하는 작가로, 1960년대 이후 실존주의적 사유와 정치적 현실 인식을 결합한 작품들을 발표했다. 대표작 『광장』은 분단문학의 걸작으로 평가받으며, 한국 문학이 이념과 역사, 인간 내면의 복합성을 다룰 수 있는 성숙한 장르임을 입증한 기념비적 작품이다. 그는 이후에도 『회색인』, 『가면고』 등의 작품을 통해 한국 근현대사의 정치적 트라우마를 서사화하였으며, 정교한 언어 감각과 철학적 깊이로 문학의 경계를 확장시켰다. 『광장』은 그 문학 세계의 정수이자, 지금도 여전히 살아 있는 질문을 품은 텍스트로 남아 있다.

조정래

태백산맥

분단의 지층 위에서 피어난 인간의 서사

키워드 : 분단, 민중, 고통, 역사, 이념

   역사는 때때로 지워진다. 누군가는 침묵하고, 누군가는 왜곡하며, 누군가는 기억하기를 거부한다. 그러나 문학은 그런 역사에 저항한다. 특히 조정래의 『태백산맥』은 그런 저항의 결정체다. 이 소설은 단지 소설이 아니다. 그것은 분단의 지층을 따라 몸부림친 민중의 피맺힌 언어이며, 우리가 끝내 외면해온 진실의 초상이다. 작가는 1948년부터 1950년 6.25 전쟁까지의 시기를 정면으로 마주하며, 한반도를 갈라놓은 이념의 칼날이 어떻게 사람들의 일상과 영혼을 갈기갈기 찢어놓았는지를, 극적인 허구가 아닌 실존의 무게로 들춰낸다.

   소설의 무대는 전라남도 벌교. 낯설지 않은 이 남도의 작은 마을은 곧 전쟁과 이념, 애정과 배신, 생존과 신념이 뒤엉킨 인간 군상의 교차로가 된다. 작가는 이 마을을 통해 '작은 세계가 곧 거대한 세계의 축소판'임을 보여주며, 하나의 지방이라는 공간 속에 압축된 한반도 전체의 고통을 투사해낸다. '이념'은 더 이상 교과서적 추상이 아니라, 사람들의 삶과 죽음을 결정짓는 냉혹한 현실로 등장한다.

흥미로운 점은, 조정래가 이 기대한 서사를 단지 역사적 사건의 나열로 풀지 않는다는 것이다. 그는 역사의 틈바구니에 놓인 '인간'들을 이야기의 중심에 놓는다. 소설은 좌익과 우익, 북과 남의 이념 싸움보다 그 싸움 속에 고통받는 개인들, 특히 이름 없는 민중들의 이야기에 주목한다. 특히 소설 속 인물들—염상진, 김범우, 소화, 하대치, 서민들—은 모두 각자의 방식으로 시대의 광기를 받아들이고, 견디며, 때로는 저항하고 때로는 침묵한다. 이들은 '이념'이라는 말보다 훨씬 복잡하고 깊은 내면의 질문들과 싸우고 있는 존재들이다.

신념과 생존 사이의 틈

이 소설을 관통하는 가장 근본적인 긴장은 '신념과 생존'의 충돌이다. 등장인물들은 대부분 어떤 이념적 위치에 서 있다. 염상진은 확고한 좌익, 김범우는 갈등하는 중도, 염상구는 대쪽 같은 우익으로 등장한다. 그러나 그들의 이념은 이상적인 이론으로 고정되어 있지 않다. 그것은 끊임없이 현실에 의해 흔들리고, 개인적 선택과 후회로 이어지며, 때때로 인간성과 모순을 낳는다.

가령 염상진은 공산주의 혁명의 이상을 품고 있지만, 그 길 위에서 형제를 죽이고 고향을 피로 물들여야 했다는 죄책감을 떨칠 수 없다. 그의 혁명은 '정의'로 시작되었지만, 어느 순간부터는 복수와 피의 논리에 갇힌다. 이는 마르크스가 말한 '역사의 유물론'이 한국이라는 특수한 시간과 공간 안에서는 어떻게 피로 얼룩졌는지를 보여주는 상징이 된다.

반대로 염상구는 독실한 반공주의자이지만, 그의 신념 역시 인간적인 슬픔과 분열을 낳는다. 그는 국가라는 이름 아래서 사람을 죽이는 것을 정당화하며, 전쟁이 끝나갈 무렵에는 광기에 가까운 독선으로 치닫는다. 이처럼 『태백산맥』은 이념의 이름으로 자행된 폭력에 대해 양쪽 모두를 예외 없이 비판하면서, 그 이념들이 인간 안에서 어떻게 파괴적으로 작용했는지를 입체적으로 묘사한다.

이 점에서 김범우는 매우 중요한 위치에 선다. 그는 좌우의 격렬한 충돌 속에서 어느 쪽도 온전히 받아들이지 못한 채, 고뇌하고 방황하는 지식인의 전형이다. 그에게는 혁명도, 반혁명도 쉽게 정당화되지 않는다. 그는 인간의 고통과 질문을 먼저 보며, 결국 삶의 본질적인 윤리 앞에 선다. 『태백산맥』에서 김범우의 고뇌는 오늘날 우리 사회에도 여전히 유효한 질문을 던진다. "이념이 인간을 구원할 수 있는가? 아니면 인간이 이념을 넘어서야 하는가?"

소화와 민중의 자리

이 거대한 이야기에서 결코 빼놓을 수 없는 존재는 바로 소화다. 그녀는 단지 여성 등장인물의 한 전형이 아니다. 소화는 그 시대를 살아낸 모든 민중의 상징이며, 폭력과 고통 속에서도 꿋꿋이 생존해낸 삶의 증언이다. 그녀는 좌우의 이념에 휘둘리며 반복적으로 상처 입고, 또한 사랑을 갈망하며 고통 속에서도 인간적인 존엄을 잃지 않으려 한다.

소설의 진정한 힘은 바로 이 '이념을 넘은 사람들'에게 있다. 『태백산맥』은 역사에 의해 이름조차 남지 않은 사람들, 그러나 고통과 꿈을 지녔던 사람들의 이야기를 들려준다. 그들은 역사의 뒤편에 머무르지 않는다. 그들은 바로 이 소설의 주인공이다. 조정래는 이 작품을 통해 "이야기의 주체는 권력이 아니라 사람"이라는 진실을 말한다.

그렇기에 『태백산맥』은 단순한 반공 문학이나 좌익 문학이 아니다. 그것은 우리 민족이 겪은 비극을 온몸으로 감당해낸 사람들의 '삶의 문학'이다. 이념으로 말할 수 없는 눈물과 고통, 그리고 끝끝내 살아내는 생의 의지가 이 소설의 진정한 중심을 이룬다.

희망의 부재와 빛의 가능성

『태백산맥』은 한국 현대사의 비극을 그린 소설이지만, 단지 역사의 재현으로 그치지 않는다. 조정래는 피와 눈물로 얼룩진 격동의 시기를 살아낸 사람들의 얼굴을 문학이라는 거울에 비추어, 우리가 보지 못했던 진실을 드러낸다. 특히 주목할 만한 것은, 전쟁과 이념의 틈바구니 속에서 흔들리는 민중의 '희망'이라는 감정이다. 이 희망은 격렬한 대립과 파괴 속에서도 도저히 사라지지 않고 인간의 존엄으로 되살아나는 힘이다.

전쟁은 사람들의 몸뿐 아니라 정신도 파괴한다. 『태백산맥』에서 등장인물들은 신념과 생존 사이에서 끊임없이 갈등한다. 그러나 그 와중에도 인간으로서의 고유한 존엄을 끝내 버리지 않는 인물들이 존재한다. 이는 단순한 선악 구도가 아니라, 조정래가 민중의 내면에 주목했기 때문에 가능했던 문학적 성과다. 그는 개인이 역사의 수레바퀴에 깔려버릴 수밖에 없는 운명 속에서도 어떻게 고개를 들고 스스로를 증명해내는지를 그려낸다.

조정래의 인물들은 삶과 죽음, 사랑과 배신, 분노와 용서가 맞물리는 갈등의 소용돌이 안에서 살아간다. 그러나 그 속에서도 빛은 사라지지 않는다. 오히려 가장 어두운 시기일수록 빛은 더욱 절실하고 절박해진다. 작가는 이 소설을 통해 인간이라는 존재가 지닌 마지막 희망의 빛을, 바로 '기억'이라는 형태로 독자에게 안겨준다. 역사는 망각의 기록이 아니라 기억의 체계이며, 『태백산맥』은 우리가 반드시 되새겨야 할 민중의 기억 그 자체다.

사랑의 이념, 이념의 사랑

이 소설의 가장 치열한 주제 중 하나는 이념과 인간성의 충돌이다. 『태백산맥』은 단순한 이데올로기 서사가 아니라, 이념이라는 거대한 폭력 속에서 흔들리는 인간의 내면을 깊이 들여다본다. 전쟁과 분단, 사상과 충성이라는 이름으로 얼마나 많은 감정과 윤리, 인간다운 삶이 무시되었는지를 작가는 인물들의 일상 속 갈등을 통해 보여준다.

이념은 사람을 쉽게 분류하려 하지만, 인간은 결코 그렇게 단순하지 않다. 어떤 인물은 가족을 위해 이념을 버리기도 하고, 어떤 인물은 신념을 지키기 위해 사랑이나 우정을 포기하기도 한다. 그러나 소설은 그 누구의 선택도 쉽게 옳거나 그르다고 말하지 않는다. 작가는 판단보다 '이해'를 선택하고, 설명보다 '서사'를 통해 인간 존재의 복잡함을 보여준다.

특히 『태백산맥』은 삶의 가장 고통스러운 순간에도 인간다움을 잃지 않으려는 이들의 저항과 슬픔을 반복적으로 포착한다. 그들은 가난과 굶주림, 전쟁과 고문 속에서도 누군가를 지키려 하고, 끝까지 자신이 옳다고 믿는 길을 걸어간다. 그런 모습 속에서 이 소설은 이념의 시대를 살아낸 인간의 내면에 깃든 아름다움과 비극을 동시에 직시한다.

이념은 때로 사람을 무감각하게 만든다. 정의를 말하면서도 타인의 슬픔을 외면하게 만들고, 신념을 지킨다며 가장 가까운 이를 짓밟기도 한다. 그러나 조정래는 이러한 구조 속에서도 결국 인간은 '사랑'을 통해 다시 돌아올 수 있다는 가능성을 놓지 않는다. 사랑은 이념보다 약하지만, 동시에 더 오래 살아남는 감정이다. 이 소설에서 가장 감동적인 장면들은 전쟁의 총성과 정치적 갈등이 아니라, 그 안에서 손을 맞잡는 사람들, 눈을 마주치는 인물들, 그리고 끝내 용서하는 마음들에서 등장한다.

조정래는 『태백산맥』을 통해 이념이라는 이름으로 짓밟힌 사랑의 파편들을 모아, 다시 인간의 이야기로 재구성한다. 작가는 이 작품을 통해 우리들에게 "무엇이 옳은가"가 아니라, "무엇이 인간적인가"라고 묻는다. 이 소설은 독자에게 올바른 선택을 강요하지 않는다. 다만 인간의 내면을 고요히 들여다보며, 우리가 무엇을 잃었고, 무엇을 지켜야 하는지를 다시금 되묻게 한다.

『태백산맥』은 끝없는 증오와 폭력의 기록이 아니다. 그것은 슬픔을 딛고 일어선 사람들의 이야기이며, 무너진 정의를 다시 일으키려는 작고 끈질긴 노력의 서사이다. 조정래는 역사를 부수지 않고 쓰며, 인간을 단죄하지 않고 이해하려 한다. 그것이 이 거대한 소설이 오늘날에도 유효한 이유다.

저자 소개

조정래는 한국을 대표하는 소설가 중 한 사람으로, 민족과 역사, 인간의 본질에 대한 깊은 성찰을 담은 작품으로 널리 알려져 있다. 1943년 전라남도 순천에서 태어나 동국대학교 국문과를 졸업한 그는, 언론인 생활을 거쳐 본격적인 창작 활동에 들어섰다. 『태백산맥』은 그의 대표작으로, 1980년대 후반 한국 문학계에 커다란 반향을 일으켰으며, 이외에도 『아리랑』, 『한강』 등을 통해 한국 현대사 3부작을 완성했다. 그는 민중의 목소리를 대변하고, 역사의 그림자 속에서 인간을 찾아내려는 시도를 문학으로 실현한 작가로 평가받는다. 조정래의 문학은 기록을 넘어선 진실이며, 진실을 넘어선 인간에 대한 사랑이다.

알베르 카뮈

이방인

태양 아래 드러난 부조리의 인간

키워드: 부조리, 실존, 소외, 선택, 죽음

　태양은 언제나 뫼르소의 얼굴을 태우고 있었다. 그것은 따뜻함이 아니라 뜨거운 침묵이었고, 위로가 아니라 고통이었다. 『이방인』은 태양처럼 명료하면서도 잔인하게, 인간 존재의 불가해한 본질을 응시하는 소설이다. 알베르 카뮈는 이 짧은 서사 속에 20세기 실존 철학과 부조리 사상의 핵심을 밀도 있게 녹여내면서도, 결코 철학자의 언어로 말하지 않는다. 그는 한 사람의 침묵, 한 번의 방아쇠, 한 줄의 문장을 통해 인간이라는 존재가 결국 어떤 무대 위에서도 '낯선 자'로 남을 수밖에 없다는 실존의 진실을 드러낸다.

　이 소설의 주인공 뫼르소는 사회적 규범과 감정의 일상적인 표현에서 벗어난 인물이다. 그는 어머니의 죽음 앞에서도 눈물을 흘리지 않고, 장례식에서도 '피곤했다'는 감정만을 진술한다. 사람들은 뫼르소의 태도를 비정상적이라 판단하고, 결국 그가 저지른 살인을 도덕적 이유가 아니라 '감정이 없는 인간'이라는 사회적 혐의로 유죄라고 단정한다. 이 지점에서 카뮈는 실존 철학의 한복판으로 독자를 이끈다. 인간은 본질적으로 세계에 '던져진 존재'이며, 자신의 삶을 구성할 근거를 외부로부터 찾을 수 없다. 모든 규범은 사회가 부여한 것이며, 모든 판단은 타인의 시선에 의해 결정된다. 뫼르소는 그 체계에 순응하지 않았기에 죄인이 된 것이다.

부조리란, 인간의 합리적인 사고가 우주적 침묵과 맞닥뜨릴 때 느끼는 균열이다. 카뮈는 『이방인』을 통해 인간이 고통받는 이유는 삶에 고통이 많아서가 아니라, 그 고통에 어떤 의미도 부여할 수 없기 때문이라고 말한다. 뫼르소는 끝내 이 무의미를 받아들이기로 결심한다. 그는 신도, 사후의 삶도 부정하면서, '죽음'이라는 확실성을 가장 명료하게 받아들이는 길을 택한다. 뫼르소에게 죽음은 끝이 아니라, 오히려 삶을 유일하게 정직하게 만드는 요소다. 그는 죽음을 '자연스럽게' 맞이하고자 한다. 이때부터 그는 진정한 자유를 획득한 것이다. 인간은 죽음이 피할 수 없는 것임을 받아들일 때에야 비로소 살아 있다는 것을 실감할 수 있기 때문이다.

이방인으로서의 인간

카뮈가 제시하는 '이방인'은 단지 사회 부적응자가 아니다. 그것은 근본적으로 세계 속에서 소외된 인간의 정체성이다. 뫼르소는 모든 일상적 감정과 윤리적 통념에서 비껴나 있지만, 오히려 그로 인해 인간 존재의 핵심을 더 날카롭게 비춘다. 그는 인간 관계에서조차 냉담하며, 연인 마리의 사랑 고백에도 사랑이라는 말을 내뱉지 않는다. 그는 의례적 표현을 경멸하고, 오로지 자신의 감각과 인식으로만 세계를 받아들이려 한다. 그래서 뫼르소는 자신이 '이방인'임을 스스로 선언하지 않아도, 독자는 그의 낯섦과 함께 불편한 진실을 직면하게 된다. 우리 모두가, 결국 이 세계 안에서는 이방인일 수밖에 없다는 통찰이다.

카뮈는 이방인을 통해 '진실하게 살아간다는 것'이 얼마나 사회적으로 위험하고 불편한 일인지를 보여준다. 진실이란 늘 옳은 것이 아니다. 진실은 때로 규범을 무시하고, 타인을 상처 입히며, 고립을 자초한다. 뫼르소는 자신에게 부여된 역할이나 기대를 연기하지 않고, 그 대신 감각과 현존만을 신뢰한다. 그의 침묵, 무표정, 무감정은 사실 위선의 거울을 부수고 진실을 마주하려는 실존적 결단이다. 그러나 사회는 그것을 용납하지 않는다. 사람들은 뫼르소가 신을 부정했기 때문에, 눈물을 흘리지 않았기 때문에, 죽음 앞에서도 담담했기 때문에 그를 처형하고자 한다. 이 사건은 살인의 결과가 아니라, '자유인의 방식'으로 산 자에 대한 사형선고인 셈이다.

죽음에 이르는 빛

뫼르소가 교도소에서 죽음을 기다리는 동안, 그는 세상에 대해, 인생에 대해, 그리고 자신의 존재에 대해 처음으로 깊은 성찰에 빠진다. 그는 어머니가 죽음을 준비하던 태도, 삶을 포기하지 않았던 병실의 고요, 그리고 무엇보다도 태양의 존재를 다시 떠올린다. 카뮈는 여기서 문학적 언어를 빌려, 인간 존재가 어떻게 죽음이라는 한계 앞에서 오히려 '존재의 총체성'을 경험하게 되는지를 드러낸다. 그는 죽음을 두려워하지 않고, 오히려 그 죽음을 수용하면서 삶을 완성하려 한다. 이는 단순한 체념이 아니라, 살아 있다는 감각을 가장 끝까지 밀어붙이는 실존의 의지다.

『이방인』의 마지막 문장은 절대적인 평온과 강렬한 태양 속에서 끝난다. 뫼르소는 자신이 세상과 '행복하게 하나가 되었다'고 느낀다. 이 표현은 앞서 그가 보여주었던 모든 비관적 태도와 모순되는 것처럼 보인다. 그러나 바로 이 역설이 카뮈의 문학적 위대함이다. 인간은 부조리한 세계에 던져져 있지만, 그 부조리를 직면하고 살아내는 과정에서 비로소 자유를 경험할 수 있다. 죽음은 끝이 아니라, 삶을 이해하는 마지막 열쇠이며, 뫼르소는 그 문을 열고 들어가며 처음으로 자기 삶을 완성한다.

차가운 진실, 차가운 인간

카뮈는 메르소라는 인물을 더 이상 인간관계나 사회 속에서 관찰하지 않는다. 대신 그는 메르소의 내면, 그 무감각하고 무표정한 고요의 표면 아래 어떤 진실이 숨겨져 있는지를 탐사한다. 그가 드러내는 진실은 다름 아닌 이 세계의 부조리함이다. 인간은 설명되지 않는 세상 속에서 낯선 존재로 살아가며, 결국은 죽음을 향해 조용히 걸어가는 존재라는 인식이 메르소의 의식에 뿌리내린다.

이 작품의 진정한 파열은 재판이라는 무대에서 발생한다. 메르소는 자신이 알제리 해변에서 아랍인을 쏘아 죽였다는 사실을 부인하지 않는다. 그러나 법정은 그의 살인 행위보다도 오히려, 어머니의 장례식에서 눈물을 흘리지 않았다는 점에 더 큰 관심을 기울인다. 여기서 카뮈는 인간 사회가 얼마나 형식과 감정의 사회적 코드에 얽매여 있는지를 조롱한다. 메르소는 '감정'을 연기하지 않았다는 이유로 비인간적인 존재로 낙인찍히고, 도덕적으로 폐기된 인물로 치부된다. 그가 처벌받는 이유는 법률적인 범죄가 아니라, 사회가 기대하는 감정과 행동의 틀을 어겼기 때문이다. 이 지점에서 우리는 다시금 질문하게 된다. 인간됨이란 무엇인가? 도덕이란 실제로 무엇을 근거로 세워지는가?

사회의 위선적인 시선에 노출된 메르소는 점차 외부 세계와의 관계를 정리하며 내면의 침묵 속으로 들어간다. 그는 감옥이라는 극단적으로 제한된 공간 안에서 시간과 존재를 새롭게 느낀다. 햇살도 없고 바람도 닿지 않는 그 세계에서 메르소는 삶이 유한하다는 사실을 점점 더 명확하게 깨달아간다. 인간이 죽음을 피할 수 없는 존재라는 사실, 그리고 그 죽음 앞에서 우리가 품고 있는 모든 의미 부여가 결국은 덧없다는 인식이 그를 사로잡는다. 그러나 카뮈는 이 부조리한 인식을 절망으로 끝내지 않는다. 오히려 메르소는 죽음을 받아들임으로써 삶의 진실을 받아들이는 존재로 거듭난다. 그는 더 이상 세계를 해석하려 하지 않는다. 대신 그는 있는 그대로의 세계를 받아들이고, 그 안에서 고요한 평화를 찾는다.

이러한 메르소의 변화는 부조리에 대한 가장 강렬한 저항이자 수용이다. 그는 감옥에서 태양빛도 없이, 희망도 없이, 철저히 고립된 상태에서 '자유'를 발견한다. 이 자유는 외부의 조건이 아니라, 내면의 수용에서 비롯된다. 그는 결국 죽음이라는 필연을 받아들이고, 그 죽음 앞에서 '자신의 삶이 처음부터 이끌어온 모든 리듬과 일치했다'는 깊은 동의를 경험한다. 이 마지막의 수용은 단순한 체념이 아니다. 그것은 인간 존재가 세계의 불합리성을 인식하고, 그럼에도 불구하고 자신의 삶을 긍정하는 행위다. 바로 그 지점에서 메르소는 더 이상 '이방인'이 아니다. 그는 세계의 진실과 연결된 하나의 존재로서, 정체성과 존재감을 회복한다.

죽음은 인간 존재를 가장 명확히 드러내는 시점이다. 메르소는 자신이 죽을 운명이라는 사실을 거부하지 않는다. 그는 마지막에 이르러 사형 집행을 기다리며, 죽음이 오기를 바란다. 그 순간 그는 삶 전체가 절정에 이른 듯한 감정을 느낀다. 모든 것의 무의미함을 인정하고 나서야, 삶의 모든 순간이 오히려 빛나 보이는 역설이 여기서 드러난다. 카뮈는 이것을 통해 '삶이란 부조리 속에서도 충분히 아름다울 수 있다'는 메시지를 남긴다. 이 메시지는 철학적인 명제라기보다는, 존재에 대한 태도의 선언이다. 우리는 세계를 이해하지 못하더라도, 그 안에서 의미를 스스로 만들어낼 수 있다. 그것이 바로 인간의 고귀함이며, 『이방인』의 궁극적인 물음이다.

부조리를 직시하는 인간의 얼굴

카뮈는 『이방인』을 통해 인간이 겪는 가장 근원적인 부조리를 가감 없이 드러낸다. 부조리란 인간이 세계를 이해하려는 욕망과, 세계가 그것에 아무런 응답도 주지 않는 침묵 사이에서 발생하는 간극이다. 메르소는 그 간극 속에서 살아가는 인간형의 결정체다. 그는 아무런 의미를 기대하지 않고, 세상의 응답을 바라지도 않으며, 다만 자신의 존재와 그 운명을 받아들인다. 그렇기에 그는 기존의 도덕, 종교, 사회적 이상으로는 설명되지 않는 존재다. 그가 법정에서 아무 말도 하지 않거나, 신부의 위로를 거부하는 장면은 이 세계가 만들어놓은 모든 담론과 기만의 틀을 거부하는 행위다. 그는 단지 있는 그대로를 살아가려는 인간이다. 그것이 비인간적이고 냉소적으로 보일 수 있지만, 오히려 그 안에는 극단적으로 정직한 존재의 태도가 숨어 있다.

이러한 메르소의 존재 방식은 독자에게 불편함을 준다. 우리는 보통 인간을 감정적으로, 도덕적으로, 혹은 영적으로 해석하려 한다. 그러나 메르소는 그런 틀에서 벗어나 있다. 그는 선하지도 악하지도 않으며, 사랑하지도 증오하지도 않는다. 그는 단지 '존재할 뿐'이다. 이 점에서 『이방인』은 인간 본성에 대한 불편한 진실을 제시한다. 우리가 사회적 규범과 도덕의 옷을 벗고 나면, 남는 것은 무엇인가? 카뮈는 말없이 묻는다. 그리고 그 질문 앞에 우리는 마주 선다. 답을 요구받지 않은 채, 그 침묵 속에서 스스로를 성찰하게 된다.

『이방인』은 인간이 세계에 던져진 존재라는 실존적 선언을 가장 극단적으로 드러낸 작품 중 하나다. 그 속에서 메르소는 누구보다 무기력해 보이지만, 동시에 누구보다 자유로운 존재다. 그는 사회가 기대하는 가면을 쓰지 않고, 삶의 고통과 죽음을 직시하며, 세계와의 화해 없는 동거를 선택한다. 그리하여 그는 단지 한 사람의 고독한 인간이 아니라, 모든 시대를 통과하는 인간 존재의 거울이 된다. 우리가 그 안에서 느끼는 불편함은 곧 우리가 숨기고 있는 진실이다. 이 작품이 오래도록 읽히는 이유는, 바로 그 불편한 진실이 여전히 우리 안에 살아 있기 때문이다.

저자 소개

알베르 카뮈는 20세기 프랑스를 대표하는 철학자이자 소설가이며, 실존주의와 부조리 철학의 상징적 인물이다. 그는 1913년 알제리에서 태어나 청년기에 결핵을 앓으며 삶의 고통과 부조리를 일찍 체득했다. 대표작으로는 『이방인』, 『시지프 신화』, 『페스트』 등이 있으며, 1957년 노벨문학상을 수상했다. 그는 인간 존재의 부조리와 자유, 윤리적 책임에 대한 성찰을 작품 속에 깊이 녹여낸 작가로 평가받으며, 문학과 철학을 통합한 사유로 현대사상의 지형을 바꾸어놓은 인물로 기억된다.

잭 케루악

길 위에서

경계의 붕괴와 자유의 본능

키워드 : 자유, 비트 제너레이션, 방랑, 정체성, 미국

경계를 넘는 삶의 충동

잭 케루악의 『길 위에서』는 문학 작품이라기보다는 하나의 삶의 고백이자 운동이다. 이 책이 발표된 1957년은 미국 사회가 전후 번영의 구가 속에서 점차 안정을 향해 나아가던 시기였으나, 그 물밑에서는 어떤 내면적 불만과 갈망이 꿈틀거리고 있었다. 케루악은 이 격동하는 내면의 소리를 가장 직접적으로 담아낸 목소리였다. 이 작품에서 중심에 서 있는 인물은 '샐 파라다이스'와 '딘 모리아티'라는 두 젊은이로, 그들은 미국 대륙을 횡단하며 길 위에서 정체성과 삶의 의미를 찾아 나선다. 그러나 이 작품이 단지 여행기나 청춘의 방황을 묘사한 것에 그치지 않는 까닭은, 그들이 추구한 자유가 제도나 도덕의 억압을 해체하고자 하는 강력한 실존적 시도였기 때문이다.

책의 시작은 케루악 자신의 분신이라 할 수 있는 샐 파라다이스가 잔잔한 일상에서 탈주하고자 하는 갈망을 고백하는 장면으로 시작된다. 그는 어떤 결정적인 이유나 명확한 계획 없이 '서쪽으로' 향한다. 이러한 무계획적 여정은 기존 문명의 질서와 정반대에 놓인 세계, 즉 목적보다는 과정 그 자체에 의미를 부여하는 삶을 상징한다. 이 점에서『길 위에서』는 단지 지리적 이동의 이야기라기보다는, 존재론적 이주의 기록이라 할 수 있다. 케루악은 길 위의 삶을 통해 질서, 통제, 안정을 강요하는 세계에 대해 묵직한 저항을 던진다. 그 길은 누군가에겐 무질서이고, 누군가에겐 광기이지만, 그들에게는 생존을 위한 가장 정직한 형식이었다.

샐과 딘은 도시에서 도시로, 사람에서 사람으로, 사랑에서 이별로 이어지는 여정 속에서 반복적으로 '자기 자신'과 조우한다. 그러나 그 조우는 결코 평온하지 않다. 오히려 그들은 수시로 자신이 누구인지 알 수 없는 혼란에 빠지며, 때로는 고통스럽게 타인과 충돌하고, 때로는 황폐한 거리 한복판에서 깊은 고독과 맞닥뜨린다. 그렇지만 케루악은 이 불확실한 삶의 파편들을 모아 하나의 새로운 '진실'을 직조한다. 그것은 인간이 반드시 어딘가에 안착하거나 안정된 정체성을 가져야 한다는 통념에 대한 도전이며, 오히려 끊임없이 이동하고 흔들리는 상태야말로 인간 본연의 상태라는 급진적인 통찰이다.

『길 위에서』가 강렬한 생동감을 주는 이유는, 그것이 무언가를 완성하려는 서사가 아니라 항상 무엇인가로부터 벗어나려는 운동의 기록이기 때문이다. 이 책에서 등장인물들은 반복적으로 '떠난다.' 그리고 그 떠남은 단지 물리적인 이동이 아니라, 문화와 가치관, 고정된 관계로부터의 탈출이기도 하다. 이때 '길'은 단순한 배경이 아니라, 존재의 조건이 된다. 길 위에 있는 자는 규칙이 아닌 순간의 직관에 따라 움직이며, 의미보다는 충동에 따라 삶을 살아낸다. 그것은 파괴처럼 보일 수도 있지만, 어쩌면 이 세상의 '표준'이라는 허상에 맞서는 가장 정직한 삶의 방식이기도 하다.

자유라는 신화의 그림자

케루악이 묘사한 '자유'는 흔히 말하는 민주주의적 자유나 선택의 자유와는 결이 다르다. 그것은 사회적 자아를 박탈당한 개인이 자신의 생을 끌어안고 어디론가 내달릴 때 마주하는, 고독하지만 투명한 순간에서 피어나는 감정이다. 『길 위에서』는 그 자유가 얼마나 고통스러운지를 숨기지 않는다. 샐과 딘은 거듭된 이별과 실패, 가난과 소외를 감내하면서도, 오직 '길 위에 있음' 자체에서 희열을 찾는다. 그 희열은 일시적이며 불완전하지만, 오히려 그 불완전성 속에서 진실성을 획득한다. 이들은 사회가 부여한 가치와 행복의 정의를 철저히 의심하고, '지금 여기'의 감각 속에서만 존재를 증명한다. 그러므로 이 책은 어떤 유토피아를 꿈꾸는 이상주의적 문학이 아니라, 현실의 틀을 벗어나려는 본능적 충동의 기록이다.

작품 속 딘 모리아티는 이런 자유의 욕망을 가장 극단적으로 구현한 인물이다. 그는 도덕이나 책임을 거부하고, 오직 충동과 욕망의 질주 속에서 존재한다. 딘은 종종 주변 인물들을 파괴하며, 사랑과 우정을 짓밟는다. 그러나 샐은 그를 이해하려 하고, 나아가 경외의 눈으로 바라본다. 이것은 단순한 미화가 아니다. 케루악은 딘의 파괴성과 자유의 본능이 사실상 동전의 양면이라는 점을 드러낸다. 자유는 도덕을 파괴하고, 제도에서 이탈하며, 때로는 타인을 다치게 만든다. 그러나 동시에 그것은 삶의 고정된 궤도에서 벗어나 진짜 나를 마주할 수 있는 기회를 제공한다. 케루악은 독자에게 이 불편한 진실을 직면하게 한다. 자유는 결코 달콤한 선물이 아니며, 고통과 혼란을 동반한 채 우리를 시험하는 존재론적 과제다.

『길 위에서』는 단순한 '젊음의 방황'이 아니다. 그것은 인간이 경계를 넘을 때, 그리고 존재의 중심으로 깊숙이 들어갈 때 마주하는 긴장과 진실을 그린다. 이 작품이 여전히 뜨겁게 읽히는 이유는, 오늘날에도 여전히 많은 이들이 '표준적인 삶의 형태' 속에서 진정한 자기 자신을 잃고 있기 때문이다. 케루악은 길 위에 있는 자가 혼란스럽고, 비효율적이며, 위험하더라도 그것이야말로 진짜 '살아 있음'의 증거라고 말한다. 우리는 그 선언 앞에서 자신에게 묻게 된다. 나는 지금 어디에 있는가? 내가 걷는 길은 정말 나의 길인가?

불안이라는 본능과 자유의 거절

삶은 안정적인 형태로 다듬어지기를 요구받는다. 집을 마련하고, 직장을 얻고, 가족을 꾸리는 것은 사회가 개인에게 요구하는 보편적 삶의 궤적이다. 그러나 잭 케루악이 그려낸 『길 위에서』의 인물들은 이 모든 고정된 질서를 외면한다. 그들이 택한 삶은 불안정 그 자체다. 이들은 어디에도 정착하지 않고, 누구도 오래 머물게 두지 않으며, 지도를 따라 걷기보다 충동에 따라 운전한다. 이것은 단순한 방랑이 아니다. 그것은 세계에 대해 근본적으로 의심하는 한 인간의 내면을 드러내는 반항이다.

잭 케루악의 언어는 마치 재즈의 즉흥 연주처럼 자유롭고 충동적이며, 그 속도감은 문장 그 자체로 '살아 있음'을 증명한다. 이 소설의 서사 구조는 기존의 전통적 소설이 요구하는 기승전결과는 거리가 멀다. 대신 독자는 문장의 흐름에 몸을 맡기며, 한 인간의 체험을 '읽는' 것이 아니라 '함께 살아낸다'. 주인공 샐 파라다이스는 끊임없이 길을 떠나며 새로운 사람들과 마주하고, 그 속에서 자신을 잃어버리고 또다시 찾아간다. 그는 어떤 명확한 목표를 위해 떠나지 않는다. 오히려 목표를 거부함으로써만 존재의 자유를 감각하려 한다. 그런 점에서 이 작품은 일종의 실존적 기록이자, 현대인의 내면 풍경에 대한 심리학적 해석으로도 읽힌다.

우리는 왜 자리를 뜨고 싶어질까? 왜 매일 같은 자리에서 숨이 막히듯 피곤함을 느낄까? 케루악의 주인공들은 바로 이 물음에서 출발한다. 그리고 대답을 위해 도시를, 사람을, 길을 향해 내달린다. 그들은 현실을 피하지 않는다. 오히려 그 누구보다 현실의 본질과 직접 대면한다. 세상의 허위를 깨닫고, 그 표면을 넘어서고자 길 위로 나서는 것이다. 그렇기에 이 소설은 단순한 여행기가 아니라, 세계를 향한 질문이자, 그 질문 속에서 점점 고요해지는 주인공의 사색이기도 하다.

공동체의 해체와 우정의 모순

『길 위에서』의 핵심 정서 중 하나는 '친밀함에 대한 갈망'이다. 이 책의 인물들은 혼자 떠나지 않는다. 그들은 함께 떠나고, 함께 길 위에서 삶을 나눈다. 그러나 그들이 만드는 공동체는 고정된 형태를 갖지 않는다. 딘 모리아티와 샐 파라다이스의 관계는 가까워질수록 멀어지고, 깊어질수록 곧잘 흩어진다. 이는 단지 인간관계의 비극을 말하는 것이 아니다. 오히려 케루악은 그 모순 속에서 진정한 우정이 피어난다고 말한다. 함께 머무는 것이 아니라, 함께 떠날 수 있는 관계. 그것이야말로 진정한 동행이기 때문이다.

이러한 인간관계는 기존의 제도적 공동체—가정, 조직, 제도—와는 다른 구조를 지닌다. 그것은 애초에 지속을 목표로 하지 않는다. 오히려 '지금 여기'의 경험에 충실하려 하며, 관계는 그 순간 가장 뜨겁게 타오르다가, 시간이 지나면 불꽃이 꺼지듯 사라진다. 이것이야말로 현대인의 인간관계에 대한 비유가 아닌가. 우리는 일상을 공유하지만, 정서까지 공유하지는 못한다. 우리는 함께 있지만, 내면은 언제나 외롭다. 『길 위에서』는 이러한 감정을 진솔하게 인정하며, 그 외로움 속에서도 서로를 바라보려는 순간의 숭고함을 포착해 낸다.

결국 케루악이 말하는 우정은 '함께 살아가는 것'이 아니라 '함께 살아낸 순간'을 기억하는 것이다. 우리의 삶은 찰나의 경험들로 구성되어 있으며, 그 찰나 속에서 마주친 타인의 눈빛, 말투, 웃음이 우리를 다시 살아가게 한다. 이 책은 그런 작고 미세한 감정들을 놓치지 않으며, 독자로 하여금 자신의 삶을 돌아보게 만든다. 누구와 어떤 순간을 살아냈는가. 그것이야말로 우리가 기억해야 할 '존재의 흔적'이 아닐까.

『길 위에서』는 자유에 대한 찬가이며, 동시에 그 자유가 불러오는 고독과 상실을 정직하게 기록한 고백서다. 정착을 강요하는 세계에서, 흔들림을 선택하는 이들의 영혼은 무책임하거나 도피적인 것이 아니다. 오히려 그들은 '살아 있음' 그 자체를 증명하기 위해 오늘도 길 위에 선다. 우리는 그들을 비난할 수 없다. 왜냐하면, 우리도 언젠가 그 길을 떠올리며 마음 깊이 무언가를 그리워하기 때문이다.

저자 소개

잭 케루악은 미국의 소설가이자 비트 세대의 상징적 존재로 평가받는다. 캐나다계 프랑스 이민자의 후손으로 매사추세츠에서 태어난 그는 대학 시절부터 문학적 재능을 보였으며, 1957년 『길 위에서(On the Road)』로 세계적인 주목을 받았다. 이 작품은 단숨에 비트 세대의 자유 정신과 실존적 방랑을 대표하는 문학으로 자리잡았다. 케루악의 문체는 구어적이며 리드미컬하고, 재즈의 즉흥성과 영성의 깊이를 동시에 품고 있다. 그의 삶 자체가 '길 위에서'였고, 문학은 그의 영혼이 머물던 유일한 공간이었다. 그는 순례자였고, 작가였으며, 무엇보다 불안한 시대를 살았던 한 인간의 목소리였다.

포리스트 카터

내 영혼이 따뜻했던 날들

사라지지 않는 사랑의 기억

키워드: 가족, 존엄, 자연, 배움, 영혼

　인간이란 결국 사랑의 기억으로 이루어진 존재다. 우리는 어느 한 시절, 누구에게 받은 따뜻한 말 한마디와 한없이 너그러운 눈빛, 그리고 말없이 건네준 손길을 기억하며 살아간다. 포리스트 카터의 『내 영혼이 따뜻했던 날들』은 바로 그런 기억들로 빚어진 한 사람의 내면과 생애를 담아낸 이야기다. 이 책은 단지 자서전적인 회고가 아니다. 그것은 인간 본성과 정체성, 그리고 우리가 무엇을 잃고 무엇을 간직하며 살아야 하는가를 되묻는 인문학적 성찰이기도 하다. 작은 소년 '작은 나무'가 조부모와 함께 보낸 짧고 소중했던 시간은 독자에게 어떤 교훈을 가르치기보다, 묵묵히 삶을 건네는 방식으로 우리 내면을 흔든다. 그것은 말 없는 가르침이자, 마음속 가장 깊은 곳을 어루만지는 기억의 서사다.

말없는 가르침의 힘

작은 나무는 도시 문명의 욕망에 물들지 않은 채 자연 속에서 자란다. 그의 조부모는 인디언 체로키족으로, 인간과 자연, 인간과 인간 사이의 조화와 배려를 삶으로 보여주는 사람들이다. 그들은 말로 교육하지 않는다. 대신 행동으로 보여주고, 침묵으로 전한다. 이러한 방식은 현대 교육의 거대한 담론들과는 거리가 멀지만, 가장 근본적인 배움의 본질을 되묻는다. 아이가 무언가를 배운다는 것은, 사실 누군가의 마음과 태도를 고스란히 옮겨받는 것이다. 작은 나무는 조부가 산책 중 나무에 얹은 손에서, 할머니가 고요히 앉아 책을 읽는 모습에서, 그리고 비가 오는 날 따뜻한 옷을 덮어주며 아무 말 없이 웃어주던 얼굴에서 사랑과 존중을 배운다.

이러한 말없는 가르침은 현대 사회가 잊고 있는 중요한 가치를 상기시킨다. 우리는 너무 많은 말을 하고, 너무 많은 설명을 하며 살아간다. 그러나 진정한 배움은 소란한 말 사이가 아니라, 침묵 속에서 시작된다. 『내 영혼이 따뜻했던 날들』이 독자에게 주는 감동은, 바로 이 '보이지 않는 가르침'의 힘에서 비롯된다. 우리는 작은 나무와 함께 걷고, 바라보고, 조용히 앉아 있으면서 삶의 본질을 배우게 된다. 그것은 인간으로서 품격 있게 살아간다는 것, 그리고 서로를 깊이 존중하는 삶의 태도를 배워가는 여정이다.

가난했지만 자유로웠던 날들

작은 나무가 기억하는 어린 시절은 결코 풍족하지 않았다. 집은 작고, 음식은 자급자족하며, 외부 사회와는 단절된 듯한 공간이었다. 그러나 그 속에는 지금 우리가 잃어버린 자유가 있었다. 그 자유는 타인을 억누르거나 경쟁에서 승리해 얻는 것이 아니라, 자기 삶에 만족하고, 하루의 햇살과 비에 감사할 줄 아는 내면의 자유였다. 조부는 장터에 물건을 팔러 가며 시장 사람들과 나누는 대화 속에서도 자신을 굽히지 않으며, 늘 체로키족의 자존심을 지켰다. 조모는 일상 속에서 삶의 리듬을 잃지 않고 고요히 생활하며, 시간의 흐름을 자연스럽게 받아들였다.

이들이 사는 세계는 단순하고 조용하지만, 그 안에는 '존엄'이라는 단어가 분명히 자리 잡고 있다. 『내 영혼이 따뜻했던 날들』은 이 존엄의 의미를 일깨운다. 자본의 논리가 인간의 가치를 압도하는 시대에, 이 책은 물질의 많고 적음이 삶의 품격을 결정짓지 않는다는 사실을 증명한다. 오히려 그 반대다. 가난하지만 자유롭고, 작지만 품격 있는 삶이 가능하다는 믿음을 심어준다. 그것은 이 작품이 가진 문학적 아름다움이자, 인문학적 울림이다.

작은 나무는 자라나면서 결국 조부모를 떠나야 한다. 그러나 그는 그들과 함께한 짧은 시간을 통해 평생 간직할 수 있는 삶의 윤리와 사랑의 방식, 그리고 세상을 바라보는 깊은 눈을 갖게 된다. 작별은 슬픔이지만, 그 슬픔조차 한 사람의 영혼을 따뜻하게 만들 수 있다는 진실을 이 책은 조용히 알려준다. 이처럼 『내 영혼이 따뜻했던 날들』은 단순한 회상이 아니라, 우리 모두의 내면에 살아 있는 어떤 시절, 어떤 사랑, 어떤 기억을 다시 꺼내 보게 하는 문학이다.

삶이란 무엇으로 이어지는 것일까. 한 사람이 어린 시절 받은 사랑과 가르침은 시간이 지나도 사라지지 않는다. 오히려 그것은 세월이 흐르며 더욱 단단한 형상으로 내면을 지배한다. 포리스트 카터의 『내 영혼이 따뜻했던 날들』이 보여주는 가장 위대한 유산은 유언으로 남긴 문장도, 재산도 아니다. 그것은 '어떤 삶의 방식'이다. 작은 나무가 조부모로부터 전수받은 이 방식은 그가 인생을 살아갈 때마다 끊임없이 되새겨지고, 인생의 갈림길에서 길을 잃지 않도록 이끄는 불빛이 된다. 이 작품은 한 아이가 성장하는 이야기이지만, 그보다 더 깊은 층위에서 '삶을 전수하는 문화'와 '존엄을 보존하는 지혜'를 이야기한다. 그리고 그것은 지금 우리 시대에도 여전히 유효한 메시지로 남는다.

존엄을 가르치는 방식

작은 나무의 조부는 그에게 체로키족의 역사와 자긍심을 말없이 가르친다. 산에 올라가는 길에서, 장터에서 흥정을 벌일 때, 장작을 패는 손끝에서 그는 조용하지만 분명한 신념을 보여준다. 그는 결코 소리를 높이지 않지만, 단호한 태도로 거짓과 착취에 저항한다. 이런 태도는 작은 나무에게 그대로 전해진다. 어린 시절의 기억은 나중에

말로 해석되기보다 감각으로 각인되어, 사람이 어떤 결정을 내릴 때 마음 깊은 곳에서 작용한다.

조모는 또 다른 방식으로 아이의 세계를 넓힌다. 그녀는 늘 따뜻하지만 결코 약하지 않다. 하루의 리듬을 잃지 않고, 자연의 흐름에 자신을 맡기는 그녀의 모습은 '삶을 살아내는 품위'가 무엇인지 보여준다. 그녀는 조용히 책을 읽고, 마음속 말들을 노래로 흥얼거리며 아이를 둘러싼 공기를 부드럽게 감싼다. 이런 분위기에서 자란 작은 나무는 타인의 말에 민감하고, 작은 소리에도 귀 기울일 줄 아는 사람이 된다.

이처럼 이 소설은 부모가 자식에게 물려줄 수 있는 가장 큰 유산이 바로 '존엄의 태도'임을 보여준다. 그것은 어떤 상황에서도 자신을 잃지 않는 힘이고, 타인의 삶을 무겁게 대하는 책임이다. 말로는 쉽게 전달되지 않는 이 힘이야말로, 이 책이 우리에게 남기는 가장 깊은 울림이다.

슬픔을 품는 법

『내 영혼이 따뜻했던 날들』의 후반부는 명백한 상실의 이야기다. 작은 나무는 조부모를 잃고, 낯선 세상 속으로 던져진다. 그러나 그는 절망하지 않는다. 오히려 그 상실 속에서 배운 것들을 품고 살아갈 준비를 한다. 슬픔을 밀어내지 않고 받아들이는 그의 태도는, 어린아이라기보다 한 명의 성숙한 존재처럼 보이게 한다. 이는 조부모가 살아 있을 때부터 그에게 가르친 삶의 방식과 연결된다. 이별은 두려워해야 할 사건이 아니라, 온전히 살아냈던 관계에 대한 감사의 이면이다.

그는 슬픔을 견디며, 그것을 삶 속에 눕힌다. 그리고 그 속에서 다시 태어난다. 이 소설은 우리가 상실을 대하는 방식, 그리고 잃은 이후에도 사랑을 간직하는 능력을 이야기한다. 이런 감정의 성숙은 갑작스레 자라나는 것이 아니라, 어릴 적부터 조용히 쌓여온 '삶의 감각'에서 비롯된다.

현대 사회는 불확실성과 이별, 상실의 연속이다. 우리는 매일 누군가를 떠나보내고, 어떤 것을 잃는다. 그럴 때마다 이 책이 보여주는 방식은 귀중하다. 슬픔을 이겨내는 힘은 눈물의 양이 아니라, 그 사람과의 관계를 얼마나 진실하게 품었는가에 달려 있다. 그리고 슬픔을 품는다는 것은, 단지 과거에 매달리는 것이 아니라, 미래에도 그 사람과 함께 살겠다는 다짐이다. 작은 나무는 그렇게 살아간다. 살아 있는 모든 존재를 사랑하고, 그 사랑을 다시 다른 사람에게 흘려보내며.

이처럼 『내 영혼이 따뜻했던 날들』은 단순한 성장소설이 아니다. 그것은 사람과 사람 사이에 어떤 감정과 가치가 오갈 수 있는지를 보여주는 인문학적 지도가 된다. 사랑과 존엄, 그리고 상실을 견디는 법은 이 책의 인물들을 통해 살아 숨 쉬고, 독자는 그 숨결을 따라 자신의 삶을 돌아보게 된다. 우리가 잊지 말아야 할 것은, 가장 깊은 가르침은 말로 설명할 수 없는 것이라는 사실이다. 그것은 눈빛, 손길,

침묵, 그리고 품위 있는 태도 속에 스며 있다. 이 책은 그런 가르침을 잊고 살아가는 시대에 다시금 인간다움의 중심을 상기시키는 귀중한 작품이다.

저자 소개

포리스트 카터는 미국 남부 출신의 작가로, 자전적 소설인『내 영혼이 따뜻했던 날들』로 세계적인 명성을 얻었다. 체로키 인디언의 문화와 자연주의적 세계관을 배경으로 한 그의 작품은 인간성과 존엄, 그리고 전통의 소중함을 아름다운 문체로 담아냈다. 다만, 실제 그의 삶은 복잡한 논란의 중심에 있었는데, 본명이 에이사 얼 카터(Asa Earl Carter)였으며, 인종차별주의 단체와 관련된 과거가 밝혀져 충격을 주기도 했다. 그러나『내 영혼이 따뜻했던 날들』은 그 모든 개인적 논란과는 별개로 인간 본성과 삶의 존엄을 고요히 증언하는 문학적 성취로 남아 있으며, 독자에게 감동과 성찰을 선물하는 작품으로 여전히 사랑받고 있다.

아고타 크리스토프

존재의 세 가지 거짓말
진실의 붕괴 위에 선 인간의 기록

키워드: 고통, 정체성, 언어, 거짓, 침묵

세계의 가장 어두운 구석에는 인간이 버티는 방식만큼이나 다양한 거짓이 도사리고 있다. 『존재의 세 가지 거짓말』은 바로 그 거짓의 층위를 들여다보는 이야기이다. 이 작품은 단일한 진실을 이야기하지 않는다. 오히려 그 진실이라는 것이 얼마나 쉽게 변형되고 은폐되며, 때로는 존재조차 허락되지 않는지를 보여준다. 전쟁이라는 극단의 배경 속에서 인간은 어떤 존재로 전락할 수 있는가. 언어는 우리를 진실로 인도하는가, 아니면 그것마저 무기화되어 인간을 고립시키는가. 아고타 크리스토프는 이 소설 삼부작을 통해 인간 존재의 윤곽을 지우고, 그 빈자리에 가장 불편한 질문들을 하나씩 밀어넣는다.

소설의 구조는 세 편으로 나뉘어 있다. 첫 번째 이야기인 『비밀 노트』는 쌍둥이 형제의 시선으로 전개된다. 이들은 전쟁 중 외할머니 집에 맡겨지고, 그곳에서 살아남기 위해 감정의 훈련을 하고, 고통에 무감해지는 법을 익힌다. 여기서 시작된 냉정하고 무표정한 문장은 독자에게 일종의 윤리적 충격을 준다. 인간이 인간에게 냉정해지는 과정, 살아남기 위해 자신을 감추는 선택은 누구의 잘못인가.『비밀노트』는 이러한 질문을 끝까지 던지면서, 전쟁이 가져오는 감정의 소거, 그리고 그것을 받아들이는 생존 본능의 민낯을 그대로 보여준다.

그런데 이 모든 이야기가 '사실'이 아닐 수 있다는 전개는 두 번째 이야기『타인의 증거』에서부터 드러나기 시작한다. 첫 번째 이야기에서 구축된 시점, 정체성, 사실 관계들이 하나씩 무너져간다. 우리는 도대체 누구의 목소리를 듣고 있었던 것인가. 독자는 끝없는 혼란 속에서 작가의 의도를 의심하게 된다. 하지만 그 혼란 자체가 이 작품의 본질이다. 아고타 크리스토프는 "진실이란 무엇인가"를 묻기보다, "진실이 존재할 수 있는가"를 되묻는다. 이 질문은 철학의 영역으로 넘어가며, 인간 존재의 본질을 해체하는 작업에 이른다.

이 작품은 전쟁문학의 범주를 넘어선다. 전쟁은 단지 배경일 뿐, 진짜 이야기의 중심은 인간의 기억과 언어, 그리고 그것이 얼마나 불확실한지에 있다. 기억은 변형되며, 언어는 번역되고, 정체성은 지워지고 덧칠된다. 특히 언어의 문제는 이 작품 전체에서 중요한 층위를 형성한다. 아고타 크리스토프는 헝가리 출신으로 프랑스로 망명한 작가이며, 이 작품을 프랑스어로 썼다. 모국어를 잃어버린 채 다른 언어로 글을 쓴다는 것은 곧 '기억의 언어'와 '표현의 언어'가 분열된다는 것을 의미한다. 주인공들의 정체성의 혼란은 곧 작가 자신의 언어적 단절 경험과 연결되어 있다.

생존이라는 이름의 거짓말

 삶은 거짓의 연속일 수 있다. 그러나 그 거짓은 누군가를 속이기 위한 도구가 아니라, 오히려 살아남기 위한 장치로 기능한다. 소설의 주인공들, 특히 쌍둥이 형제는 자신들의 감정을 숨기고, 때로는 현실을 왜곡하거나 부정하면서 생존을 모색한다. 그들의 감정이 없는 듯한 문장은 독자에게 무감각한 잔혹함처럼 느껴지지만, 실은 그 무표정 속에 더 큰 공포와 고통이 숨겨져 있다. 우리가 감정의 서술을 통해 고통을 해석할 때, 이 소설은 그러한 해석의 틀을 깨뜨린다. 감정이 표현되지 않는다고 해서 고통이 없는 것이 아니다. 오히려 이 소설은 감정 없는 문장 안에 더 큰 고통이 잠재돼 있음을 역설한다.

 이러한 문체의 의도는 극명하다. 독자로 하여금 '이야기를 믿지 못하게' 만들기 위해서다. 아고타 크리스토프는 줄곧 우리가 접하는 서사와 진실, 주체의 신뢰성에 대해 의문을 품도록 유도한다. 이야기의 결말에 이르면 독자는 도대체 어느 부분이 진실이고 어느 부분이 허구인지 분간할 수 없게 된다. 그러나 그것이야말로 현실 아닌가. 인간은 자신의 기억을 스스로 조작하고, 고통을 잊기 위해 스스로에게도 거짓을 말한다. 기억은 흔히 가장 믿을 수 없는 증인이고, 언어는 가장 은밀한 변형의 도구다.

이야기를 쓰는 이유, 잊지 않기 위해

 이 소설에서 글쓰기의 행위는 중요한 장치로 등장한다. 『비밀 노트』는 말 그대로 '기록'이고, 『타인의 증거』는 진실의 '정립'을 시도하며, 마지막 이야기인 『50년간의 고독』은 정체성과 진실을 의도적으로 부정하는 '서술의 붕괴'를 보여준다. 글을 쓴다는 것은 무엇인가. 그것은 망각을 이기기 위한 도전이며, 존재의 흔적을 남기기 위한 발버둥이다. 그러나 이 작품에서 글쓰기는 더 이상 진실을 전하는 도구가 아니다. 오히려 진실을 숨기거나, 새로운 현실을 구축하기 위한 도구가 된다. 이것이 아고타 크리스토프 문학의 무서운 지점이다. 우리는 흔히 진실을 알기 위해 문학을 읽지만, 때로 문학은 진실이란 없음을 보여주기 위해 존재한다.

진실이 사라진 세계에서 존재한다는 것

『존재의 세 가지 거짓말』은 진실이라는 단어를 철저히 해체하는 작품이다. 독자는 처음부터 끝까지 의심의 수렁 속에 놓인다. 아고타 크리스토프는 현실과 허구, 기억과 상상, 자아와 타자 사이의 경계를 의도적으로 흐릿하게 만든다. 이는 단지 서사의 기교에 그치지 않고, 존재론적 불안으로 확장된다. 이 작품이 독자에게 깊은 충격을 주는 이유는 바로 이 점에 있다. 인간의 정체성이란 무엇인가? 나라는 존재는 정말로 연속적이고 확고한 실체인가? 아니면 기억과 언어가 덧칠한 허상에 불과한가? 아고타 크리스토프는 이처럼 존재의 본질을 의심하는 급진적인 질문을 통해 우리를 근본적인 사유의 문 앞에 세운다.

작품에서 중요한 모티프로 등장하는 것은 침묵이다. 말하지 않음, 표현하지 않음, 혹은 표현할 수 없음의 상태는 언어와 진실의 본질을 되묻는 장치다. 형제는 말을 아낀다. 자신들이 본 것, 느낀 것, 겪은 것을 말하지 않으려 애쓴다. 그러나 그 침묵은 단지 입을 닫는 것이 아니라, 세상과의 단절을 선언하는 행위에 가깝다. 아고타 크리스토프에게 침묵은 고통의 부재가 아니라, 고통의 과잉이 낳은 결과다. 말을 잃는다는 것은 감정의 결핍이 아니라, 감정의 폭발로 인한 붕괴다. 이러한 침묵은 현대 사회에서 점점 더 말이 많아지고 의미가 얕아지는 현상과 극명하게 대비된다. 말이 넘쳐날수록 진실은 사라지고, 침묵은 오히려 진실에 가까워진다.

허구를 통해 드러나는 진실

아고타 크리스토프는 이야기의 구성 자체를 실험의 장으로 삼는다. 삼부작의 구조는 각 권이 서로 다른 관점과 서사로 이어지면서, 이전의 이야기를 의심하게 만든다. 『비밀 노트』에서 우리가 읽었던 쌍둥이 형제의 생존기, 『타인의 증거』에서의 혼란, 『50년간의 고독』에서의 전복은 결국 진실에 접근하기보다는 그 불가능성을 드러낸다. 흥미로운 점은, 그럼에도 불구하고 독자는 이 이야기를 통해 오히려 더 깊은 진실을 감각하게 된다는 것이다. 진실을 드러내기 위한 수단이 아니라, 진실이 사라진 시대를 증언하는 수단으로써의 문학. 이것이 문학의 역설이다.

작품 전반에 흐르는 분위기는 절망과 부재다. 그러나 그것은 단순한 비관이 아니다. 오히려 인간 존재의 민낯을 마주했을 때 느끼는 필연적 고독이며, 세계의 구조적 불의에 대한 직면이다. 이 소설은 인간이 인간을 사랑할 수 있는가, 아니면 살아남기 위해 사랑을 포기할 수밖에 없는가라는 질문을 반복한다. 이는 단순히 서사 안의 선택이 아니라, 독자 자신에게 던져지는 윤리적 질문이기도 하다. 특히 우리가 살아가는 현대사회에서도, 진실보다 효율과 생존이 앞서는 상황에서, 이 작품은 우리 자신의 선택을 돌아보게 만든다.

　『50년간의 고독』에 이르면, 소설은 이제 이야기를 부정하는 이야기로 나아간다. 거기에는 어떤 확실한 결말도, 해답도 없다. 하지만 역설적으로, 인간의 진실이란 바로 이러한 '불확실함' 속에 존재한다는 메시지가 도달한다. 인간은 결코 자신을 완전히 말할 수 없으며, 기억은 언제나 조각나 있고, 삶은 언제나 편집되어 있다. 진실이란 단지 한 순간의 정지화면일 뿐, 삶은 끊임없이 거짓과 진실 사이를 부유한다.

　『존재의 세 가지 거짓말』은 읽는 이로 하여금 근본적으로 "나는 누구인가?"라는 질문에 도달하게 한다. 우리는 모두 어떤 방식으로든 이야기를 통해 자아를 구축하고, 기억을 통해 삶을 정당화하며, 언어를 통해 존재를 보증받는다. 그러나 이 모든 것들이 허약하고 불완전한 것이라면, 우리는 무엇을 통해 존재를 증명할 수 있는가? 크리스토프는 이 물음을 통해 존재를 거짓으로부터 떼어놓지 않는다. 오히려 거짓 속에서 존재의 진실한 윤곽이 드러난다고 믿는다.

이 소설을 읽는 독자 대부분은 뭔가를 확신하고 싶어 한다. 누가 형이고, 누가 동생인지. 어떤 일이 실제로 있었고, 어떤 것은 지어낸 이야기인지. 그러나 아고타 크리스토프는 끝내 이러한 기대를 배신한다. 그녀는 독자에게 말하지 않는다. 침묵한다. 그리고 그 침묵 속에서 독자 스스로 '이야기의 진실'이 무엇인지를 질문하게 만든다. 어쩌면 이것이 문학이 할 수 있는 최고의 힘일지도 모른다. 진실을 말하지 않음으로써, 진실을 감각하게 만드는 것.

저자 소개 _____

아고타 크리스토프는 1935년 헝가리에서 태어나, 1956년 헝가리 혁명 당시 스위스로 망명해 프랑스어로 작품 활동을 한 작가이다. 그녀는 프랑스어를 '적의 언어'라고 부르면서도 그 언어로만 자신의 고통과 분열된 자아를 표현할 수 있었다. 정체성과 언어의 괴리, 망명자의 실존적 고립, 진실과 허구의 경계를 넘나드는 서술은 그녀의 대표작인 『존재의 세 가지 거짓말』을 통해 극적으로 형상화되었다. 그녀의 문학은 언어를 잃어버린 자의 기록이며, 존재의 균열에서 태어난 고요한 절규라 할 수 있다.